比较哲学翻译与研究丛书
编委会

丛书主编　吴根友　万百安

编　　委　安乐哲　万百安　黄　勇
　　　　　姚新中　刘纪璐　温海明
　　　　　许苏民　陈少明　储昭华
　　　　　吴根友　张世英　李　勇
　　　　　李雪涛　倪培民　信广来

比较哲学翻译与研究丛书
丛书主编 吴根友 万百安

孟子与早期中国思想

[美]信广来 著
Kwong-loi Shun

吴 宁 译

Mencius and Early Chinese Thought

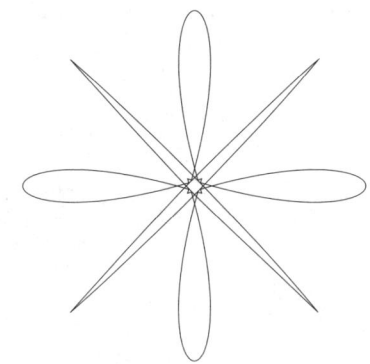

中国出版集团
东方出版中心

图书在版编目（CIP）数据

孟子与早期中国思想 /（美）信广来著；吴宁译. 一上海：东方出版中心，2022.8
（比较哲学翻译与研究）
ISBN 978-7-5473-2028-0

Ⅰ.①孟… Ⅱ.①信… ②吴… Ⅲ.①孟轲（约前372—前289）-哲学思想-研究 Ⅳ.①B222.55

中国版本图书馆 CIP 数据核字(2022)第 169553 号

上海市版权局著作权合同登记：图字 09-2022-0634 号

Mencius and Early Chinese Thought, by Kwong-loi Shun, published in English by Stanford University Press.
Copyright © 1997 by the Board of Trustees of the Leland Stanford Junior University. All rights reserved. This translation is published by arrangement with Stanford University Press, www.sup.org.

孟子与早期中国思想

著　　者	〔美〕信广来
译　　者	吴　宁
丛书策划	刘佩英
策划编辑	刘　旭
责任编辑	肖春茂　周心怡
装帧设计	周伟伟
出版发行	东方出版中心有限公司
地　　址	上海市仙霞路 345 号
邮政编码	200336
电　　话	021-62417400
印 刷 者	山东韵杰文化科技有限公司
开　　本	890mm×1240mm　1/32
印　　张	11.625
字　　数	234 千字
版　　次	2023 年 4 月第 1 版
印　　次	2023 年 4 月第 1 次印刷
定　　价	86.00 元

版权所有　侵权必究

如图书有印装质量问题，请寄回本社出版部调换或拨打021-62597596联系。

《比较哲学翻译与研究丛书》
总　序

　　近四百年来,人类社会出现的巨大变化之一就是资本主义生产-生活方式的兴起与发展。一方面,资本主义的生产-生活方式的出现,给人类带来了巨大的物质财富、新的科学技术及对自然与人类自身富有广度和深度的认识视野;另一方面也给人类带来了前所未有的灾难、痛苦与极其严重的环境破坏,而且使人类陷入尝试的焦虑与困惑之中。巨大的物质财富,就其绝对数量而言,可以让全世界70余亿人口过上小康式的生活,但当今全世界的贫困人口仍然有13亿之多,其中赤贫人口有8亿之多。民族、国家之间的冲突、战争不断,文化与文明之间的矛盾冲突,也是此起彼伏。造成这种诸多极不如人意的社会生活现状的原因,无疑是多元的,根本性的原因仍然是资本主义主导的生产-生活方式。想要解决这些极不如人意的世界范围内的生活乱象,方法与途径也将是多元的,而从学术、文化加强沟通与理解,增进不同文化、文明共同体之间的合作与信任,是其中重要的方法与途径。本套《比较哲学翻译与研究丛书》,本着一种深远的学术济世宏愿,着眼于极其具体、细小的学术工作,希望能对全球时代人们的和平、幸福生活,作出一点微薄的贡献。

简要回顾中西哲学与文化比较研究的历史,大约需要从16世纪耶稣会传教士来华的时代算起。一方面,来华传教士将中国的社会、历史文化情况发回欧洲,引起了17世纪以后欧洲对于中国文化的持续兴趣;另一方面,来华传教士带来的欧洲学术、科学、思想文化成果,也引起了中国社会少数有识之士的关注。清代康熙年间的"历法之争",是中西文化交流过程中的一股逆流,但此股逆流所反映出的外来文化与本土文化之间的关系问题,却是真实而持久的。此一问题,在佛教传入中国的过程中也曾经长期存在过,但印度与中华文明都处在农业文明阶段,不涉及文明之间的生死存亡之争的问题。因而在漫长的佛教中国化过程中,逐渐解决了此问题。耶稣会传教士带来的欧洲文化,无论是其中的一神教的思想,还是一些科学的思维方式,对于古老而悠久的中国文化来说,都是一种强有力的挑战。从17世纪初到19世纪中叶,可以被视为中国哲学、文化与欧洲哲学、文化之间比较研究的第一个历史时期。这一时期,由于政治、经济上的自主性,中国哲学与文化也保持着自己的精神主体地位。而在中国大地上进行传教的耶稣会士们,则是主动地让基督教文化向中国哲学、文化靠拢,在中国哲学、文化传统里寻找到有利于他们传教的文化因子,如坚持适应路线的传教领袖利玛窦就努力在中国传统哲学、文化里寻找与上帝相一致的"帝"观念,以证明基督教的上帝与中国儒家传统有内在的一致性。与此同时,欧洲的一些启蒙思想家，如莱布尼茨、沃尔夫、伏尔泰、魁奈等人，则努力从中国哲学与文化里寻找"自然理性"之光，以对抗基督教的"天启之光"，将遥远的中国哲学与文化视为欧洲启蒙文化的同盟军。

1840年鸦片战争以后，特别是第二次鸦片战争、甲午海战等接二连三失败以后，近代中国人在政治上的自主性迅速丧失。伴随而来的是文化上的自信心的丧失。可以说，直到1949年新中国成立以前，中国百年近代史就是一部丧权辱国史，也是一部中华民族不断丧失自己文化自信心，在精神上不断被动和主动地阉割自己的历史。哲学、文化的研究，就其主流形态而言，是一种甘当西方甚至日本哲学、文化的小学生的历史。其中也有一些比较研究的成分，但其比较的结果，就其主要的面向说，都是对自己哲学、文化中专制的、落后的内容进行反思与检讨。只有少数被称为"文化保守主义者"的学者，才努力地发掘中国哲学、文化的自身价值。早年的严复在思想上基本上属于革新派，他在1895年发表的《论世变之亟》一文，深刻地反省了中国文化在近代以来失败的原因，认为其主要原因就是：在政教方面，中国历代圣贤皆未能以自由立教。[①]

新文化运动之初，还未接受马克思主义的陈独秀，曾发表过一篇有关中西哲学与文化比较的文章，文中虽然泛用"东洋"与"西洋"二词，实际上就是讨论中国哲学、文化与西方哲学、文化。

[①] 严复此文中的一段话很长，其要义是："夫自由一言，真中国历古圣贤之所深畏，而从未尝立以为教者也。"(《严复全集》卷七，福州：福建教育出版社，2014年，第12页。)

陈独秀在该篇文章里一共从三个方面对中国与西方的哲学、文化作了比较,而在整体上都是从否定的角度来评价中国哲学与文化精神的。如第一个方面,"西洋民族以战争为本位,东洋民族以安息为本位"①,其最后的结论是:"西洋民族性,恶侮辱、宁斗死。东洋民族性,恶斗死、宁忍辱。民族而具如斯卑劣无耻之根性,尚有何等颜面,而高谈礼教文明而不羞愧!"第二个方面,"西洋民族以个人为本位,东洋民族以家族为本位",其结论是:"西洋民族,自古迄今,彻头彻尾,个人主义之民族也。""举一切伦理,道德,政治,法律,社会之所向往,国家之所祈求,拥护个人之自由权利与幸福而已。思想言论之自由,谋个性之发展也。"②"东洋民族,自游牧社会,进而为宗法社会,至今无以异焉;自酋长政治,进而为封建政治,至今亦无以异焉。宗法社会,以家族为本位,而个人无权利,一家之人,听命家长。"③而被中国传统儒家视为文明象征的忠孝伦理与道德,在陈独秀看来,是一种半开化民族的"一贯之精神",此精神有四大害处:一是"损坏个人独立自尊之人格";二是"窒碍个人意思之自由";三是"剥夺个人法律上平等之权利";四是"养成依赖性,戕贼个人之生产力"。而整个"东洋民族社会中种种卑劣不法残酷衰微之象,皆以此四者为之因"。④ 第三个方面,"西洋民族以法治为本位,以实利为本位;东洋民族以感情

---

① 陈独秀:《东西民族根本思想之差异》,《独秀文存》,合肥:安徽人民出版社,1987年,第27页。
② 同上书,第28页。
③ 同上。
④ 同上书,第29页。

为本位,以虚文为本位"①。而东洋民族以感情、虚文为本位的结果是:"多外饰厚情,内恒愤忌。以君子始,以小人终,受之者习为贪惰,自促其生以弱其群耳。"②

上述陈独秀在比较哲学与比较文化的视野里,对中国文化全面的批评与否定,可以视为激愤之词,在学术性上也有很多可以商榷之处,在当时中国处于列强环伺、瓜分豆剖之际,可以激发国人深沉自省、洗心革面、奋发向上。今天,伴随着我们对西方文化的深入了解,我们可以更加客观、理性地看待中西文明的各自优劣之处。同时,对近代以来资本主义以殖民的方式对世界各国文化所造成的巨大破坏,以武力侵略的方式对整个人类所制造的各种骇人听闻的惨剧,也不应该加以掩盖。

近百年的中国历史,在政治上是受屈辱的历史,在经济上是被侵略的历史,在文化上则是新旧斗争、中西斗争最激烈的历史。一些被称为"文化保守主义者"的学者,在面对西方文化的强势冲击时,努力地维护中国传统哲学、文化的自尊。他们所要维护的有些具体内容未必是正确的,但这种"民族精神自卫"的思维方式与情感倾向,从整体上看是可取的。几乎与五四新文化运动同步,20世纪20年代,一批信奉儒家思想的现代新儒家们也成长起来,其中,以梁漱溟的《东西方文化及其哲学》(1921年)一书为标志,在中、西、印哲学与文化的比较方面,开始

---

① 陈独秀:《东西民族根本思想之差异》,《独秀文存》,合肥:安徽人民出版社,1987年,第28页。
② 同上书,第30页。

了系统的、哲学性的思考。梁氏从精神生活、社会生活、物质生活三个方面①出发,对中、西、印三大文化系统的异同、优劣、未来可能的走向进行分析,并对世界文化的发展方向作出预测。他认为,"西方化是以意欲向前要求为其根本精神的",或者说"西方化是由意欲向前要求的精神产生'塞恩斯'与'德谟克拉西'两大异采的文化"②。"中国文化是以意欲自为调和、持中为其根本精神的","印度文化是以意欲反身向后要求为其根本精神的"③。而经过西方近代文化发展阶段之后的未来世界文化发展方向,则是"中国文化的复兴,有似希腊文化在近世的复兴那样"④。梁氏的具体论断与其结论,当然都有许多值得商榷的地方,但他真正从比较哲学的形而上学的角度思考了人类几大哲学、文化系统的异同,并对三大文明系统的走向作出了自己的论断。由梁氏所代表的现代新儒家的比较哲学与比较文化的思想表明,20世纪的文化保守主义恰恰为保留自己民族文化的自信提供了一些有益的思想启迪。而从维护全球文化的多元化、反对现代文化的同质化方面,亦为世界文化的丰富性作出了自己的独特贡献。

在回顾20世纪中西比较哲学与文化研究的过程中,我们不应该忘记中国共产党人在学术与思想上作出的贡献。作为中国共产党人集体思想结晶的《新民主主义论》宏文,虽然不是专门的比较哲学与比较文化的论著,但其中涉及的中国新文化发展的大

---

① 梁漱溟:《东西文化及其哲学》,北京:商务印书馆,1999年,第19页。
② 同上书,第33页。
③ 同上书,第63页。
④ 同上书,第202页。

问题,特别是面对外来文化时,恰恰为当代中国的比较哲学与文化研究,提供一个基本的思想原则。在该文里,毛泽东说道:"这种新民主主义的文化是民族的。它是反对帝国主义压迫,主张中华民族的尊严和独立的。"①面对外来文化,毛泽东说道:

> 中国应该大量吸收外国的进步文化,作为自己文化食粮的原料,这种工作过去还做得不够。这不但是当前的社会主义文化和新民主主义文化,还有外国的古代文化,例如各资本主义国家启蒙时代的文化,凡属我们今天用得着的东西,都应该吸收。②

以毛泽东为代表的中国共产党人,在20世纪40年代就已经站在本民族文化的再造与创新的高度,触及了中西比较哲学、文化研究的根本方向和历史任务的大问题。当今中国学术界、思想界所从事的比较哲学与比较文化研究,也不是为了比较而比较,恰恰是为了中国当代哲学与文化创新而从事中西比较、中外比较,尽可能广泛地吸收世界上各民族创造的一切有价值的文化成果,从而为当代中国的哲学与文化建设事业服务。

实际上,在20世纪比较哲学与文化的领域里,可谓名家辈出,荦荦大者有王国维、胡适、金岳霖、钱锺书、张岱年、侯外庐,以

---

① 毛泽东:《新民主主义论》,《毛泽东选集》第二卷,北京:人民出版社,1991年,第706页。
② 同上书,第706—707页。

及整个现代新儒家群体,他们的比较哲学与比较文化的研究成果,扩大了中国人的思想视野与知识视野,丰富了中国人的精神内涵,增强了中国哲学与文化的自身活力与创新能力。自20世纪80年代以来,伴随着中国社会的改革开放,比较哲学与比较文化研究工作,一方面处在恢复发展阶段,另一方面也表现出一些新的特点。除一些学者个人凭借自己的学术兴趣、语言优势,继续从事比较哲学与文化的研究工作外,如海德格尔与中国哲学,解释学与中国的解释学等研究成果,一些大型的丛书与杂志也在持续出版,在更大的范围内影响着当代中国的学术、思想与文化。最典型的系列丛书有:乐黛云所开创并主持的比较文学研究丛书,刘东主持的《海外汉学研究丛书》,任继愈主编的《国际汉学》系列论文集等。而对于中西哲学比较研究史第一次较为系统的梳理与研究,当以许苏民的皇皇巨著《中西哲学比较研究史》为典型代表。当代中国这些新的比较哲学与比较文化研究形态与具体成果表明,伴随着中国与世界的关系越来越密切,比较哲学与文化的研究也越来越深入、广泛。但就笔者目前所知的情况来看,比较系统、专门地介绍现代西方比较哲学与文化研究,同时又以此主题展开研究的丛书,目前似乎还未出现。因此,我们希望通过此套丛书一辑、二辑,及至多辑的出版,将当代中国的比较哲学与比较文化研究由比较分散的状态,带向一个相对较为集中、专业的方向,进而为推动当代中国哲学与文化的创新,作一点微薄的贡献。

相对于当代中国哲学与文化的创新与发展的主题而言,比较哲学与比较文化的研究只是一种学术助缘与手段。但在全球化的漫长过程中,比较哲学与比较文化研究将是一个需要有众多学人长期进行耕耘的广阔的学术领域。近四百年来西方文化在此领域所取得的成就,从整体上看要超过中国。不可否认,西方现代文化在其发轫期充满着一种对东方及其他非西方文化、文明的傲慢,而在比较哲学与比较文化研究的领域里,有些结论也带有明显的文化偏见与傲慢,像黑格尔、马克斯·韦伯等人对东方哲学、中国哲学的一些贬低性的认识与评论,在西方与国际学术界,均产生了相当不好但非常有力的影响,即使是当代中国的有些学人,还深受这些观念的影响。但我们需要全面、系统地了解现代西方学术中比较哲学与比较文明研究的成果,像李约瑟、斯宾格勒、汤因比、雅斯贝尔斯、布罗代尔等人的研究成果,就需要我们系统地研究与翻译,而马克思、恩格斯,以及法兰克福学派的一些有关全球化的反思与论述,也是我们从事比较哲学研究者需要加以认真地研读的系列作品。

　　正在全面走向世界,并将为世界文化作出新的、更大贡献的中国,需要有更加开放的胸怀,学习、吸纳西方哲学与文化,同时还应该放宽眼界,学习、吸纳全世界所有民族的优秀思想与文化。我们还应该对中东、非洲、南美洲的思想与文化传统有所研究与了解,未来的比较哲学与文化翻译和研究丛书中,也应该有这些地区、国家的思想、文化研究成果。中国的现代化,中华民族文化的现代化,应当是继承欧美现代化、现代文化的一切优良成果,摒弃其中的殖民主义、霸权主义、资本主义唯利是图、垄断等一切不好的内容，从人类一体化，人类命运休戚相关的高度，来发展自己民族的现代化，来创新自己民族的现代文化，为造福世界作出中华民族的应有贡献。

我们希望有更多胸怀天下的学术青年，加入到比较哲学与文化的翻译和研究的领域之中，在现在及未来的相当长的一个时间段里，这将是一个有着勃勃生机，充满希望的学术领域；但也是一个充满艰辛劳作的学术领域，因为在这一领域里工作，要比在其他领域付出更多的学术努力奋斗，要有良好的外语水平，要阅读大量的文献，甚至还要深入异域文化地区进行实地了解，不只是做书斋里的学问。但通过比较哲学与文化的长期研究，我们也会不断地扩展我们的知识视野与思想视野，丰富我们每个人的内在精神，让自己在精神上真正成为文化上有根的世界公民。这或许是比较哲学与文化研究事业在造就新人方面所具有的独特魅力！

是为序！

丛书主编
2019 年 1 月 30 日

中文版序言

《孟子与早期中国思想》基本上是对《孟子》文本细致的分析性研究，侧重于分析孟子伦理思想中的关键术语和相关观念以及该书的主要章节。同时，本书在先于孟子的知性氛围和孟子时代的语境中寻求理解孟子的伦理思想，所以，包括诸如孔子、墨子、杨朱、告子等思想家的讨论在内并参考《庄子》《管子》等文本，其目的在于通过精细的文本分析逼近孟子的观点，以此为后来受到孟子思想影响的儒家思想家和作为整体的儒家伦理思想的哲学研究做准备。

本书是预备更大研究计划的一部分，该计划有意识地建立在将儒家思想的文本研究和哲学探索相分离的前提之上。前者寻求迫近儒家思想家的观念和看法，而后者则以一种在哲学上可理解的方式，力图使儒家思想家的观念获得意义并对今天的我们产生吸引力。

上述两个目标指向不同的方向：我们让这些儒者的观念获得现代哲学意义，将不可避免地使我们同他们的立场保持一定的距离，并且如果在同一卷中结合了这两个目标，就可能误导我们把现代观念归于这些儒者。

本书是计划写作中的五卷之首卷,本卷关于孟子以及下一卷有关朱熹、王阳明和戴震的内容,分别提供了早期和后期儒家思想的文本研究,并努力接近这些思想家的观点。这两卷为后续数卷的研究提供了基础。后续数卷将以对儒家思想观念的哲学研究,特别是对儒家道德心理学的研究而结束全书。

由于我有意区分了两个目标,所以,《孟子与早期中国思想》主要是一项文本研究,并不讨论孟子伦理思想的哲学意涵。如此则可避免使用现代哲学术语,并将本书的结论整个地奠基于文本依据之上。本书全面地参考了《孟子》一书的重要传统注疏、英文译本和现代白话文译本以及当时所能看到的二手文献。

然而,本书无意成为对这些二手著作的总体研究或者探讨,相反,本书的结论完全建立在文本的根据之上。缘于此,尽管本书首次出版距今已超过 20 年,但书中所讨论的实质内容不会被发表于随后二十多年里的二手文献影响。

非常感谢吴宁细致的中文翻译工作,也非常感谢主编把该书收入《比较哲学翻译与研究丛书》之中,同时还要特别感谢刘旭和郑泽绵在翻译和出版过程中所提出的建议。我感到荣幸并且乐见本书被译为中文出版,以便汉语学术界能够大范围地读到。

信广来
2023 年 2 月 28 日

致　谢

本书是计划写作中的三卷书之首卷，此三卷探究孔孟伦理思想之性质（译者按：自本书于1997年出版以来，作者关于孟子以来的儒家思想的研究计划已由三卷调整为五卷，详见郑泽绵对作者的专访《当代美国的中国哲学研究及其方法论——访信广来教授》，《哲学动态》2017年第11期）。前两卷研究孟子思想的文本和后世儒者对孟子思想的发展，以此理解孟子之视角与受其影响的后世儒者之看法；第三卷则对孔孟伦理精神提出一种更具哲学意味的讨论，尽管这一讨论基于前两卷，但却不会一成不变地复述思想家的观点，而主要致力于扩展他们的观念对于当今实践与哲学关注的意义。我有意将更具哲学意味的讨论与文本研究分开，因为实现不同的目标应该诉诸不同的研究进路。举例来说，如果从哲学上依托于一位现代研究者，并由此出发来扩展古代思想家的观点，当然可能有助于解决当今实践与哲学所关心的问题，但这无助于理解思想家们原初的洞见，因为他们可能并不曾以这种方式来展开其思想。

由于我已将文本研究与哲学研究区分开来，故而本卷不打算与西方哲学思想相关联,也不涉及对孟子思想观念的发展与评价,这些内容将放在第三卷。因此,对哲学更感兴趣的读者可能会发现,相对而言,本卷实际上并不那么哲学。另一方面,本卷又是上述更大著述计划中的一部分,该计划致力于对孔孟之精神作更具哲学性的探讨,本书内容亦以这一更大的目标为准。例如,本卷侧重于分析较有哲学意味并将在第三卷加以考察的概念,而不顾及无助于哲学探究的语意细节问题。缘于此,对文献学更有兴趣的读者可能会发现,本书也不像他们期望的那样关注语言学细节。

本书耗去数年光景,在撰写中得到大量帮助。不仅在方法论上,而且在诠释早期中国思想多个层面的方式上,我都深受倪德卫(David Nivison)的影响,例如,对墨子思想的解释、如何理解孟子与告子和夷之的论争的理解。在与倪德卫的大量讨论中,我都获益匪浅,他本人对主题的阐发常令人深受启迪。感谢他让我参考和使用他以前尚未出版的论文,它们很快就会在修订后发表于《儒家之道:中国哲学之研究》(*The Ways of Confucianism: Investigations in Chinese Philosophy*,La Salle,Ill.:Open Court Press)一书中(译者按:该书已于 1996 年在 Open Court Publishing Company 出版,国内有周炽成的中译本,江苏人民出版社)。

除倪德卫之外,本书还从不少学者的著述中获益良多。我从葛瑞汉(A.C. Graham)那里学到了研究方法,而唐君毅先生的著作则帮助我构建了对孟子思想的整体理解。在诠释孟子思想的不同方面时，我亦从陈大齐、徐复观、牟宗三的著作中获益良多。同时，我还参考了刘殿爵(D.C. Lau)的《孟子》英译本，基本采纳其译法，但也对其中个别地方加以调整。尽管我在本书中有时会表达与这些学者不同的观点，然而若非研读他们的著述，我也不会得出自己的结论。

与许多同行的讨论和通信也让我颇为受益，他们包括安乐哲(Roger T. Ames)、华蔼仁(Irene Bloom)、陈倩仪(Chan Sin-yee)、成中英、庄锦章(Chong Kim-chong)、柯雄文(Antonio Cua)、陈汉生(Chad Hansen)、黄俊杰、艾哈拉(Craig Ihara)、王志民(John Knoblock)、乔尔·考普曼(Joel Kupperman)、黎惠伦(Whalen Lai)、李明辉、刘述先、墨子刻(Thomas Metzeger)、王安国(Jeffery Riegel)、万百安(Bryan Van Norden)，以及黄百锐(David Wong)。他们中的几位阅读并评论了本卷部分初稿以及与本卷相关的论文。我特别要感谢庄锦章、Craig Ihara 以及古博文，他们花时间读了大部分草稿，并就此提供了一些意见。还有几位，尽管往来不多，但从他们的著作中我也获益良多，他们包括林义正、孟旦(Donald Munro)、杜维明、杨儒宾与李耶理(Lee Yearly)。

此外，我还得到了很多研究生助理的帮助，他们是：Derek Hertforth、江新艳、Michael Millner、Sang Tzu-lan、Eric Schwitzgebel、Ted Slingerland。对此书有贡献的本科生研究助理有：Angelina Chin、Jasmin Chiu、Fan Wei-chun、Charles Huang、Esther Lin、Mimi Mong 与 Amanda Shieh。

在我从事本书写作的几年里，我从斯坦福人文中心与加利福尼亚大学伯克利分校的如下项目，中国研究中心的教师研究资助（Faculty Research Grants from the Center of Chinese Studies）、研究委员会的研究资助（Research Grants from the Committee on Research）、人文研究奖学金（a Humanities Research Fellowship），以及数个人文研究助理奖学金（Humanities Research Assistantships）中获得了支持。第四章的不少内容是在之前所发表的论文基础上完成的，感谢《东西方哲学》（Philosophy East and West）季刊的编辑允许我使用之前发表的文章。John Ziemer 对本书进行了细致而认真的编辑，并有效处理了书稿，令人感念。最后，我要对 Imre Galambos 在索引上的帮助表示感谢。

缩略语

以下缩略语用于文本和注解，相关完整出版信息请参看本书的"参考文献"部分。

早期文本：

CT	《庄子》	LY	《论语》
HFT	《韩非子》	M	《孟子》
HNT	《淮南子》	MT	《墨子》
HT	《荀子》	SC	《诗经》
KT	《管子》	SCS	《商君书》
KY	《国语》	SPH	《申不害》
LC	《礼记》	SS	《尚书》
Lit	《列子》	ST	《慎子》
LSCC	《吕氏春秋》	TC	《左传》
LT	《老子》		

关于《孟子》的注疏（按注家两部或更多注疏的顺序排列），收录于"参考文献"部分。

C	赵岐,《孟子注》
CC	赵岐,《孟子章指》
MTCC	朱熹,《孟子集注》
MTHW	朱熹,《孟子或问》
MTKC	俞樾,《孟子古注折衷》
MTPI	俞樾,《孟子平议》
MTTI	俞樾,《孟子缵义内外篇》
TMHP	虞允文,《尊孟续辨》
TMP	虞允文,《尊孟辨》
YL	朱熹,《朱子语类》

目 录

总　序 ·· *1*
中文版序言 ·································· *1*
致　谢 ·· *1*
缩略语 ·· *1*

第一章　绪论 ································ *1*
　　第一节　本书论题 ···················· *3*
　　第二节　方法论问题 ················ *8*

第二章　背景 ································ *21*
　　第一节　从孔子之前的思想到孔子 ········ *23*
　　第二节　墨家的挑战 ················ *45*
　　第三节　"性"与杨朱学派的思想 ········ *54*

第三章　伦理理想 ·························· *73*
　　第一节　仁与礼 ······················ *75*
　　第二节　义 ···························· *86*

第三节　智 ··· 98
  第四节　不动心 ·· 106
  第五节　对命的态度 ·· 113

第四章　义（propriety）与心（heart/mind） ················ 123
  第一节　概说 ·· 125
  第二节　孟子与告子关于性的争论 ························· 128
  第三节　孟子与告子关于义的争论 ························· 138
  第四节　孟子对告子格言的反驳 ··························· 164
  第五节　孟子对墨者夷之的批评 ··························· 184

第五章　修身 ·· 195
  第一节　心的伦理禀赋 ····································· 197
  第二节　自我反思与修身 ··································· 213
  第三节　自我教化与政治秩序 ······························ 232
  第四节　伦理的失败 ······································· 244

第六章　性 ·· 253
  第一节　人性 ·· 255
  第二节　心，性，天 ······································· 279
  第三节　性善 ·· 295
  第四节　孟子和荀子论性 ··································· 311

参考文献 ·· 324
主题索引 ·· 336

第一章

绪论

第一节 本书论题

我将在以下篇幅探究孟子(公元前372—公元前289年)的伦理思想,并在某种程度上讨论孟子与其他早期中国思想家的关系("早期中国",指公元前3世纪及之前的中国)。我们了解孟子思想的主要途径是通过《孟子》一书,该书很可能是由孟子弟子或者再传弟子汇编,后来由赵岐在公元2世纪时编纂和删削而成。所以,更确切地讲,与其说我的论题是孟子本人的思想,倒不如说是经《孟子》文本而得以重构的孟子思想,因为该书已经过汇编者与整理者的传述。① 相同的限制性条件也适用于我随后讲到的其他早期中国思想家。为了方便起见,尽管在每一处我直接陈述某个思想家看待事物的方式,但实际上这是指能够根据汇编者与(或)整理者所传述的相关文本,而重构出来的思想家的观点。②

为讨论孟子与其他早期中国思想家的伦理思想,我作了几个假设。第一,假设中国早期已存在这种思想。此处的"伦理思

---

① 就我所知,关于《孟子》文本的真实性,尚未引起任何值得认真对待的质疑,请参阅有关讨论,例如刘殿爵英译本《孟子》的附录3。因此,我将该文本视作一个整体并据此来重构孟子的思想。不过,其4A:12章和7A:4章除外,这两章涉及"诚"(wholeness, being real),尽管该主题自有其重要意义,但我稍晚再讨论"诚"的观念。这是因为,在《孟子》中还没有足够的文本依据来重构孟子关于"诚"的观念,同时因为《孟子》4A:12章与《中庸》的部分内容对"诚"的论说是比较相似的。
② 就此限定性条件而言,对于从相关文本重建起来的内容是否能完全代表思想家本人的看法,或是否可能包括汇编者与(或)校订者所增入的内容,我谨慎地持存疑的立场。要解决这个问题,就需要对文本的流传过程进行研究,但在我目前的研究中并没有多少时间去从事此事。对此,我要感谢陈汉生,他提醒我需要明确说明关于这一限定性条件还没有结论。

想",指对个人应该怎样生活的关切,并且将对这个问题的回答视作一种伦理生活观念或者伦理理想。"个人"的范围,应在相当大的程度上超出了处理这一问题的思想家,不过,能扩展到何种程度,不同思想家的看法或许是不同的。例如,"个人"也许只指那时中国特定社会阶层的群体。我认为在那时不同的伦理生活观念已被提出,它们根植于对当时实践的关注:在混乱和艰苦的年代,如何最好地恢复社会秩序或怎样为人处世。① 具体来说,我相信那时被后世认定为儒家、墨家、道家或杨朱学派确乎存在如上伦理关注,尽管各家对伦理生活持有不同的信念。②

进一步讲,即使上述思想家对伦理生活的看法迥异,也不能就此认为这些观念是相互竞争的,因为他们很可能是针对不同个人而提出的不同伦理生活观念。而接下来我要作另一个假设:不同的个体集合——不同的观念被认为分别适用于其对象——的范围有相当程度的重合。因此,这些观念就成为真正相互竞争的观念。这里,我用"人类(human beings)"一词指那些生活方式为儒家思想家所关注的个体,而只要这些个体与被认为适用于其他伦理生活观念的人体之间存在重合,那么在此程度上,其他观念也被一些或全体"人类"所关注。以此种方式引入"人类"这一术语,对于如下问题,即此术语是否可以应用于作为生物物种的

---

① 尽管有着"潜在的实践关注"的说法在一些学者看来可能是毫无争议的,但我还是将其表述为一个假设,因为这一说法仍需要历史证据来加以合法化。对此,我要感谢墨子刻,因为他提醒我要把这一点明确起来。
② 因为我引入伦理观念的方式,以让其内容保持开放,也就是说,它既不需要与某种确定的东西相联系,也不需要与对社会责任的关注相关联,那么,当谈到这些思想家时,认为他们共享了伦理关注当然是很可能的。

所有人类,只能留待以后讨论。因为此阶段的讨论所涉及的是一个开放问题,即儒家思想家是否认为伦理生活可以应用于所有生物学意义上的人类,或者,甚至他们是否持有一个被当作生物物种的"人类"观念(参看本书第六章第一节中的内容)。

保有伦理生活观念,就要求有某种程度的反思,而伦理思想则将以超越此观念的方式进行反思,比如,对这一观念的辩护以及作为辩护一部分的对人类构成方式的描述。我所作的进一步的假设是,不少早期中国思想家,包括孟子以及与之相前后的思想家,例如墨子与荀子,均通过此种方式进行反思。

迄今为止,我在限定性条件下使用"儒家"这一术语。尽管在以后的讨论中对此不加限定,但我还是想阐明如何使用此术语,以及这一用法的背景。一般认为,到了公元前 6 世纪,中国存在着一个由专业礼仪人士组成的群体,他们在礼仪性的场合,例如,在丧事、祭祖以及婚礼中从事礼仪活动。此外,他们往往是教师,不仅教人礼仪,还教授其他学问,例如乐。许多学者认为这个群体的成员那时已被视作"儒",尽管在此问题上尚未达成一致。对该群体的起源也有争议,即其成员是被俘虏的商人的后裔,还是失去世袭官职的周朝贵族的后裔。[1]

有一种看法认为,这个群体中的一部分人,包括孔子、孟子与

---

[1] 伊若泊(Robert Eno, *The Confucian Creation of Heaven: Philosophy and Defense of Ritual Mastery*,附录 B)质疑该群体在那时是否被称作"儒";胡适(《说儒》, pp.6-44)与冯友兰(《中国哲学史:补篇》, pp.4-30)则对这一群体的起源表达了不同的意见。尽管存在这些分歧,但一般认为,这一群体确实存在于早期中国,请参看伊若泊,附录 B;冯友兰:《中国哲学史:补篇》;劳思光:《中国哲学史》, pp.30-32。

荀子在内,凭借礼仪专家与教师的身份,逐渐开始关注新的问题,不再限于礼仪或者维持生计,而是将注意力转向探索乱世的济世良方,以及在这种时代境况下,如何为人类确立理想的生活方式。他们认为,济世良方在于某些传统规范和价值的维持与重建,包括但不限于仪式,并提出:从理想上讲,人们应当遵循体现此规范与价值的生活方式。他们通过寻求政治上的影响以及传播他们的伦理理想观念,努力实现期望中的改变。他们不仅反思这一设想,并对遵守这些规范与价值的根据作了反思,至少孟子和荀子是如此,除了共享共同的伦理理想和那些更宽泛且更具反思性的关注之外,他们在详述其思想的时候,也使用了相同的关键术语。他们的反思,使我们有理由将他们视为思想家;他们看法的广泛相似性,使我们有理由将他们视为同一思想学派的成员。传统上,中国学者称之为"儒家"。[1]

没有标准的英文表达可以确切地指称这个思想学派。最接近的英文表达是"Confucianism",但正如许多作者所提及的那样,此术语被用以指涉与"儒"相关的各种现象。[2] 例如,"Confucian way of life"可以指作为社会群体的儒者的生活方式,或者上述思想家所提倡的生活方式。"Confucian"还指有儒者风范的人,或者向往这些思想家所辩护的生活方式的人。而且,即使"Confucianism"被用来指这里所考虑的思想学派,"Confucianism"一词也可能有误导

---

[1] 见冯友兰:《中国哲学史》,pp.70-78,89-92;同前作者,《中国哲学史:补篇》,pp.5,30,41;劳思光,pp.31-32,37。
[2] 例如,伊若泊,pp.6-7;王志民(John Knoblock)英译:《荀子》,p.52。

性含义,例如,"儒"可能有这样的含义:这些思想家所推崇的规范与价值是源自孔子。在这点上,术语"儒家"在现代汉语里有一个优势,因为"儒家"一词明确地指向这一思想学派。虽然可能在后面的讨论中会使用拼音"ju chia"或者别的不同形式来指称,但这样做在实际使用中显得有些笨拙。为此,我将使用"Confucianism"来专门指思想学派,而传统上,"Confucianism"指的是儒家以及与儒家学派相关的各类现象。

在提出上述三个假设之后,我不打算精准地为之辩护,因为,这将陷于一场对早期中国思想的全盘研究。前两个假设,即相互竞争的伦理生活观念存在于早期中国,以及观念倡导者的反思超出了仅仅是推进这些观念本身,都没有多少争议。从某种程度上讲,如果我成功地使我的表述成为可信的,即认为孟子与其他早期中国思想家有反思性的伦理关怀,那么接下来的探讨,可说是部分地为这两个假设所作的一种辩护。至于第三个假设,上述的早期儒家思想图景已被相当广泛地接受;而如果我成功使"认为孟子(在一定程度上也包括孔子与荀子)有反思性的伦理关怀"这种陈述成为可信的,那么在此程度上,我同样把接下来的探讨视作对此思想图景所进行的部分辩护。[①]

孟子(公元前 4 世纪)宣称自己为孔子(公元前 6 世纪到公元前 5 世纪)的追随者,并将墨子(公元前 5 世纪)与杨朱(公元前 5

[①] 近来这一图景已被伊若泊所挑战,我在"Review on Eno"一文中讨论了他的立场。尽管不同意他对早期儒学思想的刻画,但我认为该书既在凸显某些重要方法论问题上,也在我给出的评论中所未处理的具体论题上都有着重要的贡献。

世纪到公元前 4 世纪)的学说视作两个主要的理论挑战,并对此作了回应。第二章将讨论孔子学说以及这两个反对者的部分学说,这与接下来对孟子的讨论有关。第三章呈现孟子的伦理理想观念,部分内容基于对孔子的讨论。第四章在孟子反驳两位同时代对手(告子与夷之)时,考察他关于义与心的关系,本章也关注孟子如何回应墨家的挑战。第五章讨论孟子关于修身的设想、政治秩序的恢复以及伦理失败的根源。最后,第六章将考察孟子关于"人性"(nature, characteristic tendencies)的观点及其性善论,也关注孟子对杨朱学派的挑战的回应,以及孟子对人性的见解与荀子(公元前 3 世纪)相关见解的差异。

第二节 方法论问题

尽管我不会为上述的几个大的假设辩护,但是我将讨论一些文献中与这些假设有关的具体关注。有两类关注同当前研究的合理性与方法论有关,第一,通过其构成性观念作为学理探讨对象的方式来研究早期儒家思想,是否具有合理性;第二,承认这种进路的合理性,反而对进行这种研究的恰当方式产生了影响。

一、作为研究对象的早期儒家思想

第一类关注是以一个观察为出发点,即早期儒家思想家有显著的实践关注。他们基本的关注,一方面是按照他们所提倡的方式来生活,经具体展现其观念、培养所需要的品质而得以实现;另一方面还要通过教化与参与政治来转变和引导其他人也如此生活。所以，他们主要关注的，并非将生活方式视作学理探讨的对象，即并非通过细致的分析来理解，或者通过详尽的辩论来论证其正当性。而且，由于他们显著的实践关注，他们没有太大兴趣去清楚系统地表达其观念。在与他人对话时，他们的基本目标是引发听众对其提倡的生活方式形成个体的感受，并激励听众以这种方式生活。由于面对的是特定的听众，所以采取无论何种表达方式，只要能达到此目标，他们都努力加以促成。而由于伦理生活的许多方面不能用语言充分地加以描述，早期儒家思想家有时会诉诸自相矛盾的表达，作为激发听众产生适当观念的方式。①

尽管以上笼统的勾勒可能需要以某些方式来加以限定，例如，为了照顾到孟子与荀子所展开的话语类型的不同。但是，作为对早期儒家思想的某些特色的粗略表述，上述勾勒确乎可信。② 早期儒家思想家主要为实践关注所推动的说法，可以从他们在政治上的努力和致力于本人与其门徒的个人修养中看出来，而我们所读到的关于他们学说的记录，往往不够清晰和系统。然而，正如许多作者所指出的，这种观察与认为他们有一致的、连贯的观念体系，是可以兼容的，以此确保这些观念及其相互关联可作为研究

---

① 这种对早期儒家思想的刻画在多种著述中都能发现，有时是在同西方哲学传统作对比的中国思想语境之中。参见牟宗三：《中国哲学的特质》，第一章，第二章，第十二章（特别是 pp.4-6,9-11）；同前作者，《中国哲学十九讲》，第三章（特别是 pp.46-49）；同前作者，《中西哲学之会通十四讲》，第一章，第二章（特别是 pp.9,18,21）。参见冯友兰：《中国哲学史》，pp.8-9；唐君毅：《中西哲学思想之比较论文集》，pp.52-56；韦政通：《我对中国思想史的几点认识》，pp.213-15。
② 见邬昆如：《先秦儒家哲学的方法演变》，pp.55-60，对部分限定性条件作了总体刻画。

第一章　绪论

对象。① 实际上，被实践关注所促动的个体，仍然可以对他们试图在话语中传达出来的相关主题保有反思性的见解。尽管他们的实践关注也许会导致非体系性地表达其观念，但并不排除在这些观念之间可能存在着有趣的联结。因此，主导早期儒家思想家的实践关注本身，并不会使得集中于这些观念及其联结的研究失去合法性。

实践关注的观察至少以三种思路与此研究的不合法性结论相联系。第一种思路认为，由于儒家思想家主要为实践关注所激发，他们并无兴趣或可能毫无耐心去演绎一套一致而有趣的观念体系。他们并不在乎甚至可能还会反对维系他们所表达的观念的一致性，或者反对在这些观念之间建立联系。果真如此，我们就不能合法地使得这些个别观念获得一致性与连贯性，更进一步讲，任何集中于这些观念及其相互联结的研究，都是误入歧途。②

然而，尚不清楚上述见解如何被证实。据我所知，就此见解而言，除了有关文本外，并无任何证据支持这种见解。并且这些文本看起来并未表现出明显的、普遍的矛盾与断裂，而这正是某些人期望从上述主张中得出的结论。因为至少如下情况并不明

---

① 比如，冯友兰（《中国哲学史》，pp.4 - 6, 8 - 14, 25 - 26）就注意到，属于早期中国思想家的那些观念，展现了有趣的相互联系以及不同程度的向心性。与此相似，徐复观（《中国人性论史》之《第二版前言》，pp.3 - 4）注意到，这些思想家是反思性的个体，有着一整套连贯的、相互关联的观念体系。而且，研究早期中国思想的一个主要任务，就是从文本中提取出这些观念，并展示其相互关联（参看同前作者，《中国思想史论集》，pp.2 - 3, 114, 133 - 134；同前作者，《中国思想史论集续编》，pp.441 - 442）。也参看劳思光，pp.7 - 8；刘述先：《方法与态度》，p.223；牟宗三：《中国哲学的特质》，p.3。
② 在伊若泊那里能发现与此类似的想法。伊若泊声称儒者否定"在知识探索过程中逻辑与理性的终极价值"（p.7），无视"系统性的连贯这种目标"（pp.10 - 11），并且"教条地敌视论证过程中的分析严密性"（p.172）。

显:即认为这些文本缺乏对一致性与连贯性的关注的证据比认为有这样的关注的证据多。① 对这一问题的解决,似乎应该取决于探寻这种结果的努力,即尝试从有关文本中推演出这些观念及其相互联系。本研究当然有可能表明一致性与连贯性并不真的存在,或者只在少数让这些概念变得无趣的情况下才存在。然而,在从事这项研究之前,并无明确的证据能证明这一点,所以在面对本书的研究意图时,不能从一开始就认为是注定要失败的。

第二种思路,质疑了将儒家思想家的观念视作研究对象的合法性,但并不否认有关文本也许涵括一套尚有几分一致性与连贯性的观念体系。然而,这种思路认为,由于这些观念是根源于时代社会历史语境下的实践关怀的产物,所以,如果把注意力集中于这些观念的内容及其相互关联,则会有所误导。相反,适当的进路应该聚焦于它们的来源,这就涉及对社会政治语境的详细考察,而实践关注正植根于此。②

然而,即使这些观念是植根于特定社会和政治语境下实践关注的产物,也不能得出结论认为,留意于这些观念的内容就是不明智的。③ 相反,人们是否应关注其内容或追溯其源流,似乎是他们在研究中所寻求的旨趣之功用。而对这些观念何以出现的社会学与历史学解释更感兴趣的人们,则更在意相应的实践关注

---

① 甚至,伊若泊本人也指出,相应文本中确实包含解决明显不连贯的企图,以及捍卫某些立场的论证。比如,他提到一些文本,像《孟子》与《荀子》中包含有"精巧的论证",从而"捍卫儒家学说"(pp.3,10),《孟子》包含"关于……逻辑一致性的辩论"(p.115)并企图"为(孟子的)教导或行动中的明显矛盾而进行理性的解释"(p.109)。
② 在伊若泊那里能发现与此类似的想法,参看我的论文"Review on Eno"。
③ 参看劳思光,pp.360-361;刘述先:《方法与态度》,p.226;史华慈,pp.4-7。

第一章 绪论

及其社会历史语境;而对如下看法更感兴趣的人们,如观念怎样将其自身呈现给这些个人、在这些观念中反映的伦理经验的性质以及这些观念与个人自身的伦理经验的相关性,则更在意观念的内容。第二种考察能够从适当的历史学与社会学研究中受益。因为,这些研究有助于揭示这些关注所关涉的个体,从而也有助于更好地理解他们处理这样的关注时所表达出来的观念。① 然而,历史学与社会学研究的相关性,并不意味着对这些观念内容的进一步研究是错误的,并且,将这两种研究视为相互补充似乎是更合适的,因为他们一道形成了一种对研究对象的理解,而这种理解较之单方面所能完成的更为全面。

第三种思路认为,由于儒家思想家自己基本上没有把伦理观念作为理论研究的对象,所以,将其视作这样的研究对象是不合理的。相反,我们需要研究的是对儒家思想家所展示的儒家观念的那种热爱,以及随时准备运用不规范的语言——比如悖论的表达方式——来刺激听众向往这种理想的状态。而将儒家观念看作一种理性研究的对象,强调清晰性或者文本证据等属性时,就是以一种导致曲解这些观念的方式而将其"客观化"。②

这一思路强调将早期儒家思想当作理论研究对象的活动,是与早期儒家思想家从事的工作并不相同的活动。儒家思想家是由前面所描述的那种实践关怀所引领的,但与他们不同,这种研

---

① 参看 Isenberg, *Studies in Chinese Thought*, pp.235–241;刘述先:《方法与态度》,p.222。
② 冯耀明(《哲学》)回溯了在现代文献中的类似于这种思考脉络的因素。

究所指向的目的,反而是理解儒家思想家的伦理生活观念、他们为之所作的辩护以及在这种辩护背后的人所构成的图景。目标上的不同,将导致侧重点的差异,例如,这种研究强调清晰性与文本证据,而这并非儒家思想家自己所采取的方式。并且,从那些致力于儒家理想的人的视角来看,这一研究将可能不是那么重要与紧迫,因为亲自实践儒家的理想并以此引领他人,比试图达到对此观念的内容的清楚理解以及为其进行辩护,要重要得多。

尽管这一思路有助于我们更好地理解本项研究的定位,但这并非表明此研究是被误导了的。只有表明此研究的目的(即理解儒家关于伦理生活的观点)是不值得追求的,或者不能实现时,此结论才能成立。但是,就其可能实现此目标来说,在此程度上看起来它是值得追求的,即使它不如其他更直接的实践关怀重要。因此,无论一个人是否致力于儒家观念,实现此目标将有助于我们理解这个伦理观念——它影响了整个文化的发展,也影响了被此观念所塑造的文化的诸多方面。对于致力于此理想的人,这样的理解将使他更好地理解他所认可的生活方式及其根据。而且,致力于此观念的人,甚至能够因这样的一种理解而受惠,因为它能有助于加强他的信念,并让他有更恰当的位置去转化别人或者同相反的影响作斗争。而某种程度上,如果是准备批判地评估他所致力的生活方式的人,这样的理解也将有助于他进行评估,以及相应地重塑其生活。

那么,这项研究的合理性问题就取决于是否可能实现其目标,即这项研究是否能够推进我们对儒家关于伦理生活观念的理解。现在,这样一个研究本身大概还不能达到这样的理解,因为这取决于一个人在某种程度上有同样的伦理经验,即作为儒家生活方式组成部分的伦理经验,也许还取决于他对儒家理想有相当程度的共鸣。① 但是此点所揭示的,只是说这样的研究还需要以相关的伦理经验、想象力以及同情心来加以补充。当我们进行了适当的补充后,没有明显的理由能说明这项研究无助于其目的,即推进我们对儒家观点的理解。

二、研究早期儒家思想

即使我们同意在研究早期儒家思想时集中于基本观念的研究是合理的,但什么才是从事此项研究的适当方式,这样的问题仍然存在。在方法论的讨论上,常被提及的一个主要困难,就是怎样避免将某些异质的前见与框架强加给早期中国思想;而这看起来是自然的,因为人们已习惯于其确定的思考方式。② 并且,正如有人指出的,对于当代中国人来讲,这是与西方学者同样面临的一种困难。因为现代汉语也包含了很多异质于早期中国思想的假设与框架,所以,即使是当代中国人,跟早期中国思想家在思维方式上也有相当的差距。③ 在接下来的部分,我描述了我为

---

① 参看刘述先:《方法与态度》,pp.224-227;牟宗三:《中国哲学的特征》,p.6;唐君毅:《中国哲学研究之一新方向》,pp.134-135;韦政通:《我对中国思想史的几点认识》,p.206。
② 例如,徐复观:《中国思想史论集》,p.3;劳思光,pp.19-21,360-362。
③ 参阅 Richards, *Mencius on the Mind: Experiments in Multiple Definition*, pp.9-10。理查兹(I.A.Richards)(pp.86-93)自己提出了一些解决这种困难的策略,包括使用多种定义,以及在研究早期中国文本的关键词时,要提醒这会有一个可能的意义范围,也提醒会有其他目的的可能性,以及服务于其他目的的不同思想结构。

处理这个困难所采取的一些步骤。

仅仅这个事实,即对早期中国思想家看法的解释超出了相应的文本,本身并不会导致解释的困难。某种程度上,解释并不仅仅是对文本进行重新组织,它将用当代语言来讨论思想家的看法,而这种语言已经包含了不同于早期思想家的概念结构。此外,为了有助于我们理解思想家的看法,解释可能会比原文更清楚地呈现这些看法,并且在观点之间建立了联结,而这在原文并没有。所以,这本身并不会导致解释的困难;相反,解释的可信性,依赖于外在或内在于文本的多种考虑因素。内在于文本的考虑因素,包括解释能够讲通文本的不同部分的程度、解释的简单程度、特例因素的减少,以及此解释所呈现出来的思想家看法的可信度。[1] 外在于文本的考虑因素,包括我们在特定时期文献资料的基础上而建立起的对相应语言的理解、某种由历史记录证明的可能打动过思想家的实践关注,以及该时期思想家普遍具有的理论关注与进路——这一点可以由此证实,即其他文本记录的观念很可能是所研究的思想家已经知道的。

因此,是否此解释把异质的前见与框架强加给了思想家,不能只根据此解释在呈现时是否超出了相关文本而决定。然而,与之相关联地会出现一个普遍的担忧,即使用了那些包含异质前见与框架的术语。在使用现代西方语言进行研究的情况下,此担忧特别容易出现。其所针对的是把关键的汉语术语翻译过来,还是

---

[1] 参看陈汉生,*Language and logic in Ancient China*, pp.2-7。

直接运用西方术语以部分展现思想家的观点。这是一种合理的担忧,我将采取下面的步骤来解决这一困难。

使用异质前见的翻译所引发的危险在于,翻译不仅会误导读者,而且会误导从事此研究的人。接受既定的翻译之后,人们可能就以此种方式进行讨论,即认为被翻译所引入的不相干元素,实际上在被翻译的原来术语中已经存在。而由于关键术语的任何翻译,都不可能跟该术语的意义恰好匹配,那么,一个可能的策略是对所有的关键术语存而不译。然而,这种策略会导致通篇使用罗马字化的汉语术语,这将使阅读变得极为困难。另一个策略是,继续使用关键术语的翻译,而为了防止误解要小心地检视这些术语的实际用法,包括检视习语出现时的结构与作为其使用背景的思想框架。① 不过,尽管此策略使得讨论更可读而未牺牲精确性,但仍有一些术语,我将就其用法展开讨论,最好还是存而不译。

我试图在这两种替代策略中达到平衡。对某些关键术语来说,如果翻译它们会对讨论的主旨造成显著的差别,那么我基本上存而不译;尽管我有时会在圆括号中提供一个或多个临时性翻译,以便确定这些术语的含义。这些术语,比如"性"(nature, characteristic tendencies)与"情"(fact, what is genuine);其英文翻译是临时性的,是为了确认这些术语的含义而提供的,并不是本质的意涵。而对那些关键术语,即在我的讨论中经常出

---

① 我要感谢倪德卫在这点上给予我的帮助;参看倪德卫,*On Translating Mencius*, pp.11-12。

现，但其翻译对我的目的不那么要紧，我在引入它们之后会采取一种翻译；尽管我可能不时地重新使用罗马字化的形式。另外，有时我会提供两个可能的翻译，从而获得此术语不同方面的意义并且作为对翻译暂时性的提示，一个例子是我将"心"译作"heart/mind"。

在早期中国思想中还有些重要的术语，需要在有其他目的与侧重的课题中加以广泛讨论，但在本书的讨论中则更多是附带性地提到。比如说，这种术语出现在讨论别的术语或主题的语境时所进行的翻译中。为避免过度罗马字化，在引入这种术语后我会提供一个翻译，然后，当此术语在本书讨论中再次出现时，就使用这个翻译，例如，我将"民"译作"common people"。

至于当代西方术语，当不用于翻译而是作为讨论的一部分时，引入异质意涵的担心可能在于这三种类型的术语，即那些西方哲学讨论中特有的术语、那些在哲学讨论中有专业用法而同时还有非哲学用途的术语，以及还没有获得专业用法的术语。第一类例子的术语是"义务论（deontology）""后果主义（consequentialism）"与"实践理性（practical reasoning）"。尽管有其他目的的课题，例如试图比较中国与西方传统或者用西方哲学范畴重构儒家思想，也许可以合理地使用这些术语。但是，不要企图使用这些术语去理解儒家思想家本人的看法才是明智之举。因此，我避免在我的讨论中使用这类术语。

第二类术语的例子包括"道德性（morality）""理性（reason）"与"自律（autonomy）"。即使这些术语有一个普通的非哲学的用法,但它们也被用于哲学论辩,而有时会关联到异质于早期中国思想的前见。在给出了免于异质前见的谨慎解释之后,当有可能使用这些术语时,我还是尽量少地使用它们,以免可能被误解。例如,我基本上避免使用"理性(reason)"这一术语,而是以相关的术语例如"根据(grounds)""支持(in support of)"与"辩护(defense)"来加以替代,这样会更少地引入哲学假设。然而,不使用在哲学讨论中常出现的术语来表达我想表达的内容,这种做法并非总能奏效——除非我为此发明新的术语。在这些情形下,我将继续使用这些术语,但也是在解释了我将怎样使用它们之后才会用[比如,请参阅本书第一章中我对"伦理的(ethical)"的解释]。

第三类术语的例子包括"人类(human beings)"与"本质的(natural)"。尽管这些术语没有典型地承载哲学假设,但其用法无疑会引入与早期中国思想不相关的含义。当我尽量少用它们的时候,我又发现不发明新的术语就难以完全避免使用这些术语,从而使得阅读起来很困难。一个例子是术语"人类(human beings)",它可以有生物物种的意义。由于在本讨论的现阶段,还不清楚早期中国是否有作为生物物种意义的人类概念,或者儒家认为他们所提倡的生活方式可以运用到这个生物物种的所有成员,那么,避免使用这一术语似乎才是明智的。但是我需要一个术语去指代那些个体,即儒家所提倡的生活方式应该应用到的那些人,而"human beings"是最接近的英语表达。我的策略是:在引入此术语之后,可以使用这种表达,但要说明其范围并不一定与作为生物物种意义的人类那样广泛(参看本书第一章)。

将不相干的假设施加于早期中国思想的危险,还可能来自允许某些前见去塑造人们对关键术语或相应文本的解释。为了解决这一困难,我按下面的策略来处理《孟子》中的关键术语与段落。首先,在考虑关键术语在《孟子》一书中的用法之前,我通常在各种不同的中国早期文本中检视此关键术语的使用情况。虽然,孟子对关键术语的使用可能不同于这个词在其他早期文本中的用法,甚至孟子可能是刻意引导他的听众接受这个词的新用法。在早期中国术语的使用中,确实经常有一种流动性,允许思想家以某种新颖的、符合他们自己立场的方式来使用这些术语。① 然而,即使是这种情况,术语的新颖用法常常不会完全脱离其既有的用法。因此,检视其他早期文本中术语的使用,有助于决定术语可能的意义范围,从而为考虑《孟子》中出现的此术语的意义做准备。这样,通过细察《孟子》中以及其他早期文本中此术语的使用,我们就可以减少让先入之见塑造我们对这些术语的理解的危险。

在讨论关键术语时,我可能会援引某些区分,虽然并不清楚使用此术语的思想家是否确实有这些区分的观念。例如,讨论"命(decree, destiny)"的用法时,我从它的用法中区分了规范与描述的维度,这是为了讨论早期文本中使用此术语时的某些区别,而运用的一种启发性策略。但是,早期思想家很可能不会作这样的区分;而且术语可能出现多次,对于他们各自强调的是哪一个维度,期望一个确定的答案可能是不恰当的。当这种情况发

---

① 参看唐君毅:《中国哲学研究之一新方向》,pp.132-133。

生时，我会清楚说明：这种区分仅仅是为了启发的目的而引入的，而不能归属于早期思想家。

在讨论《孟子》中的段落时，我还常常参考各种注疏与翻译，这既关联着段落中的观念，也关联着语法问题——语法与理解这些观念很相关。对《孟子》的每个段落均完成这样的工作是极其巨大的任务，因此，我只关注在本书讨论中有重要作用的那些段落或段落的部分。参考注疏与翻译，有助于揭示对某个段落可能的理解，或者揭示可能的因素以支持某个理解，而这些是自己独立工作时不可能出现的。在标出了可能的解释之后，再基于对这些解释的比较评估，我常常为某个特定的解释进行辩护。当难以考虑所有可能的解释时，我将集中关注那些更普遍的或更有影响力的解释。通过在主要的可供选择的解释之间进行比较与裁断，为了接受其中某个解释，我试图给出某些理由，而不是仅仅将其说成我自己倾向的解释。尽管有人可能不同意这种解释，但我希望至少能指出支持此种解释的因素，对此他人可以回应，从而有一个对话的起点来解决这些争议。

有时候，对某个段落或者段落的部分来说，可能没有清楚的文本证据支持这一种解释而不是另一种解释。实际上，在区分不同的可能解释的时候，我们可能又一次作出了思想家本身并没有考虑过的区分。如果是这样，就没有理由指望文本证据会支持这一种解释而不是另一种了。当这种情况出现的时候，基于我对此段落的反思，我认为并没有明确的证据支持某种特定解释。因此，我的讨论有时候是没有结论的。

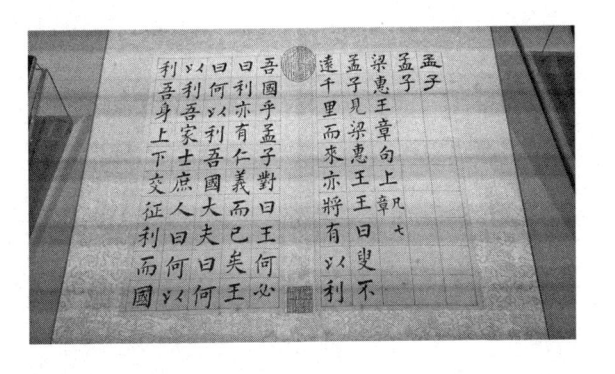

第二章

背景

第一节　从孔子之前的思想到孔子

对于从孔子之前到稍后于孔子这段时间的中国思想发展的讨论，是建立在《诗经》《尚书》《左传》《国语》与《论语》这些文本的基础之上的。对《诗经》的大多数材料，学术界有共识，认为可以上溯到孔子之前的时代，下限是公元前 7 世纪或公元前 6 世纪。但是，《尚书》则可能包括孔子之后时代所添加的窜入内容。尽管它的《周书》部分可能包括孔子之前的原始文献，但具体是哪些篇章，却还有争论。① 在我的讨论中，我将使用《诗经》与学者们一致同意的《尚书》的先秦儒家部分，作为文本资源来理解一些术语在孔子之前的用法。至于《左传》与《国语》，可能迟至公元前 3 世纪才完成汇编，包含了不同时期的观念，从孔子之前一直延至孔子之后。我使用这些文本作为资源，是为了追溯到孔子时代为止或稍后于孔子时，一些关键术语的演进。②

尽管《论语》据称是孔子与孔子弟子文句的记录，但很可能包含了在不同时期创作与增入的成分。③ 这样，它就可能包含有内在的不一致，尽管有些学者认为《论语》所表达的观念大体上是同质的。④

---

① 参看，例如，傅斯年的看法（《性命古训辨证》,pp.204‑205）以及哈伍德（Harwood）("Concerning the Evolution and Use of the Concept of t'ien in Pre-Imperial China", pp.137,184)对顾立雅（Herrlee G. Creel）和多布森在该领域研究的总结。
② 要了解对此四种文本的讨论，参看林毓生，"The Evolution of the Pre Confucian Meaning of *jen* and the Confucian Concept of Moral Autonomy", pp.201‑201；史华慈, *The World of Thought in Ancient China*, pp.40‑41。
③ 伊若泊,pp.80‑81；刘殿爵，*Analects*,附录 3。
④ 例如，葛瑞汉，*Disputers*,p.10；史华慈,p.62。

因此,鉴于不同部分文本的作者与形成时间的不确定性,我将《论语》看作理解某些观念的资源,这些观念与以孔子为中心的思潮相关,其时间则确定在从孔子的时代一直到他去世后的几代人;而非将其看作一种孔子与他最亲近的弟子的真实而连贯的教导记录。

一、逐渐演化的对"天""命"的态度

周代早期,"天"被认为是自然现象的主宰,会掌控人的事务,并有情感与行动能力。《尚书》的《召诰》篇与《诗经》的部分内容(例如,SC 260/1,241/1)提到"天",将其看作公正与仁爱。"天"还是政治权威的来源,只有当天子持续拥有天命时,他才有进行统治的权威;而他对天命的保有又取决于他的"德"(virtue, power)。在"德"最早的用法中,其含义很可能主要是宗教性的,意味着一种会导致天子与"天"相交融的状态。[①] 但这个词最终不仅指慷慨、自我牺牲、谦虚与服从命令等品德,而且还指与这些品德相关的某些力量,包括一种对慷慨或自我牺牲行为的承受者作出回应的冲动,以及一种非强制性的吸引与转化的力量。[②] 天子能培育"德",并使自己的"德"更加显著;"天"与神能辨明这一点并作出回应。由于保有天命取决于"德",所以随之而来的就是,天命靡常,且不易保有(参看例如,SC 235/1,5 - 7;267);随之而来的还有,天子不得不小心翼翼地照管与培育"德",以保有天命(例如,SC 235/6,236/3,288,299/4 - 5)。这样的政治权威观

[①] 孟旦,*The Concept of Man in Early China*, p.185。
[②] 倪德卫,"Investigations",lecture 1。

念,与把"天"理解为仁爱与公正的看法相对应:只有当天子在乎人民,并恰当地完成他的职责时,"天"才继续授命于天子。

在周代中期,随着社会与政治的日益混乱,并导致一系列苦难的出现,人们对"天"渐生不满,认为是"天"让悲惨的境遇得以延续。所以,在《诗经》中可觉察到批评的口吻,这在《小雅》中比在《大雅》中要明显得多,而前者可能比后者出现得更晚。[1] 在《大雅》中,也有部分诗歌将悲惨的状况归咎于天,并且描写了"天"的调节的失败(例如,SC 254/2,4-5;257/1,3-4,7;258/1,3,5-6;265/1,2)。[2] 而《小雅》中的不满,则采取了直接抱怨的形式,即抱怨"天"的不公(例如,SC 193/8,197/1,198/1),或者同时抱怨它的不善与不公(例如,SC 191/5-6,9;192/4;194/1)。

对"天"的态度的更大变化,可以从《左传》与《国语》中找到。在政治语境中,"天"不仅被看作与周王统治的权威有关,而且与诸侯国的延续与灭亡有关(例如,TC 189/1-2)。[3] 在这些文本中,"天"根据"德"来扬善惩恶与指派权威进行统治的观点,仍然保持下来了(例如,KY 2/10b.1-3,12/5b.2-9),并且"天"仍然被认为是通过关注人民的福祉来分派政治权力的(例如,TC 462/11-12)。但是,还出现了天意与民意一致的观点,也就是说,为了保有从"天"获得的权威而进行治理,统治者必须关心与获得人们的拥护(例如,KY 2/15a.8;参看 KY 3/5b.2-3)。除此之外,

---

[1] 例如,哈伍德提到的多布森的看法,p.143;徐复观:《中国人性论史》,pp.37-39。
[2] 然而,要注意到一些颂诗很可能以"天"作为一种间接的方式来意指王。
[3] 李杜:《中西哲学思想中的天道与上帝》,pp.37-39。

第二章 背景

"天"也渐渐被看作行为规范的源头,这反映在复合词"天道"的用法中:它被用来指对礼的遵从(TC 270/11‐12),或者指在统治者与被统治者之间的适当的关系(TC 493/13)。

尽管这些文本中的一部分,继续描述"天"是根据"德"来分派政治权威的,但更普遍的情形是"天"以某种与统治者品德无关的方式指定政治权威。有大量的例子表明,"天"让诸侯国灭亡或继续繁荣,与统治者的"德"无关。[1] 这些对"天"的描述很有意思:"天"剥夺了统治者的正常的理解力(KY 8/5a.10,16/5a.1),由此使他失去了"德"(KY 3/19b.7‐8),或者已经预设了周的统治将持续多久,从而尽管周王们德行渐衰,还是任凭其统治持续下去(TC 292/7)。当指派政治权威不依赖于品德时,这种"天"的观念,反映了这样一种意识,即当时对政治权威的保有与统治者的德性已经无关了。与这样的"天"概念相关,使用"天道"所描述的不再是行为规范,而是关于政治命运变化中的某种无情的事实(例如,TC 624/13,631/4,823/10)。

"命"的用法在《左传》与《国语》中也以多种方式演化。天命仍然与政治权威以及"德"相联系(KY 3/9b.2‐3),有的则提到这样的观念:正是因为天命使得善替代了不善(TC 547/14)。而且,"命"观念的使用,也同责任或者行为规范有关,例如,我们发现一个统治者注意到命与生命持续的时间无关,而同滋养人民有关——这也是"天"赋予统治者地位的目的(TC 263/1‐7)。然

---

[1] 例如,李杜,pp.37‐42。

而,除了这些用法,"命"开始被用以指某些无情的事实——是否获得它与人们的努力无关。这在政治语境中的例子,包括用"命"来描述周的统治者应该延续七个世纪,而不管周王之德衰败的事实(TC 292/7),以及一个诸侯国臣服于另一个诸侯国(KY 19/14a.4-6,20/4a.4-6,21/6b.5-7)。在政治语境之外的例子,包括"命"的用法同个人生命的终结有关(TC 583/7,686/3)。"命"的这种用法,即发生的事件不在人们的掌控之中,在《左传》中是如此的普遍,以至于有人提出:这种用法在《左传》中更为盛行。① 但是,这种用法已经体现在《诗经》中了,即《诗经》中将"天之命"描述成某种由天带来的东西,这时候命就不再必然是想要的了(例如,SC 193/8,255/1;参看 21/1-2)。② 不过,在《诗经》中,"命"的使用,远比不上"天命"频繁,而后者与根据"德"而赋予政治权威有关。

这些考虑表明,对"天"与"命"的用法进行两种维度的区分,是有效的启发性策略。一种是规范性的维度,它有应该完成或应该发生的意味;一种是描述性的维度,它意味着某些事情并非由于人为或不完全在人的掌控下。这两种维度都跟某些对人类行为的限制有关,一个是规范性的,另一个是因果性的。在某些场合下,这种区别允许我们说某个维度是更加突出的。例如,规范性维度在这样的语境下被强调:把"天"描述为行为规范的来源,

---

① 例如,徐复观:《中国人性论史》,p.52。但是徐复观(p.56)也承认,有时"命"的用法与义务有关,正如刚引用的 TC 263/1-7 的例子。
② 对 SC 21/1-2 中出现的"命"的解释是模棱两可的,但是傅斯年(p.227)与劳思光(p.26)认为这里出现的"命",指的是不在人的掌控中所发生的事。

或使用"命"来指某个人的义务；另一方面，描述性维度在这样的语境下被强调：将"天"描述成预定的某些事件而与它们是否想要无关，或者使用"命"来指生命的终结。

　　引入这种区别，我并不是说文本的作者或编者很清楚地提出了它。相反，在某些场合中，两个维度都能够较好地呈现，而不能被明确地区分开。实际上，在许多场合中，虽然一个维度是更突出的，但另一个维度也可以在某种程度上呈现出来，例如，把某些政治上发生的事情作为无情的事实而归于天，这凸显了"天"的描述性维度；但如果还有这样一种暗示，即有人应该推进那个事件或者至少不反对它，如果不能做到这点就会导致坏运气，这时，规范性维度就显现出来了（例如，TC 222/10,325/6-8）。反过来，如果"天"或"命"被用作与个人的责任相联系，那这就是强调规范性维度；但当这些责任被看作给定的东西，且人们对它们无法掌控时，描述性维度也可能呈现出来。不过，尽管两个维度有着密切的联系，这一区分仍是一个有用的、富有启发的策略，可以用来彰显出使用这两个词时的不同侧重，并对其用法的演变作出整体的观察，例如，它允许我们证明一种一般性的论点，即在《左传》与《国语》中，描述性的维度比在《诗经》中更为明显。这很可能是人们更为意识到此情况的结果，即生活不如意的状态是人们几乎无法控制的。因此，为了方便起见，我会说：这些字的用法大体是描述性的或者规范性的，具体取决于所强调的是描述性的维度还是规范性的维度。

　　在《论语》中，"天"的两种维度都能被分辨出来。一些凸显规范性维度的段落,强调"天"作为仁爱与公正的一面,例如,它们暗示不适当的行为冒犯了"天"(LY 3.13),暗示"天"因不适当的行为而反对某个人(LY 6.28),或者暗示"天"保护有德的人(LY 7.23)。描述性的维度在一些段落中也能被分辨清楚,即把人们几乎完全不能控制的事情归于天,例如财富、荣誉(LY 12.5)与死亡(LY 11.9),甚至文化的保存或毁坏(LY 9.5)。

与《诗经》中的《小雅》部分不同,《论语》中即使是在涉及孔子的表面上个人困顿的部分,也未曾表达对天的不满之情。例如,通过一个边关官员之口表达了这样一种看法:尽管孔子没有实现其政治职责,但这是因为"天"对他还有别的安排,也就是说,使其成为"道"的传播者(LY 3.24)。而且,孔子也认为,尽管他不为人所理解,也不为人所用,但依然不会埋怨天,反而认为自己是被"天"所理解与所用的(LY 14.35)。① 这样,《论语》中就保留了一个仁爱与公正的"天"的概念;并且,在处理表面上个人困顿的文本中,也表达了这种信念,即表面上的困顿是"天"所安排的更大计划的一部分。② 同时,孔子被描写为不讨论"天"的运行方式(LY 5.13),这表明了他的倾向,即试图避免推测那些超乎人类之上的事情(LY 11.12)。

关于《论语》中"天"的用法,已经有两个争论提出,一个是"天"是否指一个人格神,另一个是"天"是否承载着与内在维度相

---

① 依据 LY 12.22 的解释,我认为 LY 14.35 中的"智"是指理解一个人的品质与能力,并以此为基础任命此人。在下文中会讨论这一问题。
② 伊若泊,第四章。

反的超越维度。由于"天"在《孟子》中也会引起类似的争论,我将这些问题放到本书第六章第二节中加以讨论。现在,让我们回到"命"的用法上,该字在《论语》中出现了好几次,其中两次以"天命"这一复合词的形式出现。对其用法的诠释,存在着大量的学术分歧。第一种看法认为,其使用的大多数情形都主要是描述性的,指那些不完全为人所掌控的事情。① 一些人甚至认为这反映了某种宿命论的态度,孔子之所以为其辩护,是为了阻止企图引入革命性的经济措施。② 第二个观点认为在复合词"天命"中的"命"的使用主要是规范性的,而在其他地方,则主要是描述性的。③ 根据这种观点,"天命"是指某人的责任,而单字"命"则是指人力无法完全控制的事情。第三个观点认为,文中出现"命"时,一些情况可能是指人力无法完全控制(例如,LY 6.10,12.5),但大多数情况主要是规范性的,指"义"或行为规范。④ 说"命"能够指"义",可以由此事实来说明:当人们意识到以某种方式行事为"义",他就发觉,依此方式行事的正当性源自一个不依赖于自己的源头,因此就将其归因于"天"之"命"。⑤

---

① 例如,傅斯年,pp.236 - 237,331 - 332;劳思光,pp.67 - 72;蔡尚思,pp.84 - 86,94 - 95;也可以参看葛瑞汉,Disputers,pp.17 - 18。
② 例如,蔡尚思:《孔子思想体系》,pp.84 - 86。
③ 例如,徐复观:《中国人性论史》,pp.83 - 90;刘殿爵,Analects,pp.27 - 29。然而,在《中国思想史论集续篇》中,徐复观提出了不同的看法,认为尽管在《论语》中出现的几个"命"字,涉及不完全在人所掌控中的情形,但大多数"命"与人的义务有关。
④ 例如,唐君毅:《导论篇》,pp.512 - 518。唐先生把"命"解释为义,是在《孟子》5A:8章的"命"与"义"的联结中,发现了他的解释线索。
⑤ 参看唐君毅:《原道篇》,pp.110 - 119。徐复观(《中国思想史论集续篇》,p.385)也描述了"命"的用法如何具有这种意义,即一个人的义务来源是不依赖于他自身的。

现在,为了将这些观点的评判搁置起来,我们还应该注意到,即使一些,甚或绝大多数"命"的出现都主要是描述性的,但也不会得出如下结论:文本表达了一种对人们无法抗拒或认知的预定力量的宿命观念。之所以这样说,不仅是因为在某些生活领域中,孔子要求加强努力,例如,培养个人的品格与能力;而这个观察,可以与孔子对某些但不是所有的生活领域有宿命的看法相兼容。① 更确切的是,即使当"命"在描述性的使用中,传达了某些事情不完全在人掌控中这类看法,"命"的用法也并不必然表明:相信事情是预定的。反而,这可能是很好地表达了人们对与其愿望相反的事情以及认为重要的事情的态度。这些出现的用法,可能是关于结果,比如,使道行于天下(LY 14.36),无论人怎样努力都无法实现道,抑或出现一些事件,什么事情,它都未发生;再比如,严重的疾病(LY 6.10)或者死亡(LY 12.5),此非所愿,本不必发生。所以,这里表达的态度是一种接受,不再因结果而担心,也不因其发生而指责"天"或者其他人(LY 14.35)。而且,它还包括不去做不适当的行为来改变事情的发展,而是转变注意力到其他追求上,例如,孔子接受自己政治使命的失败,将注意力转到教育上去。②

值得注意的另一点是,从"命"的一个维度跳到另一个维度的情况时常发生。任何强调个人责任的"命",能被解释成承载了规

---

① 傅斯年注意到,孔子不持一般的宿命观点(pp.331-332),但仍然认为在某些生活领域中,孔子是一位宿命论者,还认为这种宿命论的态度后来被墨家所反对(p.237)。
② 参看徐复观:《中国思想史论集续篇》,pp.384-285;按照这种解释,"命"的描述性使用,并不必然体现为《墨子》所反对的那种宿命论信念。

范性维度,但也可以被看作有描述性的维度。因为,有关个人义务的"命"的使用,都会强调一个事实,即这种义务不可能通过人的努力而免除。反过来,任何能被解释成承载了描述性维度的事件,都可以被看作有规范性的维度。因为,它凸显了这一点,即当面对不在人们控制中的事情时,人们处理这种情况也会受到某些规范的限制,例如,人不应试图通过不适当的方式来达到其目标或避免某些结果,也不应埋怨"天"。①

此种转变的可能性,加强了前文提到的一种观点,即在早期文献中这两种维度可能未被清楚地区别开来。缘于此,对于《论语》中"命"的用法的各种相互竞争的解释,是难以裁断的。不过,作某种一般性的评论还是可能的,例如,依据《论语》中"天命"与"命"被用于同类型的结构中这一事实,就像"知命"(LY 20.3)与"知天命"(LY 2.4,16.8),那么,复合词"天命"的用法与单字"命"的用法之间不可能有清晰的区分:认为前者主要是规范性的,而后者主要是描述性的。而且,如果认为某个维度更直接地同所出现的"命"相关联,即把它解释为承载了这种维度而不需要先引入另一个维度,那么我们能够说这个维度就被强调了;不过,相反的情况却不能成立。在此基础上,我们能说,在"死生有命"(LY 12.5)或弟子的病是"命"(LY 6.10)中出现的"命",更强调了描述性维

---

① 此即唐君毅(《导论篇》,pp.12-518)诠释《论语》的方式,他观察到"道"是否能行于天下要依赖于"命"。而从描述性维度到规范性维度的类似转变,在别处也可以看到,比如在郑力为:《儒学方向与人的尊严》,pp.126-136。郝大维与安乐哲(*Thinking Through Confucius*, pp.214-215)还注意到,在《论语》中"命"的用法,就是一个人以何种方式关联到那些决定自己存在的条件。虽然他们提出了不同的观点,即被当作决定性条件的那些东西,是由一个人接近于"圣"的程度来决定的。

度。而进一步的考虑,认为人们应该以某种方式对这些情况作出反应,则需要先预设了这种认识:这些情况不完全在人们的掌控中。然而,仍有许多例子,不能决定其中强调的是规范性维度还是描述性维度。由于在早期文本中这两个维度可能并未清晰地区分开来,故而也没有理由期望对这个问题的明确答案。因为现在的讨论很大程度上是为讨论孟子所做的准备,我不会对《论语》中出现的"命"逐一检验。对我的目的来说,注意到在比《孟子》更早的文本中已经出现了规范性维度与描述性维度,这就足够了。

二、逐渐出现的伦理关怀:德、仁、礼、义

德、仁、礼、义这另一组术语的演变,反映了到孔子的时代,更丰富的伦理关怀出现了。我已经将政治语境中"德"的用法同"天命"的观念相联系了。而且,早在《诗经》中,"德"不仅用于天子,而且也普遍地用于令人尊敬的官员(SC 260.2,参看 240/5)或者好人(SC 253/3);还在恩惠或赐福的意义上使用(SC 201/3),例如父母所赐的东西(SC 202/4)。在《左传》与《国语》中,"德"甚至可以归于普通贤人(KY 1/2b.4;TC 391/2,参看 247/17)。当其与"惠"相匹配的时候,"德"也有善良或者恩惠的含义,常指向处于较低的社会地位的人(例如,TC 391/1,512/8;参看 KY 1/11a.6-7)。但是,德还可以与多种可取的特点相关联,如孝、恭、忠、信以及让(例如,KY 15/4b.2-4;TC 228/14-15)。

正因为注意到德的转化性力量在理想情况下应该作为政府的基础,《论语》在政治语境下继续强调"德"(LY 2.1,2.3,12.19)。

但是,德也被归于一般的个人,例如孔子之德(LY 7.23)、君子与小人之德(LY 12.19),以及民众之德(LY 1.9)。孔子强调他自己(LY 7.3)或别人要培育德(LY 9.18,15.13;参看 14.5),从而表明了对修身的关注——这是早期儒家的一个主要关注点。

除了第一人称代词"我",古代汉语还有两个字有"oneself"的意思。在反身的双名词组中,"自"用来指一个人所做之事与自己有关,例如,人们自省(LY 4.17)、使自身蒙羞(LY 12.23),或者以某种方式称谓自身(LY 16.14)。"己"则用来说一个人所做之事与他自己相关,例如以某种方式做人(LY 5.16,13.20);或者别人所做的某些事情与自己相关,比如理解自己(LY 1.16,4.14,14.30,14.39,15.19);或者自己所做之事与他人相关,比如帮助他人以使其安顿下来(LY 6.30)。这两个汉字的差别在于:"自"强调反身性,而"己"则强调同他人相对。① 此外,另一个汉字"身",指人或者身体,可以与适当的所有格代词结合起来使用,用来指自己或某个个人(例如,LY 13.6,13.13)。

这些语言学的观察表明,在早期汉语中,人们对关联于自身的方式有所认识。在早期儒家文本中,刚才提到的这些汉字常用于谈论某人反求诸己(例如,LY 1.4,4.17;参看 5.27,12.4)与修身(例如,LY 13.13,14.42)。这表明,早期儒家不仅对人们与他们自己的关系有所认识,而且,还认识到人们会以一种自我反思的方式而关联到自身,即具有反思自身、省察自身以及去改变自

---

① 一个相关的差异是,"自"而非"己"可以被用作一个反身代词指家与国(例如,M 4A:8)。

身的能力。因此,把自我的观念归于孔子与其他早期儒家,我相信他们会把人们设想为有这种自我反思的能力。①

在《论语》看来,尽管物质上的幸福为人所向往,但人们对修身的关注应该不依赖于这种物质关注(LY 4.5)。这一点是由"什么才是人们所应该担忧或者关心的东西"来阐发的,即忧的正确对象应该是道而不是贫困(LY 15.32;参看 7.3),所以即使物质十分匮乏,人们也能从"道"中获得乐(LY 6.11,7.16)。相似地,尽管人们期望被别人理解,修身应该是"为己",而非"为人"(LY 14.24)。忧的适当对象,不是为人所理解,而只是个人自己的品质与能力以及对他人的理解(LY 1.16,4.14,14.30;参看 15.19)。不担忧物质幸福或他人的理解,这种观念与接受的态度有关,这是一种在"命"的用法中表达出来的态度。因为能接受不利的结果,那么就不会再担忧结果。② 并且,由于适当的担忧对象是道,如果一个人意识到他或者她与道相一致,那么就是无忧的(LY 12.4;参看 9.29,14.28)。

对于导向修身的那种观念,《论语》用"仁"这个字来描述它。汉字"仁"可能与"人"是同源的;后者最初并不是指生物学上的

---

① 芬格莱特(Fingarette)在"Problem of the Self"中讨论孔子的教义时,反对用自我与修身的观念。在"Response to Roger Ames"中,他详细地表述了他的立场。可是,也显示出他所反对的是与某种"神秘而内在的自我"有关的自我观念,而"神秘而内在的自我"是一种"内在实体"或"私人化的自我与意志"。而我对"自我"观念的使用与这些联想无关,在第五章第二节中,我将表明,对孟子而言,修身涉及提升作为整体的个人,包括身体。
② 斯林格(Ted Slingerand)让我注意到此问题:个人接受不好的结果与个人不担心这些结果之间的关联。这是他在 1993 年在我主持的研究生讨论课上,所写的一篇文章的内容。

人,而是指特定的部落或者贵族集团。① 学界对早期"仁"的用法有两种主要的看法:其中一种观点认为,"仁"最初指可取的品质,它使一个人能成为部落或者贵族集团的一个优异成员。在《诗经》中,有两个"仁"字能支持这种看法(SC 77/1,103/1);②另一种观点主张这个汉字最初的意义是指爱或者人们情感中温柔的部分,特别是统治者对臣民表现出来的关怀。③ 除了这些相互竞争的观点,学者们还认为可以采取"一种意义可能会导向另一种意义"的方式。④

对于弄清楚孔子伦理观念的内涵这个目的来说,没必要对这些相互竞争的看法进行裁定。只要注意到《论语》的"仁"可以在宽与窄两种意义下使用,即可满足我们的需要。在宽泛的意义上,"仁"是指对于人类来说的普遍理念,包括"勇"这样可取的品质(LY 14.4);在狭窄的意义上,"仁"是指特别突出的某种可取品质,例如智与勇(LY 9.29,参看 14.28)。在宽泛的意义上,"仁"包括智、勇、孝、直、信,恭敬或严肃的态度,甚至还包括言语谨慎与忍受逆境的能力。

---

① 参看 Boodberg,"The Semasiology of Some Primary Confucian Concepts",p.328。
② 这个看法的支持者有 Dobson,*Mencius: A New Translation*,p. xv;葛瑞汉,*Disputers*,p.19;徐复观:《中国思想史论集续篇》,pp.358 - 365;林毓生,pp.172 - 183;韦利,*Analects*,p.27。徐复观与林毓生引用《诗经》中出现了的两次"仁",作为解释的支持。
③ 此观点的支持者包括陈荣捷,"Evolution",p.2;唐君毅:《原道篇》,p.71;杜维明,*Confucian Thought*,pp.84 - 85,引用 Fang Ying-hsien on p.92n23。陈荣捷认为早期"仁"的用法主要指统治者对臣民的仁慈。
④ 唐君毅(《原道篇》,第 1—2 章)描述了,起初是指爱"仁",如何渐渐指向关于人的整体理想。徐复观(《中国思想史论集续篇》,pp.365 - 377;参看《中国人性论史》,pp.90 - 100),描述了,起初是指某些贵族宗族中突出成员的品质的"仁",如何渐渐开始指爱。

在狭窄的意义上,"仁"可能强调与对他人的情感关怀有关的那种伦理理想,有一次,孔子用"爱人"来解释"仁"(LY 12.22)。在早期文本中,当"仁"用于政治语境中时,它常指对处于较低地位的人的关怀,例如,"仁"与保护百姓相关(KY 2/1b.10),或与保护一个较弱的诸侯国有关(TC 812/10)。不过,尽管《论语》也强调要关怀比自己地位低的人(例如,LY 3.26,5.16,17.6),但"仁"所包含的爱不是只针对那些处于较低位置上的人们。这点能从"爱人"与"使民"的对比中看出来(LY 1.5):后一种态度是针对民众的,前一种则可能是更一般地针对他人。① 另外,《论语》中的"仁",并非限于政府官员而言。例如,众所周知,颜回是不出仕的,却被孔子描述为"三月不违仁"(LY 6.7)。②

"仁"之所以更频繁地以宽泛意义上的普遍性观念来使用,关涉的一个重要部分就是遵从"礼"(例如,LY 12.1,12.2)。③ 汉字"礼"原初是指祭祀时的仪式,但后来渐渐用来指在复杂的社会背景下进行治理的行为规则。"礼"的这种较宽泛的用法,在《诗经》中已能清楚看到了。尽管"礼"在一些场合与祭祀相关(例如,SC 279,290),但也与"仪(good form)"有关(例如,SC 209/3,5;参看 52/1,3),并且被用于祭祀之外的情形中(例如,SC 193/5)。因此,其应用范围不仅扩展到包括仪式性的行为中,而且还扩展到与人们社会地位相应的行为上——有时"礼"会与"仪"区别开。例

---

① 刘殿爵,*Analects*,pp.16 - 19。
② 罗哲海,*Confucian Ethics*,pp.124 - 125。
③ 一些学者,如芬格莱特(《孔子》)与伊若泊,声称"仁"的内容主要由礼组成。我认为没有令人信服的论证来证明这点。在这个问题上,我倾向于赞同史华慈,pp.80 - 81。

第二章 背景

如,在《左传》中,调节礼貌性行为的那些规范,比如赠送礼物的方式,就被描述成"仪"的问题,而不是"礼"的问题(TC 601/8-12,704/8-9)。并且,在《左传》与《国语》中,"礼"是与规范联系在一起使用的,这些规范调节了不同社会地位之间的行为(TC 704/16,KY 17/1b.4-5)、治理一个诸侯国的适当方式(例如,TC 521/10-12,601/8-12),以及君臣、父子、兄弟、夫妻、婆媳之间的适当关系(例如,TC 715/12-17)。此外,"礼"的来源被描述为天(TC 270/11-12,704/9-10;参看 537/7),并且,对"礼"适当的遵从,被描述为社会有秩序的基础以及政府治理的理念基础(例如,TC 31/13,158/8,554/1,601/9,715/11-12;KY 10/3b.7-10)。但是,尽管"礼"的应用渐渐宽泛起来,它依然常用来指调节仪式活动的行为规范。例如,尽管在《荀子》中,"礼"与"礼义"偶尔是可互换的(HT 19/1-15)——这时的"礼义"常用来泛指社会的分工与规范(HT 4/72-77,9/17-18,9/64-75),但在多数情况下,该书一直在仪式活动的意义上使用"礼"。

在《论语》中,强调了以适当的心境遵从礼(LY 3.26;参看 3.8,17.11,19.1),例如敬(reverence,seriousness)。许多学者认为这些"礼",一般是指在各种各样的社会、政治语境下来调节行为的那些规范。[1] 但这一点并不是非常明显,因为在《论语》中的"礼",有不少是主要与仪式活动相关的(LY 3.4,3.15,3.17,9.3,17.11)。在某些情形下,"礼"可被视为具有较广阔的范围,例如,当"礼"被

---

[1] 例如,劳思光,p.40;史华慈,pp.67-68;蔡尚思,pp.238,240。葛瑞汉(*Disputers*,p.11)是个例外,他认为《论语》中的"礼"涉及好的方式。

描述成治理的理想基础(LY 2.3,4.13)、孝的实质(LY 2.5)、人们为了有所安顿而要学的东西(LY 8.8,16.13,20.3),君子应该用"礼"来塑造其行为(LY 6.27)以及在某人全部行为中都遵循"礼"(LY 12.1)。然而,对我们来说,尽管在较为宽泛的意义上解释"礼",可能会使得这些观察变得更可信,但没有明确的文本依据表明文中出现的"礼",其范围超出了仪式活动。①

另一个存在分歧的问题是:《论语》所展现的对于"礼"的态度,在多大程度上是保守的。根据一些段落,例如《论语》12.1,它在"仁"与"礼"之间描述了一种密切的联系,一些学者认为该书倡导一种极端保守的态度,即反对任何对既存的"礼"的修正或者偏离。②《论语》确实看起来展示了一种大体上保守的态度,这从孔子把自己表现为传统周礼的拥护者(LY 3.14)以及好古、述古的人(LY 7.1,7.20)可见一斑。然而,另外一些学者指出在一些章节,如《论语》9.3中,孔子宣布他宁可从众,即使这偏离了既存的"礼";这些学者以这一段为证据,认为《论语》确实允许可以对既存的"礼"有所偏离。③ 而这种观察,即《论语》不支持对"礼"无条件遵从,还常被学者们关联到"义"的观念。

根据一些学者的看法,如果"义"字不是直接源自"我"(I, me)字,那么也可能与"我"字有很密切的关系。④ 但我将在本书第三

---

① 陈汉生提醒了我这点。
② 例如,赵纪彬:《论语新探》,2:288-325;蔡尚思,pp.106-107,238-240,282-285。
③ 例如,林毓生,pp.193-196;见徐复观:《中国人性论史》,pp.69,90。而 LY 9.3 可以与孔子反对省掉礼所要求的祭品中的羊的 LY 3.17 相对照,孟旦在交谈中提醒了我这一点。
④ 参看 Boodberg,p.330。

第二章 背景

章第二节中表明,这个汉字的早期用法通常与"辱(disgrace)"相关,表明该字可能有这样的意思:对自己或者荣誉感有适当的关注,包括想不忍受侮辱这类的事情。到了孔子的时候,"义"字开始被广泛用来关联于适当的行为,例如为自己获取东西的适当方式(例如,LY 7.16,14.13)。这时候,"义"是某种人们应该与其总是保持一致的东西(LY 4.10),而且,"义"常与"利"相对照(例如,LY 7.16,14.13)。有些学者认为,《论语》中"义"主要用于事情,或者只能衍生地用于人。[1] 但是,《论语》中使用的"义",很可能同时指向行动的性质与人们的品质。例如,"义"在《论语》2.24 段中指行动的性质,同时将它描述为一个人所了解与实行的某种东西。在另一方面,在《论语》17.23 中,"义"可能指民众的品质;在此"义"与"勇"相配,后者是民众的一个品质。许多别处出现的"义",可以用这两种方式的任一种加以解释。如果断定"义"主要用于行动,就不能根据"义"经常被这样使用来为其辩护。反而,这种主张可能是建立在把"义"看作人们的品质这个分析的基础上:如果我们将"义"这种人的品质基本上看作对于适当行为的承诺,那么"义"作为人们的品质,就预设了把"义"看作行为的正确性。就《论语》而言,这样的分析似乎没有足够的文本支持。不过,正如我在本书第三章第二节所表明的,在《孟子》中,此分析具有一些可信性。

按照一种更多凸显创造性维度的《论语》解释,"义"可以提供给人们评价"礼"以及可能偏离"礼"的基础。而且,即使当"礼"应

---

[1] 例如,刘殿爵,*Analects*,pp.26 - 27;唐君毅:《原道篇》,pp.158 - 159。

被遵从时,"义"也构成遵从"礼"的正当性原因。这提供了一种对《论语》15.18章的解释,在这一解释中,把"义"看作遵循"礼"这种实践的本质。而且,众多著作者也提到了《论语》中的义利关系的观念。① 不过,在《论语》中"义"确实不突出,那么要完全证实义利观,是比较困难的;尽管这一观念可能已经出现在该书中,并且在《孟子》中变得更加明显。②

在考虑了《论语》中的一些关键术语之后,让我们转到该书关于政府治理的观念上。《论语》12.17章,以"正"来解释"政",13.13章则通过"正己",把政府治理与使民众正相联系。这样的解释让下面这个问题无法有确定的回答,即政府治理的目标在于通过道德模范来改造人民的品性,还是通过立法的力量使人们同某些标准保持一致。有人建议后一种选择更符合"政"的早期含义。③ 确实,无论后者是不是"政"的早期含义,它仍是一种可能的意思,也是在《论语》中仍能发现的意思(LY 2.3)。但是,也有证据表明,《论语》理想化了政府治理的形态,即强调通过道德模范教化民众。这点在2.3章中尤其明显,本章支持通过"德"与"礼"而不是"政"与"刑"来进行统治。2.21章,甚至把"政"的概念从就任政府职位,扩大到通过做一个好儿子以及善待兄弟来施加影响。④ 另外的一些

---

① 例如,成中英,*New Dimensions of Confucian*,第八章;Cua,"Confucian Vision",p.230;郝大维与安乐哲,pp.84,100,108-110;劳思光,pp.45-47;刘殿爵,*Analects*,pp.37-39,47-50;史华慈,p.80。
② 在我的"Jen and Li in the Analects(《论语》中的仁与礼)"一文中,我讨论了《论语》中对"礼"的态度,以及"礼"与义的关系。
③ Boodberg(p.323)注意到了这两种可能,而史华慈(pp.103-104)认为合法的暴力运用是"政"的早期含义。
④ 关于 LY 2.21 的含义,在陈大齐:《孔子学说》,p.301 提供了注解。

章节也提倡"德"(LY 2.1,12.19)与"礼"(LY 4.13),以作为统治的观念基础,并且突出了良好品格的变革性力量(LY 8.2;参看 12.18,13.4)。在一个场合中(LY 15.5),甚至提到了舜的无为而治。

由此政府治理的观念所提出的一个显而易见的问题是,"政"如何能与《论语》中对实际政策的讨论相协调。① 有些回答是,尽管好的品性是治理的主要基础,但依然需要有能力的官员执行实际政策来进行补充。顾立雅引用何晏的《论语集解》,认为:君主之所以能依靠好品性无为而治,是在任命了有能力的、令人尊敬的官员之后;这样,统治者所需要做的只是成为一个道德模范,而将治理的职责留给官员们。② 这个讲法与《论语》对"知人"的强调相适合,后者正是说要认识与任用有能力的官员(LY 12.22)。③ 除此之外,该书提到一些具体措施,例如,要采取适当的税收(LY 12.9),行动总是要与个人在国或在家的地位相一致(LY 12.11,13.3),还有教育、长养与施惠于民众(LY 5.16,6.30,12.7,13.9,20.2)。而即使不管政策方面的需要,至少在两种意义上,好品性仍然是统治的主要基础。第一种是,品性好的统治者关心民众,并且,服务于此目的的正确政策,本身就是其好品性的一种显示;第二种是,治理不只是要为民众提供物质帮助,还要转化他们;而后一种作用必须通过当权者的道德模范作用来实现。

---

① 对此问题的讨论,参看陈大齐:《孔子学说》,pp.301－323;刘述先:《儒家思想》,pp.1－16;史华慈,pp.103－109;Tsai Shih-chi。
② 顾立雅,*What is Taoism?* pp.58－60。
③ 墨子刻("Some Ancient Roots",p.74)作了一个饶有趣味的观察,即理解他人的观念是自省的观念的对应物,因为两者分别关系到对他人与对自己的评价。

另一种强调好品性会与实际政策需要相协调的解释方式是这样的:因为政府达到转化民众的目标需要耗费时日,那么临时性的措施就成为必需,尽管这样的措施将逐渐变得可有可无。例如,尽管《论语》理想化了政府治理,认为无须处罚(LY 2.3)与诉讼(LY 12.13),但它也声称,适当的处罚依赖预先确立的礼乐而实行(LY 13.3)。而且,即使《论语》降低了军旅之事的重要性(LY 15.1),但也提到了进行军事准备的需要(LY 12.7;参看 13.29-30),并坚持认为军事征伐应来自天子(LY 16.2)。因此,《论语》这些不同的方面可以通过这个观察协调起来:既然建立政府的理想模式是要耗费时日的(LY 13.10-12),那么,处罚以及军事征伐可能是必要的临时措施,直到民众被转化且天子可以完全获得他们的忠诚。

本节与以前部分的讨论,显示了一种对人们理想生活的广泛关注,是怎样出现于孔子的时代的。一些学者将这种发展描述成人文主义的成长,但是为了避免人文主义这个术语所含有的任何非本意的内涵,我将其简单地说成一个宽泛的伦理关怀。① 这种宽泛的伦理关怀,一方面反映在"德"逐渐归于民众,还与各种各样的可取品质联系起来;另一方面,也反映于"礼"的范围有了扩展,即超出了宗教祭祀的范围,成为在其他社会与政治语境中调节人们行为的那些规范。具体在《论语》中,这种宽泛的伦理关怀,一方面反映在对"仁"的强调中,它是一个包含各种可取品质

---

① 陈荣捷(*Source Book*,第一章)将这一发展描述为"人本主义的生长",而徐复观(《中国人性论史》,第二章、第三章)认为这是人文主义精神的出现。

的观念;另一方面,也反映在对"天"与"命"的态度上,我们看到孔子希望避免沉浸于具体人事以外的事物中,而且,他对超乎人们掌控的外在情况有越来越强的感受,这被归因于"天"或者被描述为"命"。与之相比,"仁"则是通过充分的努力就能达到的,所以伦理的追求应该由一种对自我而不是对外在的关怀所指引。这意味着人们应该完全致力于伦理追求,因为这是自己可以掌控的;并且不用担心对外物的获取,因为这不在自己的掌握之中。在本书第三章第五节讨论孟子时,我还会回到此话题。

尽管此时出现了上述那种更为广阔的伦理关怀,但早期中国思想的某些维度,即在明确的"宗教"意义上所描述的那种维度,也被保留与传述下来。例如,《左传》与《国语》保留了"天"作为政治权威来源的概念,并将"礼"归于"天";而《论语》保留了作为"敬"的对象的"天",并把"天"看作伦理生活的来源。正如对祭礼的遵循应该通过"敬"来完成,并引起鬼神的反馈。所以,由于"礼"范围如今已扩展到包括一个人与他人的互动,对"礼"的遵循也应该通过对他人的"敬"来实现,并引起他们相应的反应。同样地,正如天子之"德",被认为会引起天与鬼神的相应反应,在普通人中的"德"也应有一种对他人的非强制的教化影响。因此,这种宽泛的伦理关怀不仅反映了转向对人事领域的关注,而且也包括宗教态度渗透到人事领域——此点在某种宽泛的意义上可以得到解释。①

---

① 这是芬格莱特(Confucius)在讲到"礼"时所强调的一个观点。陈荣捷(Source Book, p.3)注意到,人本主义的出现并未削弱最高权力的观念。徐复观(《中国人性论史》,pp.51-56)谈到了一种宗教类型的人文化。

第二节 墨家的挑战

在讨论墨家对儒家观念的挑战时,我会考虑墨子对义利关系所持的观念、对言(words, doctrines)的看法以及他所暗示的人类心理图景。这个讨论将基本建立在《墨子》8－37篇的基础上,我将其中绝大部分的看法归于墨子。尽管不同篇章可能呈现出该学说的不同版本,但我不会讨论这些变化。因为它们主要与墨子思想在政治上的应用有关,而这无碍于我所关注的主题。① 此外,假使其他篇章中的观念在某种程度上接近于墨子的教导或是墨子教义后续的发展,有时候我也会加以利用。

一、义与利

尽管《论语》中包含与"礼"相区别的"义"的观念,但它依然认为,在很大的程度上,适当的行为依然是由"礼"所决定的。而墨子对"义"与"俗"(custom)作了区分,他描述了在不同的地方处理死者的不同习俗,并且观察到人们继续这些实践,比如奢靡的葬礼与长时的守丧,仅仅因为它们是合乎习俗的,而不是因为这是合乎"义"的(MT 25/75－81;参看 LiT 5/5a.5－9)。奢靡葬礼与长时守丧的例子与"礼"有关;而且,尽管《墨子》没有明显地将"礼"同习俗联系起来,但这一联系在其他文本中得以建立(例如,

---

① 参看葛瑞汉,*Disputers*, pp.35－36,51－53,对"墨家学派的派别与根据派系所作的第八至第三十七章的分类"之不同的讨论。

ST 276,no.74）。因此,墨子的观察,即合乎习俗的不必是合乎"义"的,可能是针对儒家对"礼"的辩护。

对墨子来说,如果某种实践带来了"利",那么这就是合乎"义"的实践。"利"这个字,较早可能有"顺利"或"无障碍"的意思,而到了这时候,则是获得了利益或者好处的意思。① 所以,通常,墨子把"义"的内容当作利人或者利民(例如,MT 46/30)。当批评儒家并为自己的替代性讲法作辩护的时候,墨子常常诉诸公众的利益。这些利益包括：使贫者富庶,增加人口,并带来秩序(MT 25/11‑12,35/1‑2)。同样,在墨子看来,混乱是从"别"中产生的,"别"会损害他人来利己、利家庭或者利己国；对治的办法在于用兼爱来替代"别"(MT,第十四到第十六章)。在这些论证中所讲到的各种"利",可能广泛地适用于那时的所有人,尽管墨子不考虑儒者对此也有关注。墨子主要强调何者使民众受益,包括诸如食物、取暖以及休息等,但感官快乐却被排除在外(MT 32/5‑13)。所以,虽然诸如房屋、衣服、食物以及交通,可作为基本需要而被提供；但所提供的其他服务,例如审美欣赏与感官享受等,则被认为是无关紧要的(MT,第六章)。这种对基本物质需要的强调,可以从墨子的低贱的社会背景得到理解。不过,这也引起后来荀子的批评,即认为墨子忽视了其他有关的且重要的考虑因素(例如,HT 21/21)。

除了诉诸公众利益,《墨子》还认为：实行兼爱有利于自己,

---

① 关于该字早期含义的讨论,见葛瑞汉,*Later Mohist Logic*,p.188。

或者有利于那些与自己有特别关系的人（例如，他的父母），以此来捍卫兼爱的观点。第一种思路是诉诸天。由于天兼爱每个人，就要求人们实行兼爱，并据此带来幸运或者不幸；因此，正是由于个人利益，所以要实行兼爱（MT，第四章，26－28）。第二种思路主张：别人是以自己对待别人或别人父母的方式，来对待自己或者自己的双亲，所以，如果想要别人利于自己（MT 15/15－19，15/27－28），或者关心、利于自己的父母（MT 16/64－72），就应该使他人受惠，还要关心、利于他人的父母。

上述的两种辩护，即根据"别"会导致混乱，来为兼爱辩护，与主张实践兼爱将会使自己或者与自己很相关的人受惠，来为兼爱辩护；这两种辩护之间似乎存在某种张力。看起来，前一种论辩把对自己以及与自己很相关的人的关心看成是有问题的；但是，这样的关心又为后面的论证提供了出发点。事实上，这中间不构成真正的冲突。在《兼爱》篇的开始，并不是由于只关心自己、家人以及国家，而导致了所提到的混乱。实际上，这样类型的关心，再加上对他人的漠视，才会产生混乱。事实确实如此，因为《墨子》用很激烈的术语，比如厌恶或者劫掠他人，来描写对他人的态度。这种态度引导人们以他人为代价，来使自己或者自己的家庭、自己的国家受惠，因而导致了混乱。而对治的药方，正在于关心他人像关心自己那样。这样一来，关心自己或自己的家庭、国家，就不成其为问题了。所以，《尚同》篇提出对家庭与国家的关心是可取的，只要没有伴随着对其他的家庭和国家的漠视（MT 13/22－42）。

也许，诉诸对自己或与自己很相关的人的利益，是解决在利己与利他之间潜在冲突的一种方式。但这两种冲突发生时，普通人很可能倾向于前者而非后者。而且，如果这种冲突频繁地发生，即使可能去实行兼爱，那么也将变得很困难。在回应这种挑战的文本中，墨子诉诸自己的利（MT 15/15－19,15/27－28）与其父母的利（MT 16/64－72）。他提议，实行兼爱不仅与利己或有利于与自己很相关的人相协调，而且，实际上会直接产生这样的利益。这样，就表明了自己以及与自己很相关的人的利益，可以与他人的利益相一致而不是相冲突，从而有助于去除实行兼爱的障碍。

那些认为兼爱是不切实际的反对意见，实际也与墨子所暗示的人类心理状态有关，我将留到下一部分再讨论。目前，先简单地讨论一下我对"兼爱"的翻译。葛瑞汉建议将此术语译为"concern for everyone"，而不是"universal love"，①他主张"兼"暗示着"for each"，而不是"for all"。而且对墨家来讲，"爱"是指一种非感情性的意愿，希望使民众受益且避免损害他们。由于"兼爱"之"爱"应该是无差别地指向每个人的，我接受葛瑞汉将其译为"concern"而不是"love"；因为"love"常常隐含着一种被限制于自己很有关的人身上的那种态度。不过，说兼爱不能含有感情，尚不十分明显，例如，兼爱可以包括对关注对象所处的消极境遇作出的情感反应。至于"兼"，葛瑞汉所主张的"兼"暗示了"for

---

① 葛瑞汉，*Disputers*，p.41。

each",看起来理由充足。可是,由于"兼"也有不加区别的含义,并且,由于墨子坚持一个人的关注应该是无区别的,无论指向个体还是家庭与国家,所以,我倾向于将其译为"indiscriminate concern for each",而非"concern for everyone";这里"each"能指的不只是个体,也指家庭与国家。①

二、"言"与墨子关于人类心理的图景

因为要挑战儒家理想,并捍卫一种替代的生活方式,一个更反思性的关注在《墨子》中出现了。《论语》包含了"言"的发生,看起来能合理地解释为一种教导,或者信条,例如,观察到有德则有"言"(LY 14.4),以及恕(reciprocity)是一种可以信奉终生的言(LY 15.24)。《墨子》也经常以"言"指教导或者信条,例如关于丧葬实践的教导(MT 25/57)、相信命的教导(MT 35/3,5,18,42,47)以及那些提倡无别或别的教导(MT 16/21 - 28)。而"言"与"道"(MT 9/44;25/25,34,38)或"义"(MT 35/18,36/1,46/55 - 60,47/3,48/81,49/50 - 54,49/83)之间的这种常见关联,表明"言"常常是关于道或者"义"的教导。同样地,"义"字本身常用在《墨子》中来指何为正确的概念。例如,《尚同》篇讲到不同的人

---

① 墨家兼爱与儒家有差等的爱之间的确切区别,并不完全清楚。在《兼爱》篇一开始,墨子所批评的与己不同的观念,看起来不像是儒家会支持的那种,因为儒家并不主张损人利己或利于与自己有特别关系的人。至于墨家所倡导的兼爱,以及怎样同儒家的理念相反,我发现在《墨子》一书中并无充分的文本基础来解决这个问题。对此的不同解决方式,见墨子刻,"Some Ancient Roots",p.80;以及王大卫,"Universalism Versus Love with Distinction"。墨子刻认为墨家兼爱,并不反对儒家分别各种不同的责任;王大卫则集中考察了墨家与儒家的这种差异。

们有不同的"义",并且主张让所有人都有同样的"义"。而墨子把巫马子损人利己的看法看作一种"义",接下来还认为巫马子这种观点的表达是一种言(MT 46/52‐60)。不杀人也被称为一个人的"义"(MT 50/3),还指出了因"言"杀人即是视"义"比人身重(MT 47/3)。在这些例子中,"义"指的是何者为正确的概念,而其口头表达就是"言"。①

墨子对那些信条有着更具反思性的关注,不仅在他对多个信条的捍卫中可以看到,而且在他评价"言"的三种方式的清晰讨论中也可以看到(MT 35/7‐10)。在这三者中,最常用的,可能也是最基本的,是根据"言"的实践是否有益于民众而对"言"作出评价。② 但是,有时在评价"言"时,所关注的并不是认同"言"、践履"言"的后果,而是宣扬"言"所产生的后果。例如,墨子反对那些口头上不同意兼爱的人,其理由之一就是:当这些人选择某个统治者或某人来托付自己的双亲,会更倾向于托付给一个实行兼爱的人;因此,他们的言行是不一致的(MT 16/23‐46)。这一反对理由直接暗示着:问题并不在于一个人要实际认同与实行兼爱,而在于他应该宣扬或者至少不反对兼爱。在后面一篇里,墨子反驳了巫马子的"言",其根据是:如果巫马子的"言"被周知,它会对巫马子产生灾难性的后果(MT 46/52‐60)。又一次,这是针对宣扬某种"言"的反对,而不是针对认同"言"、实行"言"的一种

---

① 在其他文本中可以找到"义"与"言"类似用法的例子,例如《吕氏春秋》,该书以墨子的看法为一种"义",接下来还认为也是一种"言"(LSCC 19/5b.7‐6a.2)。
② 葛瑞汉,*Disputers*,pp.37‐39。

直接反对。因此,评价"言"部分地与颁布"言"的后果有关,这可能反映了一个假设:任何有关伦理生活的可信观念,都必须是经过普遍宣扬且有益的那种观念。①

关于墨子为什么关注"言"及其评价,一个可能的解释是他需要与别的学说竞争——不仅要与儒家的学说竞争,而且要与那种不能待朋友像待自己一样的学说竞争(MT 16/23－25),或者与巫马子的看法竞争,巫马子愿意杀人使自己获益,而非相反(MT 46/52－55)。② 另一个可能的解释是,墨子认为时代的问题部分地源自学说。例如,在《尚同》篇的开头,墨子描述了在自然状态下的混乱,并归咎于人人都有自己对"何者为义"的看法;这随之而来的就是肯定自己的看法,否定他人的看法,从而导致冲突。③

有人根据墨子所描述的自然状态下的混乱,提出墨子是将人们看作基本是寻求私利的。④ 尽管墨子有一个很有趣的观察,即注意到混乱是起源于每人对于"何者为义"都有自己的反思,而不是像《荀子》所描述的图景那样,是源自草率地寻求满足他或她自己的利己主义欲望。但是,如果每个人把追求他或她自己的利益看作正确的东西,那么上述观察就将被证实。然而,混乱的状态是否源自每个人寻求他或者她自己的利益,这点还不是十分明显。说每个人都有不同的关于"何者为义"的看法,确实可能,因

---

① 唐君毅:《原道篇》,pp.171－172。
② 在这里我遵从孙诒让在评注 MT 46/54－55 相关句子时所作的校正。
③ 正如我们将在本书第四章第四节中所看见的,孟子也认为学说会产生严重的后果。
④ 例如,史华慈,pp.142, 262.

为每个人所认为的正确看法是参考其自身而作出的。然而,不能由此得出结论说,这些个体只关心他们自己的利益。因为,他们完全可以像巫马子那样对他人也有关心,只是当所关心的对象离自己比较远时,这种关心就减弱了。

倪德卫则提出,对墨子而言,人类没有固定的道德本性(moral nature)。[①] 但我在此避免使用"nature"一词,因为该词常被译作"性",这是在后面部分我会考虑的一个术语。然而,我们可以重述这一观察:墨子不把他自己所倡导的生活方式,特别是兼爱,看作人们已经普遍具有的某些倾向的现实化。当如此陈述的时候,倪德卫的这种观察能从《墨子》中的几个部分获得支持。

首先,如果墨子相信人类普遍具有得以实行兼爱时的那些倾向,我们应该期望墨子在某些文本中诉诸该倾向,然而他并没有这么做。例如,在为兼爱辩护的时候,墨子并没有将其描述为:这实现了人类普遍具有的某些倾向。在讨论政治上可以用来推动民众实行兼爱的措施时,墨子仅仅提到了奖惩,而这是诉诸人类利己主义的动机(MT,第八章—第十三章)。在回应难以实行兼爱的挑战时,墨子依然未诉诸任何要这么做的禀赋(MT,第十五章—第十六章)。并且,在与巫马子辩论的时候,他没有反驳巫马子的观察,即某人会感到自己的苦难,但不会感觉到与其无关的人的困难(MT 46/55-60)。

---

① 倪德卫,"Philosophical Voluntarism",p.19,引用《所染》《兼爱》与《尚同》篇,也引用了墨子把修身比作修墙(MT 47/29-30)。对于本部分后面的讨论,我要感谢倪德卫的论文。

孟子与早期中国思想

其次,除了墨子没有诉诸上述倾向外,还有肯定性的证据来支持这个观察,即墨子不相信人类普遍具有兼爱的倾向。当描述人类的时候,墨子常常提到关注自身的欲望,例如,生的欲望(MT 9/72)、发财与出名的欲望(MT 10/32‐33,10/37‐38)等等。当讨论天赋予人生命之后人如之何的时候,墨子提出他们缺乏对他人的感情,即使对最亲近的家人也如此(MT 11/1‐4,12/1‐5,13/8‐11)。同样,当描述一个人转变到人类应有的正确生活方式时,墨子将这个过程与染丝相比(MT,第三章;参看 LSCC 2/12a‐16b),还与建立城墙相比(MT 47/29‐30)。这些类比表明他把这种转变看作一种将某些东西加到人的倾向中的事情,而不是对已有倾向的实现。

认为人们没有在正确的生活方式中能够表现出来的那些禀赋,这种观点就暗示着:人们不是通过注意其禀赋而学到正确的生活方式,而是通过其他途径,例如,基于相关的考虑而认同某种学说(言)。① 但是,如果正确的生活方式不是通过人们禀赋来实现,那么就会提出一个问题:要转化到这种生活方式如何可能? 此问题是由墨子的反对者提出,即巫马子(MT 46/52‐60)与其他人(MT 15/15‐16,16/45‐46,16/71‐72),例如,他们突出了实行兼爱的困难。墨子的回应,基本还是坚持认为实行兼爱是很容易的;当人们看见兼爱实践符合其利益的时候,这一点会变得很清晰。此外,兼爱在过去已经被实践过,人们甚至能够

---

① 正如唐君毅在《原道篇》(p.222)中所提到的;同前作者,《导论篇》,pp.90‐93。

完成更加困难的事情(MT 15/16-42,16/46-63,16/72-86)。墨子很可能认为人们在实行兼爱时看到的困难,是因为把兼爱看作与个人利益冲突的东西;而一旦人们正确地发现兼爱与个人利益的联系,他就会愿意实行兼爱,即使他缺乏朝向这个方向的禀赋。但是,这个回应不能完全解决上述担忧。考虑到墨子潜在的假设,即人类并不普遍具有兼爱的禀赋,即使一个人认为实行兼爱符合自己的利益,实行兼爱仍然要求此人动机的重构。而动机的重构是不易完成的,巫马子的观察就提出了这一点,即他自己缺乏"能"(ability)去实行兼爱,因为当民众离他远的时候,他对民众的关心就减弱了。并且,那些宣扬差等的人的观察中同样提到这一点,即他们缺乏"能",去将朋友看作与他们自己一样。正如倪德卫所观察到的,这种动机的重构要求一种精细的修身过程,而墨子并未讨论过。[①] 在本书第四章第五节,我将根据孟子与墨者夷之之间的辩论,以及在本书第六章第三节中,根据"能"在伦理语境下的使用来继续讨论这一问题。

第三节 "性"与杨朱学派的思想

孟子描述了与墨子、杨朱相关的两种思潮在他那个时代产生的巨大影响,孟子提出了自己的立场以应对这种挑战(M 3B:9,7A:26)。我接受葛瑞汉的用词,也用"Yangism"来指以杨朱作为

[①] 倪德卫,"Philosophical Voluntarism",pp.19-21;同前作者,"Weakness of Will",pp.6-8。倪德卫认为墨子可能相信人类有能力随意进行情感的变化。

代表性思想家的思潮。不过，没有多少证据表明杨朱学派在孟子所处的时代有如此大的影响。由此，一些学者提出，孟子夸大了这个运动的影响力，重构了这一时期的思想图景，由此来展现在墨家学说与杨朱学说之间的儒家学说。① 例如，通过描述墨家的学说是无父、杨朱的学说是无君（M 3B：9），孟子强调这两者都会损害家庭与国家，而这正是儒家所认为的人类社会的基石。尽管这个解释可能部分地捕捉到了孟子为什么"要表明自己的立场以回应这些运动"的动机，但是，孟子很可能已经深入思考了杨墨两家的学说，真诚地认为自己应该对其挑战作出回应。

杨朱思想在孟子思想发展中有着重要作用，这从孟子对"性"的关注能部分地看出来；而在《淮南子》中，"性"被表述为一个杨朱学说的关键术语（HNZ 13/7b.10－11）。如果我们同意冯友兰——葛瑞汉也同意他的看法，把《吕氏春秋》的1/2,1/3,2/2,2/3,与21/4 作为重构杨朱思想的资源，那么我们能够看到这些篇章中的观念，与《孟子》中的观念密切相关。② 例如，杨朱五章（即上述《吕氏春秋》中的五章）提倡"养性"（LSCC 1/7a.3,1/14b.8），相似地，《孟子》也提倡养性（M 7A：1）与养心（M 7B：35；参看6A：14）。杨朱五章中提醒人们反对"害性"，还用"害"（LSCC 1/8a.3）、"伤"（LSCC 1/8a.5－6）、"伐"（LSCC 1/10a.4）表达了伤害的观念，《孟子》也用相似的术语描写"心"，例如"害"（M 6A：14，

---

① 例如，史华慈，pp.259－260。
② 冯友兰：《中国哲学史》，pp.173－179；葛瑞汉，"Dialogue"，p.294；同前作者，"Right to Selfishness"，p.74；同前作者，Disputers，p.55。

第二章 背景

7A:27），以及"伐"。正如杨朱五章认为感官的追求与外在的获取应该服从于"养性"，而以别的方式生活就失去了正常的平衡（LSCC 1/8a.3-4,1/7a.3-8）；而与"服从与失去平衡"相类似的观念，在《孟子》一书中也能找到（M 6A:10-15）。成书于孟子逝世之后的《吕氏春秋》，其中的杨朱五章，确实可能仅仅重现了杨朱思潮后来的发展。尽管如此，假设后来的发展与存在于孟子时代的思潮有某种亲和，那么上面描述的非常相近的平行性，就表明孟子可能深入思考了杨朱的观念，并企图对其作出回应。为在下文讨论孟子对性的看法做准备，我首先考察早期中国文本中"性"的用法，并检讨杨朱对此的理解。

一、早期中国文本中"性"的用法

在我的讨论中，我认为有两个普遍的学术共识。第一，"性"源自"生"；第二，与傅斯年的提法相反，"性"与"生"在汉代以前已经区分开了，更具体来说，在孟子之前就已经区分开了。[1] 并且，学者们也一致同意：早期的"性"的用法，与"生"的用法有一种密切的关系；而"性"可能指一物的"生"的方向，也就是说，一物在其生长过程中的发展方向。[2] 不过，"性"的用法在早期文本中也可能发生演进，从而指向与一物的生命相关的其他事情，例如，一个

---

[1] 关于第一个观察，见葛瑞汉，"Background"，pp.7-8；徐复观：《中国人性论史》，pp.5-6；史华慈，p.175；唐君毅：《原性篇》，pp.9-10。关于第二个观察，见葛瑞汉，"Background"，pp.9-10；徐复观：《中国人性论史》，pp.4-11。

[2] 例如，葛瑞汉，"Background"，pp.7-11；史华慈，p.175；唐君毅：《原性篇》，pp.9-10。

生命体所拥有的倾向与欲望。

《尚书》的《召诰》篇,提到了"节(regulating)性"(SS 429/3),《诗经》则涉及"弥(fulfilling)"某人之"性"(SC 252/2‑4)。一些人将这些"性"的出现看作指在生命过程中出现的欲望。① 然而,仍然可以将出现在这些场合的"性",看作指生命整体过程的方向。例如,葛瑞汉将"节性"译作"live a regular life(过规范的生活)",将"弥性"译作"fulfill one's term of life(完成某人的生命过程)"。② 就这两个文本来说,没有足够的证据表明,"性"是指除了生命过程的方向以外的任何东西。

然而,在《左传》与《国语》中,有证据表明"性"有时承载了其他相关的意思。例如,在《国语》中,厚民之性的"性"出现了两次。一处说"先王之于民也,懋正其德而厚其性,阜其财求而利其器用"(KY 1/2b.4‑5);另一处说"省用足财、利器明德,以厚民性"(KY 10/13b‑11‑14a.1)。③ 在《国语》中,"性"的使用与《左传》中大量段落中对"生"的使用类似,即指厚民众之生。其中有一处例外(TC 243/17‑18),这些段落还关联于使德正确,使农业工具锋利而提到厚生(TC 247/17,391/1‑2,539/5)。这种类似表明,在《国语》中的"性"与在《左传》中的"生",可能是指同一个东西。而因为其中一些段落明确地谈到了关注民众的物质财富(例如,KY 10/13b.11‑14a.1;TC 539/3‑6),并且,厚民之生的方式也

---

① 例如,徐复观:《中国人性论史》,pp.9‑10,30‑31;牟宗三:《心体与性体》第一卷,pp.197‑199。
② 葛瑞汉,"Background",p.9。
③ 到底采用"weapons"的翻译还是"agricultural tools"的翻译,我接受 Wei 的说法。

被描述成使民众能够生活的方式（TC 243/17‑18），所以，民的"性"或"生"可能就与他们的生计有关。

进一步的证据来自《左传》的其他部分。在其中一节，"性"又一次与"德"相关，而且，民乐其"性"与他们在物质上被剥夺的情况相对照（TC 674/6‑9）。在另一节中（TC 620/3‑4），物质上的剥夺被表达为一种情况，即在保民之"性"的问题上未能成功。葛瑞汉认识到用"性"来指生计的用法，而别的学者，例如徐复观、牟宗三与唐君毅，则就民众基本的需要与欲望方面作了进一步的说明。①后者的进展看起来是可信的，因为提及民众物质上的幸福，就表明他们的"性"不只与度过他们的一生有关，而且与他们基本的需要与欲望有关。

除了用来指在基本需要与欲望意义上的生计，"性"很可能还指事物的某种特有的倾向性。《左传》中有一节，提到了作为小人之性的攻击性偏好（TC 522/9‑10）。《国语》中的一节，提到了喜好肥肉与粟的那些人的性（KY 13/2b.11）；另一节提到要求提升到更高的职位的愿望，并将其看作人之性（KY 2/14a.10）。在这些章节中，"性"远不只是为了生存而具有的生物欲望，还包括了上述考虑的事物的某种特有倾向。关于"性"的用法，还有一种有趣的方面：将这些倾向称为"性"，人们可以不必认同这些倾向。这一点也可以从其他文本中看到，即用"性"来指那些不良的倾向。例如，在《管子》中提及的民众堕落或错误的"性"

---

① 葛瑞汉，"Background"，p.11；徐复观：《中国人性论史》，pp.56‑61；牟宗三：《心体与性体》第一卷，pp.205‑207；唐君毅：《原道篇》，pp.11‑13。

(KT 1/45.6 – 7)。① "性"的用法的这种特点,为后来的一种辩论提供了空间,即人性是应该被遵循的东西呢,还是应该被外在的行为规范加以更改的东西。

已经有人指出,《左传》中出现的一些"性",涉及某种"内在的道德倾向"或者"与生俱来的习性"。② 在其中一节,说到上天任命统治者去引导上天所生的人民,以使人民不致失去他们的"性";同样,统治者也被下属告诫:因为天爱民众,所以不会允许统治者放纵其淫邪,而弃天地之性(TC 462/7 – 12)。在另一节中,"礼"被描述成阻止淫邪,若非如此,则会导致"民失其性";"礼"也用于调节情感,以使人们能够合于天地之性(TC 704/9 – 16)。在这些章节里,"性"被表达成通过伦理途径来维护的某种东西,例如,通过统治者的正确引导以及通过礼的调节。但是,"性"本身是否包括伦理倾向,还不是十分明显;因为很有可能,民众的生计被认为是通过伦理途径来维系的。而当"性"是指"六气"的适当平衡时,"性"也可能是像葛瑞汉所解释的那种意思。③ 因此,在这两节中是否有伦理的含义,还不是十分清楚,尽管这确实是一个可能的解释。

---

① 此点不是必然与葛瑞汉认为"性"的用法是规范性的相冲突("Background",pp.14 – 15),部分原因在于葛瑞汉的观察,即视"性"为人类发展的恰当过程,是更相关于杨朱学派运动而作出的;而且,部分原因还在于这本就有一种"规范的"意义,在其中"性"的规范性能与"性"的不可取相容。换句话说,从下面这种意义上讲"性"也可以是规范性的:一个人把某些偏好当作性,就把违背这样偏好看作对自己的冒犯,从而不倾向于这样做。即使有人从外面来看这些倾向,可能会认为它们并不可取。对于此点,我要感谢伊莱娜·布卢姆(Bloom)和万百安帮助我理清了思路。
② 史华慈,p.176。
③ 葛瑞汉,"Background",pp.11 – 12。

第二章 背景

这一讨论表明,在《左传》与《国语》中,"性"的用法发展到不只是指一物生命过程的生长方向,也指一物由于要活下去而具有的需要或者欲望,或者是一物的某种特有倾向——这样的倾向可以是伦理上可取的,也可以是不可取的。而且,在上述所有的用法中,"性"仍然保留了动态的含义,并非指固定的属性,而是指生长的方向、欲望或者其他倾向。一个可能的例外是在《吕氏春秋》中提到"清"作为水之性(LSCC 1/6b.8),如果我们用"清"指成为清的那种属性,那么就是固定的。但是,以"清"为水之性,随之就会有这样的评论,即水被搅浑时可能失去"清",而这表明"清"不是水的固有属性,而只是水被静置后会成为清澈的一种趋向,而且是能被干预的一种倾向。这种读法可以从后面所说的"人之性寿"而获得支持,后者也是一种可以被干预的趋向(LSCC 1/7a.2 - 3)。别的文本也提到了将趋向而不是固定属性作为水之性,例如,水就下(例如,M 6A:2;KT 3/17.4 - 10)。

对于"性"成为该时期思潮中的一个关键术语,葛瑞汉提出,杨朱学派首先将"性"用作哲学术语;在之前,"性"被用来指健康与长寿之事。[①] 在《论语》中,"性"出现在两段文字之中:一处是说,孔子不谈论"性"(LY 5.13),另一处注意到性相近,习相远(LY 17.2)。除此之外,别的段落(例如,LY 6.21, 16.9, 17.3)似乎还描述了人类不同的等级。但是,即使把这些段落放在一起,它们也给不出一个对"性"的精确的描述;并且,这些章节中的某

---

① 葛瑞汉,"Background",p.13。

些(例如,LY 16.9,17.2-3),主要强调的是人们通过学习与实践而进行改进的能力。所以,不把《论语》中的"性"视为一个突出的哲学术语是适当的。

与葛瑞汉不同,史华慈认为在《左传》中,在一些场合出现的"性"是有伦理含义的;而且还认为墨子有追求私利的人性概念,尽管墨子避免使用术语"性",从而不把天的责任含义置于"性"之中。① 但由于前面提到的那些理由,在《左传》中出现的"性",其伦理学含义是不明显的;而且,即使它有伦理学含义,这仍不表示"性"在任何早于杨朱学派的思潮中被用作一个关键的术语。至于墨子,我们看到他可能确实有某种人类心理的图景。但即使如此,几乎没什么证据表明:"性"在墨子的时代已经是思潮中的一个关键术语了,不过墨子却巧妙地避免了该术语。因此,基于可用的文本证据,似乎没有充分的理由认为"性"是在杨朱学派之前思潮中的关键术语。

二、杨朱学派对"性"与"生"的理解

除了在《孟子》中,别的早期文本也偶尔提到杨朱的学说,或者可能属于杨朱学派的观念。例如,《淮南子》(HNT 13/7b.10-11)与《吕氏春秋》(LSCC 17/30b.8),都简短地提及杨朱以及他的教导;《韩非子》(HFT 50/4.4)没提到杨朱,但也描述了杨朱学派的特有观念。《列子》中有一个对话,涉及杨朱与一个可能的墨家反

---

① 史华慈,pp.175-179。

对者(LiT 7/4b.8－5a.5);关于此对话,葛瑞汉提出了它可能有墨家的来源。① 此外,葛瑞汉同意冯友兰的看法,即认为《吕氏春秋》的1/2,1/3,2/2,2/3,21/4表现了杨朱学派的教导。他还将《庄子》第30篇加到第28,29,31篇中,后者是关锋所认为的属于杨朱学派的篇章,葛瑞汉认为这些篇章代表了杨朱文献的主要部分——也许出自该运动较晚的阶段。②

我们很难判断这些从稍晚时期汇编的文本中抽出的篇章,是否能够可靠地重构出在孟子时代所存在的那个杨朱思潮;甚至不清楚,能否从这些篇章重构出一种关于"性"的连贯看法。尽管基于这些篇章所包含观念之间的相似性,以及他们简短提及的杨朱思想——这些思想在别的文本中也可以被发现,从而确认这些篇章属于杨朱学派;但是,这些篇章很可能含有不同的思想倾向,即使它们展现了某种总体的相似性。例如,侯外庐、赵纪彬、杜国庠就在这些篇章中,区分了较早期的与较晚期的两种杨朱学派的思想倾向;并认为在较早期的思想中,对感官欲望有更加正面的态度。③ 但是,考虑到《吕氏春秋》的杨朱五章与先前提及的《孟子》相关部分的相似性,这五章很可能呈现了一直到孟子时仍存在的、属于杨朱学派后期思潮发展的那些观念。因此,我会以这五章为根据,来重构这个思潮的大体轮廓。

在杨朱五章中,"性"的用法与"生"的用法有近似之处。文中

---

① 葛瑞汉,"Dialogue"。
② 葛瑞汉,*Disputers*,pp.54－55;同前作者,"Right to Selfishness",p.74。
③ 侯外庐等:《中国思想通史》pp.337－348;作者认为后面这种趋势更接近于道家。

分别提到了全性(LSCC 1/8a.4)与全生(LSCC 1/6b.1-2,2/7a.8)、养性(LSCC 1/7a.3,1/14b.8)与养生(LSCC 2/6b.1)、害性(LSCC 1/8a.3)与害生(LSCC 1/8b.1,2/5b.3-4)、伤性(LSCC 1/8a.5-6)与伤生(LSCC 1/8a.3-4)。类似地,文中提倡,对感官欲望的满足附属于"性",要不使之害性(LSCC 1/7a.3-8),并认为如果把拥有外物看作优先于"性",是一种缺乏正确权衡的表现(LSCC 2/4b.4-6)。与此同时,文中还对"生"与感官之间的关系、"生"与拥有外物之间的关系作了相似的观察(LSCC 21/9a.1-10)。这些近似表明,"生"与"性"在某些语境中可能是可互换使用的;这两个字的变换,也许来自后来象形文字标准化过程中的不规律性。这种观察由此事实获得支持:"性"与"生"在杨朱五章起初的两篇中都出现,而后面三篇中只有"生"出现。当然,即使在一些语境中这两个汉字可互换,也并不表明在汉代以前的文本中,像傅斯年所说的那样,它们还没有被区分开来。相反,在一些语境中,这两个汉字确实不能互换,例如,上文提到的把"水变清的趋向"当作水之性(LSCC 1/6b.8)。但下面讨论的只是就人类来说,那么"性"至少能被部分地视为由"生"所构成,因此,我们可以把论说人之"生"的那些东西,也看作关于"性"的观察。

在某个场合,"性"与活得长久相关(LSCC 1/7a.2-3),而在别处也强调了长寿(LSCC 1/13b.3-8,1/14a.5,21/106b.6);这表明杨朱学派的"性",包括了长寿。而有些章节把感官满足附属于性/生(LSCC 1/7a.10-8a.6,2/4b.4-10,2/8a.8-8b),把拥有外在的东西

42

包括拥有天下,附属于性/生(LSCC 1/7a.3-8,2/4b.10-6b.1,21/9a.1-10),以及把按照别的方式行动看成失去了正确权衡的评论(LSCC 2/6b.10-7a.4,21/8a.3-4,21/10a.5-6),对此,可以把"性/生"看作主要是指人们度过一生,由此来解读这些章节。所以,杨朱学派的"性/生",经常是以生物学意义上的生命来解释。①

不过,有证据表明,至少对杨朱思想的后期发展趋向而言,"性/生"包括了超出只是人们度过一生的意思。认为杨朱学派评价事物,并不是只求度过一个人既定的一生——这能从对感官满足的重视中看出来,即认为没有感官满足的生命与死没有两样(LSCC 2/10a.3-7)。② 并且,尽管子华子在一些文本中被描述成很担忧身体的样子(LSCC 21/9b.2-10a.6;参看 CT 28/18-23),但在别的文本中,他在提倡感官满足的同时,还主张免于屈辱(LSCC 2/7a.4-8a.5)。提到子华子的第二处文献有重要的含义,下面我将更仔细地加以考察。

子华子区别了四种生存:全生、亏生、死亡与迫生。第一种,也是最高的,被描述成所有六种欲望都得其宜;第二种,指六种欲望部分地得其宜;第四种,是最低的,指六种欲望都没有得其宜,而是获其所甚恶者——这是一种处于被奴役与屈辱(disgrace)的状态,比死更糟。

---

① 例如,葛瑞汉,"Right to Selfishness",p.75;同前作者,"Background",p.10;同前作者,Disputers, p.56;徐复观:《中国人性论史》,pp.8,441-444。
② 在葛瑞汉认为是杨朱学派的《庄子》篇章中,能发现同样的观点。尽管其中有强调长寿(CT 28/58)与养身(CT 28/13-14),但也提到了心的满足与身体的舒适(CT 29/77-82)以及感官满足(CT 29/48-49)。而杨朱学派的性观念包括了感官满足,这获得了葛瑞汉的承认,"Background",p.13。

葛瑞汉将"全生""亏生"与"迫生"分别译作"the complete life""the deplete life"与"the oppressed life",表明他将"全""亏"与"迫"都当作形容词。① 可是,有证据表明,这三个字是被用作动词的,是指对"生"做了什么,而非"生"的特征。首先,当"全"与"生"或"性"相配合而用于杨朱五章时,通常是作为动词来用,例如,"立官者以全生也"(LSCC 1/6b.1-2),调节感官追求也是"此全性之道也"(LSCC 1/8a.4)。同样,在《淮南子》中提到杨朱时,在"全性保真"中"全"也是用作动词的,它与"保"相呼应,而"保"是动词性的。还有,在子华子一节中,"全生"也从"尊生"的角度而被述说,这里的"尊"被用作动词,就像所提到的某人"可谓能尊生矣"(LSCC 21/9a.8-9)。② 其次,"亏"在子华子一节的"亏生"中用作动词:"亏生,则……""其亏弥甚者也,其尊弥薄"。在第二个例子中,"亏"与"尊"平行使用,如我们所看到的,这是用作动词。再次,在别处解释"迫生"时,"迫"也被用作动词。例如,子华子一节中还讲到"不义,迫生也",这更自然地被读作:所谓不义就是对"生"做某些事(迫)。如果"迫"被用作形容词,这一观念就应该通过"不义之生迫生也"一类的方式表达出来。

"全""亏"与"迫"是口语用法,具有重要的含义。在形容词性的解读中,我们仍然能够将"生"当作主要是生物学意义上的生命,并认为"全""亏"与"迫"是此生命的三种可能的特征。但在动词性的解读中,这三个字可用来形容三种人们针对"生"而做的

---

① 葛瑞汉,*Disputers*,pp.63-64。
② 葛瑞汉本人认为"尊"是动词,将"尊生"译为"honor life"。

事。由于这三种事情中关系到感官与耻辱,就表明"生"不只是从生物学的角度来理解,而且也被当作某种生命,包含了感官满足与免除耻辱。因此,生命的最高形式是"全生"这一类,其次是"亏生",而比死还坏的,则是"迫生"。

那么,"生"的内容是什么呢? 为了"全生",所有六种欲望都要得其所宜。虽然子华子一节以耳朵与眼睛为例提到厌恶,但尚未详述六种欲望。在《吕氏春秋》其他篇章中,我们发现有文本提到眼、耳、鼻、口(LSCC 1/8b.6)以及其所欲(LSCC 2/4b.4-6,5/9b.6-10a.1),还有人类对于长寿、安全、荣誉、休息的欲望,以及人们对早夭、危险、耻辱与艰困劳作的厌恶(LSCC 5/10a.7-8)。因为子华子一节提到对耳、眼的反感以及对耻辱的反感,所以,六欲可能至少包括对四种感官(耳、眼、鼻、口)的好恶,以及对荣誉的欲求与对耻辱的厌恶。因此,应该被完美完成的"生",就不只是生物学意义上的生命了,而是一种"免于耻辱以及免于那些感官所厌恶的东西"的生命。

由于之前就提到的理由,很难弄清在杨朱五章中所表述的思想倾向,是在孟子时代就存在,还是后来发展出来的。考虑到在这些篇章中,至少部分地被看作生物学的生命的那种"性/生"的概念比比皆是,似乎这一概念很可能描述了杨朱思想早期形态的特征。然而,就感官满足与免于耻辱这方面来说"性/生"的特性,使得情况变得不清楚了。但即使如此,出现于杨朱学派中的趋向,即以一种超越了生物学生命的方式来理解"性/生",表明了孟子不同意告子以生物学术语来解释性(M 6A:4),可能是这个更大趋势的一部分。

三、关注自我与他人

要完成针对杨朱学派对"性/生"看法的讨论,我们需要考虑:强调养性/养生,是否会显示出只关注自己而忽略了他人的倾向。即使杨朱学派认为"性"包括诸如感官满足与免于耻辱等,但也可能是只关注自己。而且,虽然杨朱五章并没有以损害他人来为养自己的"性/生"做辩护,这似乎表明了对他人福祉尚持有一定的关心。但是,也可能是这样的:杨朱学派主动关注的只是自己,他不愿主动地寻求造福他人,特别是在这样做会对自己造成损害时。

这种看法因杨朱五章中的一些部分而得到加强,即强调了自我在外在所有物之上,这包括天下(LSCC 1/11a.5 - 11b.1, 2/6a.4 - 6b.1, 2/10b.7 - 11a.3, 21/8a.3 - 4, 21/9b.10 - 10a.2);也从这些段落得到加强,即赞同那些拒绝卷入政治甚至是获取王位以免对他们自己造成伤害的人(LSCC 2/5a.2 - 5b.4)。不过,现在学者们一致认为孟子将杨朱描述成不愿拔一毛而利天下的人(M 7A:26),并未表达出杨朱学教导的宗旨。① 基于《韩非子》中关于杨朱学教导的一条叙述(HFT 50.4.4),以及在《吕氏春秋》中对此类教导的表达,杨朱学派可能是不愿意为获得天下而拔一毛。这一观察符合这个事实,即在杨朱五章中的主要对比,不是在自

---

① 参看,例如,冯友兰:《中国哲学史》,p.170;葛瑞汉,"Dialogue",p.295;同前作者,"Right to Selfishness",p.76;刘殿爵,"Introduction",p.30。

己与他人之间,而是在自己的"性/生"与外在所有物之间。①

但有人也提出,孟子归结到杨朱学派的东西,其实已暗含在其教义中:假设获得天下在于以某种方式使天下受益,杨朱学派并不愿放弃一毛而去利天下。刘殿爵清晰地表达了这一点,他把孟子所描述的特征看作杨朱学教导必然的推论。② 葛瑞汉有时认为:孟子把他所看到的杨朱教义,经过揭示而得出杨朱思想中的利己含义。③ 但是,有时他看起来认同如下观点,即杨朱学派的教导确实隐含了人们不应以自己受到很小伤害为代价,来促成天下大治。④ 实际上,在葛瑞汉看来,杨朱学派是这样的个体,即相比于政治权力的负担与害处,他们更倾向于私人生活的安逸舒适;而且,杨朱学教导基本上是一种使统治阶层拒绝在道德压力下被迫就职的哲学。⑤ 因此,尽管杨朱学派在本质上可能不会反对帮助他人,但是其基本关注仍然是自己。而且即使参与政治可以使他人受益,杨朱学派也不愿有这样的参与,因为这样做可能使自己处于危险的境地。

《论语》中描述了政治隐居的现象(例如,6.9,14.37,18.7),所以这种情况大概在孔子时期就存在。但是,这种隐居往往是因为把参与政治看作无效的,以及会导致不必要的危害才出现的,而

---

① 对于《韩非子》中的杨朱学学术的这个陈述,另一种的解读(HFT 50.4.4)是,杨朱学派不会以一根毛发与天下最大的利益相交换。
② 刘殿爵,"Introduction",p.30。
③ 葛瑞汉,"Right to Selfishness",pp.76－77;同前作者,"Dialogue",p.296;同前作者,*Disputers*,p.61。
④ 葛瑞汉,"Dialogue",p.299。
⑤ 葛瑞汉,*Disputers*,pp.53－54,56。

不是对他人漠不关心(LY 18.6;参看 5.7,8.13)。那么,尽管杨朱学派宣扬政治隐居,但在杨朱学派中,很可能还是至少有某种关注他人的"性/生"的倾向。这一事实,即杨朱学派把养性/养生宣扬为人们的一种普遍的生活方式,本身就显示了对他人的关注。并且,在杨朱五章中,允许人们"全生"被作为政府的目标而提出来了(LSCC 1/6a.8-6b.3)。另外,对他人的关注,还在古公亶父的故事中反映出来了,他因为"不以所以养害所养"而离开他的国家(LSCC 21/8a.10-9a.9;参看 CT 28/9-14 与 M 1B:15;也请参看 M 1B:3 与 1B:5)。这些情况,即亶父被描述为一个能"尊生"的人,以及据说他因为不能忍受其臣民被杀而离开国家,表明了"养"的对象应该是他的臣民的"生":他的治理目标在于养民之"生",如果其统治有害于达到这个目标,他就拒绝进行治理。①不过,如果杨朱学派总体上是关注养民之"性/生",并视政府的职责是为此目标服务的,那么,杨朱五章为何会赞赏那些以不参入政治为代价来致力于养自己的"性/生"的人们呢?

通过杨朱五章所隐含的对现任官员的负面评价,可能提供了一种回答。尽管政府的目标在于"全生",但彼时昏暗的君主们却在"害生",而且不能避免其国的毁亡(LSCC 1/6a.8-7a.9)。与此类似的对当时统治者的判断,在别处也能发现(LSCC 2/8b.5-10a.4)。这个观点似乎是,那些当前的执政者基本上只关注他所拥有的东西,包括政治权力,其后果则是导致了社会的混乱。而

---

① 葛瑞汉,*Disputers*,pp.57-58,在与亶父有关的章节中,他也承认杨朱学派可能关心他人的性/生。

如果这就是社会混乱的根源,那么对治的办法就应当是让那些不在乎自己所有物的人们来进行治理。这种观念在杨朱五章中就已经提出来了。例如,尽管子州友父被描述成一个不愿让王位害其生的人,但是也说到正是这种人才可以委以天下(LSCC 2/4b.10‑5a.6;参看 CT 28/1‑3)。还有,尽管王子搜被描述成一个力图避免成为君主的人,但正是因为他不愿让治理国家而伤其生,人们才想拥戴他为统治者(LSCC 2/5a.6‑5b.4;参看 CT 28/15‑18)。最后,在《列子》中提到,杨朱与禽子对话时说过:正是因为每个人都不为了利天下而拔一毛,天下才会恢复秩序。

以上讨论表明,杨朱的思想可能有种倾向,即显示出不仅有对自己的关注,而且也展现了对他人与社会秩序的关注。他把当时的政治混乱诊断为"对外在所有物与政治权力关注"的结果,从而提出:如果每人都照料自己的"性/生",同时不与他人竞争外在所有物或政治权力,政府也由没有权力欲的人来管理,那么秩序就能得到恢复。① 就杨朱思想的这种趋向而言,对个人自身的关注被看作恢复政治秩序的手段。也就是说,此类杨朱学者对他人或者对政治秩序并非漠不关心,而是把每个人都关注自身看作获得秩序的方式。杨朱思想的这个趋向会反对儒墨两家共有的一个假设,即获得政治权力是利天下的手段。而虽然与墨家一样,有公共利益与私人利益趋于一致的假设,但杨朱学派认为公共利益是由关心自己的利益而实现的,而不像墨家所认为的,自

---

① 即使是儒家,也赞赏那些不为政治权力而担心的人们(例如,LY 8.1),而这一观念在道家文本中也能找到(例如,LT 13)。

己的利益是由关心公共利益而实现的。尽管这可能只是呈现了杨朱思想的一个趋向,但它至少表明了:杨朱学派关注"性/生",并不必然地与不关心他人相关联。[1]

---

[1] 在这部分,我使用了一些 1991 年我主持的研究生研讨班上的观念,并从与 Michael Millner 的讨论中受益,他后来就此主题为该研讨班写了一篇文章。

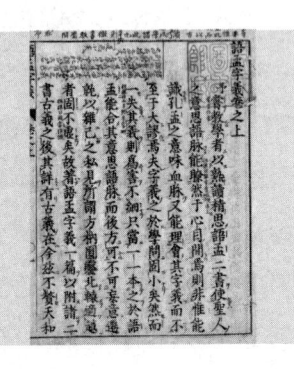

第三章

伦理理想

孟子提到仁、义、礼、智为伦理理想的四个方面,并将它们同"心"联系起来——"心"既是情感活动也是认知活动的场所(2A:6,6A:6)。但孟子并未把它们当作"德",尽管有时他也结合"德"来讨论"仁"(例如,1A:7,2A:3,2A:4)与"义"(例如,7A:9)。我们并不清楚,到孟子的时候,"德"的用法是否已经发展到允许把具体的可取品质当作不同的"德"。缘于此,我只是把仁、义、礼、智看作伦理品质,而不是像有些文献中那样作为四种美德(virtues)——这里的"virtue"常被用来翻译"德"。在《论语》中,"勇"有时与仁、智一同,作为三种可取的品质而被提到(LY 9.29,14.28)。《孟子》有时候也提到"勇",孟子在2A:2解释何为不动心的语境中就有对"勇"的讨论。而不动心的观念与目标的坚定有关,此目标又牵涉到孟子对"命"的态度。所以在本章中,除了以上提到的四种品质,在讨论孟子的伦理理想时,我还会考虑他的不动心观念以及他对"命"的态度。

第一节 仁与礼

一、仁

在本书第二章第一节,我们看到《论语》中的"仁",在广义上是指无所不包的伦理理想,在狭义上则是指与情感关怀相关的那些理想。孟子虽然有时也从广义的角度用"仁"(例如,7B:16),但他更经常用"仁"来强调情感关注。即使孟子在政治语境中,把"仁"看作一种"能使君主成为真正的王"的那种属性,这时候也常常是强调统治者对民众的关心(例如,1A:7)。

"仁"作为强调情感关怀的伦理理想,是从"爱"的角度而被描述出来的(4A:4,4B:28,7A:46,7B:1)。"仁"被解释为不忍去伤害他人(7B:31),例如,不杀无辜(7A:33),以及恻隐(2A:6,6A:6),即一种被别人迫切的或者当下的苦难所打动的能力。"仁"还与"不忍"相关联,即不能忍受别人的疼痛与苦难(1A:7,2A:6,7B:31)。赵岐(C 2A:6)把"不忍"解释为不能忍受使他人受害;而许多注释者,例如,朱熹与孙奭认为"不忍"的意思等同于"恻隐",即为别人的苦难所触动。赵岐可能从7B:31获得了启发,在那里"不忍"与不欲伤害他人相关联。但是,由于"不忍"在2A:6中是通过"被孺子将入于井的迫切危险所触动"的例子来说明的,所以不忍可能也包括不能忍受别人的苦难,无论是否由自己造成。

2A:6(参看4A:1)讲到不忍人之心与不忍人之政,可能意味着"不忍"的态度限于人。然而,1A:7中"不忍"的用法关联于牛

第三章 伦理理想

以及动物整体,表明不忍的态度也直接指向其他动物。或许,在 2A:6 中专门提到人类而非其他动物作为不忍的对象,是因为该段落考虑的是政治活动,其主要面对的是人。① 因此,"不忍"包括不愿去伤害他者,并被触动从而去解除苦难——不仅是人类的,还有其他动物的。②

这一态度,也许会促使人们为了某些而不是其他的目标而行动,这取决于环境条件。例如,人们也许更容易受触动来消除某一些对象的苦难,这是因为这些对象的苦难鲜明地呈现出来了(1A:7),而他也可能感到,帮助那些更需要帮助的人是更为迫切的,例如失去配偶的人(1B:5)。这种区别对待,源自对象境遇的不同,而非此人与这些对象有不同的社会关系。但"仁"也包含针对"与自己有特别的社会关系的人"的特别态度,比如对待父母。

对父母的特殊态度被描述成"亲亲"(7A:15,6B:3),其字面的意思是"把父母当作父母,并以对待父母的方式对待父母"。"亲亲"部分地包括对父母的关爱(爱亲,参看 7A:15),这种关爱超出了对其他对象的关心,就像在 7A:45 所描述的差等中可以看到的,即"亲亲,仁民,爱物"。对于"物",其范围不太确定。赵岐认为"物"包括任何能被用于养人的东西;朱熹则将"物"理解为动物与植物,并认为"爱物"还包括人们使用东西时要加以珍惜。在别的段落中,"物"被用以指包括植物在内的有生命的东西(例如,6A:8,6A:9);也泛指事物(例如,3A:4),包括感官及其观念

---

① 这点被陈大齐指出,《浅见集》,pp.161-163。
② 王夫之(549)注意到了"仁"的这两个方面。

对象(例如,6A:15)。至于"爱",一种可能的解读是珍惜,1A:7中的"爱"便为例证。但是,7A:37暗示了另一个可能的解读,那里将"爱"的对象限定为某些种类的动物,从而排除了饲养的动物。那么,在7A:37中出现的"爱",就可能有情感关怀的意思,而不只是珍惜的意思。

7A:37也表明了,物作为"爱"的对象,也许包括某些种类的动物,但并未包括所有有生命的东西,甚至不包括饲养的动物。然而,矛盾的证据来自1A:7,这一章描述了宣王看到一头被牵着去做祭祀的牛因恐惧而颤抖,从而生起怜悯之心。宣王的反应包含一种超出珍惜用物的情感关怀,这表明情感关怀的对象,可能也包括为了某种目的而饲养的动物。在1A:7中出现的文本中,提出了一个相似的论点,即"见其生,不忍见其死,闻其声,不忍食其肉"。而且,有些注释者,例如张栻与孙奭,甚至把宣王的反应看作"爱物"的典范;如果这是对的,那么物作为爱的对象,就比在7A:37所提出的有更宽的范围。就我所能辨别的,没有明确的证据能决定"物"的确切范围,但是有些证据可以表明"爱"包含情感关怀,至少在针对人类与某些种类的动物时是如此。[①]

不管我们如何解释"爱"与"物"的可能范围,7A:45表明了一个人对待父母的态度应该超过对待普通人的态度,还表明了他对

[①] 我的立场异于罗哲海(pp.211),他声称儒家对待动物的态度基本上是适度地利用自然资源,还声称儒家认为非人类的自然没什么价值。在这个问题上,我要感谢刘述先的帮助。而《孟子》中"恶"的范围的问题,已经与这个问题相关,即后来儒家把"仁"看作涵括所有东西为一体,在某种程度上是可以追溯到孟子的。另一个相关的段落是7A:4,在那里孟子说万物皆备于我。

第三章 伦理理想

待普通人的态度应该超过对待别的有生命的东西。这一节宣称，"爱"而非"仁"指向物(有生命的东西)，"仁"而非"亲"指向民(民众)，而"亲"指向亲(双亲)。由于《孟子》中也谈到了"爱"可以指向人类(4A:4,4B:28,7A:46；参看 7B:1)与双亲(7A:15)，那么，大概 7A:45 并没有排除"爱"可以指向民众与双亲；另一方面，"亲"是一种指向双亲的态度，但"仁"可能指向的对象的范围却更不清楚。由于《孟子》从"仁"的角度描述了亲亲(7A:15；参看 4A:27)，也将宣王以羊羔(宣王未曾看见)代替了公牛(他看见了并对其生出同情之心)描述为仁术。所以，当"仁"被用作一个名词时，也许不仅包含一个人与民众的关系，也包含他与其双亲以及动物的关系。然而，7A:45 表明，当"仁"用作动词的时候，其对象包括民众，而非动物；而且在早期文本中，我也不知道有任何一种"仁"的动词性用法例子，会把双亲当作对象。正如本书第二章第一节所讲到的，尽管作为一种品质的"仁"，没有被限制在处于较高地位的那些人，但在政治语境下的"仁"，常常有仁慈之意或者是对地位低于自己的人的好意。所以，"仁"的动词性用法大概承载了类似的含义，并因此不用于双亲与动物。①

撇开"仁"的动词性用法的特殊性不谈，7A:45 展示了"仁"作为一种强调情感关怀的伦理品质，也会有差等。一个人对民众的

---

① 我对此一问题的进路不同于陈大齐，《浅见集》，pp.167-173。陈大齐区分了"亲""仁""爱"的一般用法与特殊用法，并且提出，在特殊的用法中，"亲"涉及仁与尊，而"仁"则涉及爱与敬。根据陈大齐，这就解释了"仁"为何不指向动物(对动物无敬)，而"亲"为何不指向民(对他们无尊)。但是，陈大齐的讲法并没有解释"仁"在与双亲相联系时为何不被用作动词，尽管"爱"有这样的用法。

关注,采取了与关注动物不同的形式(参看焦循27/21b.1-2);并且,他对待双亲的态度也采取了与民众不同的形式(参看赵岐,C 7A:45;焦循27/21b.5-6)。例如,虽然一个人对动物的关注,可以与以某种方式使他们相适应,但是对民众的关注却不能这样。同样,一个人跟双亲的特殊关系,包括尊重他们(5A:4)、使他们快乐(4A:12,4A:28,5A:1)、经过考虑为他们提供方便(4A:19)以及不使他们处于危险中(4B:30),还包括对他们履行许多不会针对他人的特别责任。这种与双亲的特别关系,并不是简单地更多考虑他们的利益而已;因为,如果只是这样的话,就与"损害他人而使双亲受益"这种做法没什么不同了,而此种态度在《墨子·兼爱》篇中就被描述成混乱的来源。实际上,在一定的程度上,这种特别的关系与整个社会的责任关系网有关,这不只包含为双亲做某些特别的事情,也包含不能以社会不接受的方式来照料双亲。

二、礼

在《孟子》中,"礼"被用来指各种各样的行为规范,例如埋葬和哀悼逝去父母的正确方式(1B:16,3A:2),被王召见的适当方式(5B:7),看望智者的正确方式(3B:7),赠礼的正确方式(5B:4),与宾主互动的正确方式(7B:24),接受或者馈赠异性的正确方式(4A:17),结婚的正确方式(4A:26,5A:2),等等。这些不仅是礼貌性行为的规范,因为违反它们会有很严重的后果。

另一方面,"礼"并非包括所有行为的规范,而只包括对其中某些的调节,即人们在会重复发生的社会环境中的那些相互活动,例如,救落水者未被描述成一种"礼"(参看 4A:17)。同样,"礼"常常是(尽管并不总是)调节这些活动所采取的形式性的规范,而这些活动的根据则独立于"礼"。例如,"礼"调节男女之间"授受"的行为,而这种行动的根据常常独立于"礼"。"礼"的这种特点,在"礼"作为一种"节文"的描述中反映出来了(4A:27);"礼"也是调节或者美化交互活动的方式,人们可以为了与"礼"无关的理由而参与其中。而且,由于"礼"常常包括极其琐碎的细节,特别是在诸如结婚或祭祀一类的仪式性情境中。所以遵循"礼"是一种能力,即一种人们能有较大还是较少程度的控制能力,或者能以多大程度的舒畅与优雅来执行的能力。①

跟守礼有关的代表性态度是"敬"(4A:4,4B:28,6B:14,7A:8)。在 2A:6 与 6A:6 中将"礼"描述成四种伦理品质之一时,孟子将"礼"与辞让(2A:6)、恭敬(6A:6)相联系,这就有了一个有趣的问题,即这些态度是什么,以及它们如何相互关联。

尽管"敬"常常指向人,但也能指向事与物。《尚书》谈到了"敬"与一个人的"德"的关系(《召诰》),《诗经》的"敬"则与某个人(SC 194/3)、好的形式(仪)(SC 196/2;参看 253/3,256/2,256/5,299/4)或者官员的责任(SC 276)有关。"敬"可以让一个人有资格处理事务,比如,听一首诗(SC 200/7)或者显出一个人的德行(SC 299/4);"敬"也能指向天与鬼神的愤怒。而且,"敬"与

---

① 感谢艾哈拉提醒我这个方面的"礼":认为掌握礼就如同掌握了一门技巧,伊若泊也强调了这点。

"慎"相匹配，"慎"是指一种小心与警惕的态度（SC 253/3,256/2, 299/4）；还与"戒"相匹配，"戒"是指一种防备的态度（SC 263/1）。"礼"与"敬"的结合则出现在《左传》（TC 158/8－10）与《论语》（LY 3.26）中。在《左传》（TC 513/12－13）里，"敬"又一次与"慎"匹配。而在《论语》里，"敬"被指向了鬼神（LY 6.22）、使民（LY 2.20）以及一个人的行为（LY 15.6），"敬"还与好几个场合中出现的"事"相匹配，而"事"就是官员的事务或者可能是官员的责任（LY 1.5, 13.19, 15.38, 16.10）。

在《孟子》中，尽管在绝大多数情况下，"敬"被用来指向一个人的态度（例如，2B:2, 4A:2, 5B:3, 6A:5, 6B:7, 7A:15），但"敬"也能指向诸如"继承禹之道"这样的事务（5A:6）。后来，在《礼记》中，"敬"被用来指向一个人的尸体（LC 15/5b.8－10）或职业（LC 11/1b.10），并使一个人守义的方式有其根据所在（LC 8/10a.1）；而且，"敬"还由"完全致力于（敬业）"来描述（LC 14/19b.3－4）。这些例子表明，"敬"是一种涵括了谨慎、警惕、奉献与内心关注的态度。"敬"能指向一个人应该警惕的东西，但是当其对象是人或他应该奉献的事务时（例如，官员的责任），或者当"敬"是这种态度时，即它准予一个人去做他应该致力去做的事情，"敬"也包括认真以及对其对象的奉献与关注。[①]

至于"恭"，赵岐有时将其等同于恭敬（例如，C 2A:9），大概是考虑到在"恭"与"敬"之间没什么区别。而另一方面，朱熹（MTCC

---

① 参看徐复观：《中国人性论史》，pp.119－121。

6A:6)则把"恭"解释成"敬"的外在表现,"敬"则是"恭"的内在对应。与朱熹相反的意见则指出,在《孟子》中的某些章节讲到"恭",并不只是指外在表现出来的东西。[①] 例如,4A:16 将"恭"与一个令人愉悦的外在表现中区别出来了,而 7A:37 讲到在赠送一个礼物之前就已经有"恭敬",可能暗示了"恭"作为一种外在表现背后的态度。因此,"恭"确实有实质性内容,尽管朱熹的讲法也可能抓住了"恭"与"敬"之间的一个重要区别。

考察在《论语》与《孟子》中出现的"恭",显示了"恭"常与外在的表象或行为相联系。例如,"恭"与不侮辱他人有关(LY 17.6;M 4A:16),与统治者采取正确的姿势正对南面有关(LY 15.5),与没有官职时不接受来自地位高的人的馈赠有关(M 5B:6),与各种不同的外在表现有关(LY 5.25,7.38)。而且,在与他人互动中,"恭"还作为正确的态度被提出来;但与"敬"不同,"恭"没有被描述成一种指向官吏责任或其他事务的态度。当被用来与"敬"作对比的时候:"恭"与人的行为方式有关,而"敬"则与一个人对待地位高的人的方式有关(LY 5.16);在对待他人时做到了"恭"就合于礼,做到了"敬"就不会有过失(LY 12.5);应该在日常行为中做到"恭",而在履行职责时要做到"敬"(LY 13.19);应该在仪态上表现出"恭",而在做事时表现出"敬"(LY 16.10)。

这些观察意味着,"敬"是一种谨慎、认真与精神集中的态度,能指向人与事;"恭"则是一种更具体的态度,多半与注重仪表、姿

---

① 陈大齐:《孟子待解录》,pp.119 – 121。

势以及与他人打交道的方式有关。有"恭"就近似于礼,因为它与遵循礼有关(LY 1.13);而礼的精神则要求"敬",涉及谨慎、认真以及与人打交道时的精神集中。由于这个原因,"恭"与"敬"都与注意力所指向的方式相关,这符合于 7A:37 的观察,即"恭敬"是一种在外在表现背后的态度。这样,就与朱熹的看法相反,"恭"不只是外在表现的问题。不过,朱熹的看法仍有其道理,因为"恭"主要是一种关注外在的态度,例如,个人的仪表、姿势以及与他人打交道的方式。①

至于辞让,在早期文本中,"让"常与"礼"(例如,TC 456/7,519/15,582/16;LY 4.13)和"敬"(例如,LC 17/4a.5,20/6b.3,20/146.10)相联系,如果没有辞让就回答长者提出的问题,会被认为是违背"礼"的(LC 1/3b.9)。"辞"涉及礼貌地谢绝,而"让"涉及使他人获得好东西或者自己的荣誉。有人根据《孟子》5B:4 中的"却之却之为不恭",从而宣称恭敬与辞让是不同的态度,因此,孟子实际上把"礼"关联到两种东西,这在某些情境中可能会导致冲突。② 但是,5B:4 是否有这样的意味尚不清楚。在 2A:6 中,"辞"有礼貌地谢绝的含义,而在 5B:4 中,"却之却之"则是坚持拒绝的含义;所以,尽管后者可能是失礼的,但这不意味着前者也是失礼的。③ 这样,虽然辞让与恭敬是不同的态度,但它们很可能

---

① 我不能完全确信对"恭"的这种描述,因为我不确定它如何能符合《孟子》4A:1 中"恭"与"敬"的对比。
② 陈大齐:《孟子待解录》,pp.141–143。与陈大齐的看法相较,一个有趣的对比是,在"恭"涉及"辞"的情况,柳下惠没有成功地"辞"低的官位(6B:6),在《孟子》的另一处,则描述为不蔑视这些官位,并因此被视为不恭(2A:9)。
③ Derek Hertforth 在这点上帮助过我。

第三章 伦理理想

是一种"更一般的将别人置于更高地位"的态度的两个方面。对此可以看《礼记》,它将"礼"与"自卑而尊人"(LC 1/3a.1)相联系,其态度包括注意他人,谨慎而严肃地与他人交往,与他人打交道时留心他们的姿势与举止,并且,当被给予了好处或者荣誉时,礼貌地谢绝并让他人拥有。

《孟子》中某些章节暗示,危急时遵循礼可能是不适当的。一个例子是4A:17,孟子认为一个男子应该运用"权"去救落水的嫂子,尽管将她从水里拉出来违反了"礼"的规范,即男女授受不亲。朱熹认为这一节是说,"礼"在"权"中得到完成(MTCC;参看MTHW 6B:1);而王夫之则将这一节理解为:展现了"权"为什么能够导致对"礼"的破除(607-608)。对此问题甚至还有这样的论辩,即上述的以及其他考察权与礼关系的方式,是否可能会出现堕落的结果。苏东坡认为把"权"当作对"礼"的破坏,可能会引导人们随心所欲地背离"礼"。余允文也认为,如果把"以手援嫂"也理解成对礼的遵循,将损害调节授受行为的那种"礼"(TMHP 2/4a-6b)。而孟子描述这个例子的方式,使得这种情况更加可能,即孟子认为救嫂子牵涉到的如果不是破坏"礼",至少也是没有考虑"礼"。因为这一段特别提到调节授受行为的"礼",且因为"礼"是典型地涉及那些"与人们的社会地位或反复出现的社会环境相关"的行为,那么,这个例子中优先于"礼"的那种考虑,被描述为一种"礼"就是不太可能的。而且,"……礼也,……权也"的结构,暗示了"礼"与"权"之间的对比;这不同于朱熹所认为的"权"是对"礼"的完成。

不过,4A:17中的例子应与4A:26(也参看5A:2)的例子区别开来,即舜未能在娶妻之前告知父母,从而违反了"礼"。尽管"礼"与"权"在4A:26中未曾出现,但包括赵岐(C)与朱熹(MTCC)在内的大多数注释者,都把告知父母看作一种"礼"的事情,而把舜不告知看作一种"权"的运用。然而,焦循走得更远,还将不告知父母描述成既有"权"又有"礼"的例子。尽管这看起来类似于朱熹对4A:17的解释,但焦循对4A:26的评论,抓住了4A:17所没有的一个方面。由于舜害怕没有后代(无后为最大的不孝)而未告知父母,所以,孟子在这节中观察到,对君子而言,这与已经告诉父母几乎是一样的。看起来,这件事也要归因于紧迫的情况。也就是说,正常的尊敬父母,是通过结婚前告诉他们而得以表达;但在舜的例子中,不告而娶却最好地表达了对父母的尊敬,因为这是舜能够免于无后而大不孝的唯一方式。但是,尽管这件事看起来也是对"礼"的一种破坏,但并非因为有其他优于"礼"的考虑(就像4A:17中的例子那样),而是因为这种破坏本身就是维护"礼"背后的精神的一种方式。

孟子允许其他考虑可以优于"礼"的情境,也可以从6B:1中看到,即尽管一般而言,"礼"比诸如饮食男女一类的考虑重要,但在急迫的情形下后者可能比前者更为重要。总体来说,在上述讨论的基础上,我们可以将"礼"这种伦理品质描述为:具有守礼的整体意向,以及对礼的细节掌握,从而使人能轻松地遵循礼。更进一步,应该以正确的态度与精神关注来遵循礼,正如在讨论恭敬与辞让时所描述的那样。同时,在紧迫的情形下,还应准备悬置或背离礼。

第三章 伦理理想

第二节 义

一、义与礼

在将"义"看作一个人的伦理品质的时候,让我们先看看"义"作为行为的属性以及与"礼"的关联。作为行为的一种属性,"义"是指适于去做或正确地做,所以"义"常与路(4A:10,5B:7,6A:11,7A:33)或道(2A:2,5A:7,7A:9)有关。"义"关联于统治者与被统治者之间的关系(3A:4)以及君主与大臣之间的关系(7B:24),也关联于一个人与双亲以及兄长的关系(1A:3,1A:7)。而且,在《孟子》中,义行的一些例子是遵循了"礼",例如在祖庙里,首先为某些人酌酒(6A:5)。像"礼"一样,"义"也与敬有关(6A:4-5)。"礼"与"义"有时还出现在"礼义"这样的复合词中(1A:7,4A:10,6A:10),有时也会同时提到缺乏"礼"与"义"(2A:7,4A:1)。这表明"礼"与"义"之间有密切的关系,许多"礼"的行为同时也是"义"的行为。

但是有一些义行的例子,并不是遵从"礼"的问题。一些这样的行为与对违背礼的事情作出回应有关,就此而言,依然与"礼"相关;但是,对违背礼所作的正确回应,本身常常并不是一个守礼的问题。一个常见的例子是,当一个人不是依礼而被召见时,就不应该见君主。一些这样的段落中使用"义"的观念(例如,5B:7),别的地方则使用与"道""羞"有关的观念(例如,3B:1)。在这些例子中,尽管涉及对"礼"的破坏,但在这样的情境下拒绝会面本身是否可以看成守礼的事情,还不是很清楚。是义行但不是守礼的其他例子,还包括劳心者治人,劳力者治于人(3A:4),不要加重税(3B:8),不要从百姓那里不适当地征收东西(5B:4),不受嗟来之食(6A:10),不取不属于自己的东西(7A:33)。

"义"与"礼"之间的另一个差异是,尽管后者可服从其他的一些考虑,但前者却不能。不像6B:1,在某些情境下为了获得食物而允许对"礼"较小的违反,6A:10说到,"义"总是无条件地比生命更重要;这表明在任何情境下,孟子都不认为破坏义是可以接受的。这在如下两个观察中就能够看到:应该始终遵从义(4B:11);或者伯夷、伊尹以及孔子等人拒绝任何一件违背义的事情,即使他们能拥有整个天下(2A:2)。看起来,"礼"是这样的行为规范,即在紧迫的情形下不遵循是正确的;但"义"则是这样的行为规范,即无论什么情景都正确,无论这个行为是不是普遍规范下的一个实例。① 因此,尽管与"礼"相关的行为经常是义行,但"义"与"礼"并不是完全相同的概念。在一定程度上,我们在《孟子》中所发现的,正是本书第二章第一节所考察的《论语》中的"义"的观念:"义"构成遵从与背离"礼"的基础,并在"礼"不提供指引的情境中调节着人们的行为。

二、义

在2A:6与6A:6中,孟子把"义"这种伦理品质,与"羞"以

---

① 在这个问题上,我与伊若泊不同,他观察到这两个观念是"在许多例子中……功能上是相当的"(p.112);参看我的"Review on Eno"一文。

及"恶"联系起来了。为了更好地理解这种品质,我将从讨论"羞"与"恶"开始,也会涉及相关的"辱"与"耻"。

"义"的缺失与"辱"有关,这在《墨子》(MT 3/6)与《吕氏春秋》中都有,后者见《吕氏春秋》阐述墨家教导的《当染》章(LSCC 2/13b.7),以及杨朱五章的子华子小节(LSCC 2/7b.5 - 9)。在《孟子》一书中,我们也能发现"义"的例子涉及一个人不使自己遭受侮辱,例如,不以正确的方式召见,被召见的人就不应去见君主(5B:7),或者不受嗟来之食(6A:10)。也许,早期"义"的用法有不受辱的含义。这就为"义"与"礼"之间提供了一种联系,因为,尽管可能有不牵涉到损害"礼"的"辱"(例如,在战争中被打败),但那些遭到非"礼"对待的人,以及不能作出恰当回应的人,通常就蒙受了辱,并因此而缺乏义。

对于"辱"的一种可能的态度是"恶",或者反感,而且早期思想家可能将对"荣"的渴望与对"辱"的反感看作人类的普遍特性。例如,这种渴望与反感在《吕氏春秋》中作为人的一个事实而被呈现出来了,就像求生的欲望与对死的厌恶(LSCC 5/10a.7 - 8,8/4b.2 - 5);而且,在《荀子》中它们被描述为君子与小人(HT 4/33)、禹与桀(HT 12/66)所共同拥有的东西。不过,"恶"能指向任何人们所不喜欢的东西,例如死亡、令人不快的场景与声音,或者不安全。而尽管所有这些事物都与自我有关——死或不安全是一个人自己的死或不安全,一个人所经历的令人不快的场景与声音也是自己不喜欢的;但是,"辱"在一种更加切身的意义上与一个人自己关联着。人所受的"辱"不只是他所厌恶的,还反映出对他不利并导致了其声望的下降。因此，一个人面对"辱"的态度可以表现为一种特别的形式，这常涉及"耻"；它能指向预期的事情，也能指向已经发生的事情。而"恶"与"耻"虽然能指向同样的事件，但其所关注的焦点还是不同的。"恶"关注的是一个人不喜欢的事情的发生，而"耻"则聚焦于与自己不相称的事情或降低其名望的事情的发生。而且，"耻"常常涉及补救这种情况的解决办法，例如，在政治语境中，因军事失利而导致的"耻"能促人复仇(1A:5)，或者因堕落的统治者在位的"耻"能激发人们推翻这样的统治者(1B:3)。而且，正如"辱"常常由于遭受了非礼的对待而引发，"耻"常常也关系到这样的对待。例如，《左传》有这样的故事，即某国官员考虑是否要不按照"礼"接待另一国使者，使此国受"耻"，从而就能给他们带去"辱"(TC 601/13 - 602/10)。

"耻"涉及一种对自我的更深关注，即考虑某些事件对自己的影响。在《论语》中，这种关注以有争议的方式提出来，而《墨子》中则没有出现；尽管在这两个文本中都数次出现了"恶"与"辱"，但"耻"只出现在前一个文本而非后一个文本中。不过，这两个文本都未提到"羞"，"羞"字同"耻"密切相关；唯一的例外是《论语》中的一段，在引用《易经》时出现了"羞"。在此方面，这两个文本都与《孟子》不同：除了"辱""恶"与"耻"之外，《孟子》中还出现了数次"羞"。

考察《左传》等的早期文本中"耻"与"羞"用法，能揭示出它们的差异。通过比较，这些文本中明显有更多地与直接宾语连用的"耻"的例子，而"耻之"这种复合表达的用法也比单纯用"羞"的情

第三章 伦理理想　　　　　　　　　　　　　　　　　　　　　　*89*

况多。这暗示了"耻"可能更多地对此类事情予以注意,即反映了自己的不足,并涉及让自己远离或解决这种情况的决心。例如,一个人的关注点可能指向战败(1A:5)、臣服于他人(2A:7,4A:7)、执政而不能实行道(5B:5)、不如别人那般好(7A:7),等等。

另一方面,"羞"则更多地集中在恶劣的状态以及降低了自己的身份;后者是在导致"羞"的事情中反映出来,或者可能在随着"羞"之事而反映出来。在《孟子》中可以看到战车御夫的例子,他羞于与弓箭手形成组合,因为弓箭手仅仅在御夫违背正确的驾车规则时才能射下鸟来(3B:1);或者齐人妻妾的例子,发现其夫在死者的祭礼上乞食来充饥而深感"耻"(4B:33)。在每个例子中,对于自己或者与自己有直接关系的别人(例如,齐人的例子)的过去的或预期的(例如,战车御夫的例子)行动,因为这些行动的出现被视为自降身段,所以都会导致"羞"。因此,导致"羞"的东西,焦点在于对自己的影响而非对事情。这不同于"耻",其关注点是导致"耻"的事情,即使该事也被看作有损于自己的身份。

根据朱熹的解释,"恶"指向别人的恶,而"羞"与"耻"则指向自己的恶(MTCC 2A:6,YL 1286)。从字面上考虑,这个解释不可能是正确的,因为,"恶"也能指向一个人自己的行动或者发生在自己身上的事情,例如一个人的心不如别人(6A:12)、一个人没有按照道去获得他想要的东西(3B:3),或者一个人以某种方式行动背离了义(6A:10)。所以,对于这种差异,似乎主要与反应的性质与所注意的焦点有关。"恶"某物就是不喜欢它,这也许还含有想要改变这种情况以致所恶的对象不再存在。这一态度能指向任何不喜欢的对象,包括自己或他人的行动,或者发生在自己或他人身上的事情。与之不同,"羞"与"耻"则指向一个人认为会对自己的名誉有坏影响的事情。关注的中心是那些导致反映(耻)的事情,或者关注于实际或可能降低一个人的名望(羞);无论哪种方式,此反映仅仅能指向以某种特殊的方式而关系到自己的那些事情。当然,尽管朱熹的解释因其立场而不能被接受,但是它也有其道理:即使"恶"能指向自己的行动或者指向发生在自己身上的事情,但这时候所涉及"恶"的态度,与对所不喜欢的别人的事情的态度一样。这不像由"羞"或"耻"引起的态度,后者不会被指向一个人所不喜欢的别人的事情,除非这个人与自己有某种特别的关系。

至于哪些种类的事情,是"耻"与"羞"所面对的呢？我们会看到"耻"常常面对"辱",可能"辱"的早期用法与一个人的某些公开可见的事情有关,例如战败、在公开场合被打,或者遭遇了不合乎礼的对待。与之相对应,"荣"的早期用法也关系到公开可见的事情,比如在政府中取得较高的职位。假设我们用"社会标准"来指称那些涉及公开可见事情的标准——这是人们通常用来作出荣誉与耻辱判断的标准。但在《论语》与《孟子》中,我们发现所提及"耻"的对象,根据这样的社会标准并不被认为是丢脸的。例如,《论语》提到针对如下事情的"耻",比如作为官吏获得俸禄(LY 14.1)或者在某个道不行的国家中被授予了荣誉与财富(LY 8.13),巧言令色(LY 5.25),或者言过其行(LY 14.27)。《孟子》提到针对如下事情的"耻",比如浪得虚名一类(4B: 18),或者执政而不能实行道(5B:5)。在这两个文本中，认为使一个人丢脸与某种标准有关，而这种标准不是必然与一般社会标准下的荣辱观念一致。虽然这两种标准有重合之处，例如，这些文本仍然把不以礼相待视为"耻"的适用对象。但是，这两种标准确实有差异，比如"耻"指向荣誉与财富或者在某些情形下占据官职，而根据普通的社会标准，这些事情会被看作荣耀。

此种区分反映在《孟子》6A:16中"天爵"与"人爵"的对比上，这与6A:17中真正有价值的"贵"与他人赋予的"贵"的对比相类似。在伦理品质与政府官爵之间，也存在这样的对比，其中一例见于2B:2。尽管前者应该会引出后者(6A:16)，以及在政治语境中缺乏"仁"，应该会在他人主导下产生一般性的"辱"（例如，2A:4)，但6A:16所暗示的是，前者必须成为关注的主要对象。

类似的对比在《荀子》的上下文中也能发现，即反对宋铏不把冒犯当作"辱"的看法(HT 18/93-114)。在《庄子》中，宋铏被描述成对社会的看法漠不关心(CT 1/18-19)，而在《荀子》中则被说成：他宣扬将冒犯不看作侮辱，从而作为终止争斗的一种方式。荀子之所以不同意他，是因为争斗出于感到被冒犯，而不是源自将冒犯看作侮辱，所以当一个人不关注于冒犯，即使他仍可能把冒犯看作侮辱，争斗也能够结束。荀子还作了进一步区分，一方面是"义荣"与"义辱"，一方面是"势荣"与"势辱"。君子的主要关注是前者而非后者，因为前者是一个伦理品质的问题，而后者是以通常的社会标准来加以衡量(HT 18/104-11)。相似地，《荀子》的其他部分，以义优先于利来解释"荣"，而以利优先于义来解释"辱"(HT 4/22－23)。君子被认为要耻于自己不具备合适的人格与能力，而不以缺乏诸如工作等外在的东西为"耻"(HT 6/40－42)。像孟子一样，荀子把某些标准看作适当的关注对象，而此标准不同于通常的社会标准。

让我们将这样的标准称为"伦理标准"。对孟子来说，"义"作为一个人的伦理品质，与对这种标准的坚定认同有关。这种认同涉及对低于这些标准的事情的鄙视，以及潜在地视自己被这些事情所玷污。例如，在 6A:10 中，对嗟来之食的合乎"义"的反应被描述为不屑；相似地，一个人不去做某些事情，与"义"(例如，7B:31)以及不屑(7B:37)都有关。"不屑"被用来描述伯夷面对不道德的政府职位时的态度，这种态度与视自己被这类行动所玷污有关(2A:9；参看 5B:1)。除此之外，认为"耻"与被玷污感有关，还能从早期文本中所讲的"洗(洒)"耻可以看出来(例如，M 1A:5；HFT 47.4.1－24)。①

因此，"义"的品质涉及鄙视低于伦理标准的事情，认为自己会潜在地被这些事情所玷污，并坚持与之保持距离，即使这样可能导致很严重的不良后果。在某种程度上，"义"的品质也有可能牵涉到按照这种标准进行判断的能力，因为一个"承诺做到他断定为正确的事情，但又经常判断错误"的人，不可能被描述为合乎义的人。在这些标准是由人之所为或所不为而得以表达的情况下，这些伦理标准也会关注一个人的行为(例如，4B:8，6A:10，7A:17，

---

① 我将这点归于罗哲海(p.177)，他提到了这两个例子。

第三章 伦理理想

7B:31,7B:34)。它们还关系到个人的品质,例如,有些地方提到把"恶"(6A:12)与"耻"(7A:7)指向未能做到像别人一样好。这种对"义"的伦理品质的解释,让我们得以理解在本书第二章第一节中所考虑的与《论语》有关的暗示,即将"义"应用到行为上,在某种程度上优先于将其应用于人。在这个解释中,作为人们品质的"义"牵涉到对某种伦理标准的认同,而且"义"作为行动的属性本身,就是依据这样的标准而被定义的。因此,作为人们品质的"义",是以这些标准为先决条件,同时也预先假设了作为行动属性的"义"。

三、仁与义

孟子对比了"仁"与"义","仁"与人心有关(6A:11),是人所居的处所(4A:10,7A:33;参看2A:7),而"义"对人而言是其道路(6A:11,4A:10),是人的必经之路(4A:10,7A:33)。在7A:33,孟子把杀无辜作为违反"仁"的例子,把取不属于自己的东西作为违反"义"的例子。在7B:31段,把"仁"描述为与一个人的不忍有关,而"义"则关涉到不为。至于不为的例子,他提到了以错误的方式得到妻子(参看3B:3,6B:1)与受到羞辱对待(参看6A:10);尽管孟子未给出人所不能忍的例子,但是2A:6提到了不能忍受看到孺子将入于井。同时,如我们将在本书第五章第一节中所看到的,尽管术语"仁"与"义"都未用于7A:17段,但其中提到的不去做"不为"之事与不期望"不欲"之事,也许就是分别指"义"与"仁"。

根据这些对比,我们可以推知"仁"强调对他人的情感关注:既不想伤害他人(7B:31,7A:33),也不能忍受他人的苦难(7B:31;参看1A:7,2A:6)。与之不同,"义"强调的是严于律己,承诺要遵守某种伦理标准,这些标准既涉及不以错误的方式获取东西,也涉及不接受他人错误地对待自己。在家庭的语境中,"仁"与"义"也作了对照。"仁"与敬爱(7A:15)和服侍(4A:27)父母有关,"义"与对兄长的尊敬(7A:15)和服从(4A:27)有关。这种对照再次显示了这一论点,即"仁"与情感关注相关,而"义"则更多与严于律己有关。①

尽管有这些差异,但"仁"与"义"还是密切关联着的。在"仁"上的情感关注能导致"义"的行为,例如,一个人对双亲的爱使他以"义"的方式来服侍双亲。朱熹(YL 1334)提出,孟子之所以没有把服侍双亲描述为"义"的行为,是因为这种行为是人们愿意去做的,而不是出于对自己的严格要求。虽然这可能是对的,但孟子大概仍然以某种方式把服侍双亲看作"义"的行为,因为他论及了与孝双亲有关的"义"(1A:3,1A:7)。在另一方面,"仁"所涉及的情感关怀,看起来可能会导致不适当的行为。这点常出现在法家批判儒家仁政观念的著作中。法家思想家对公平与偏袒作了区分(例如,HFT 49.10.1-5;参看 SPH 358,no.8),并认为儒家重视政

---

① 朱熹注意到了这个对比(YL 1333-1334)。一个有趣的问题是,孟子为什么把尊敬与服从兄长看作培养伦理品质"义"的出发点。一个可能的答案是,这些行为涉及一个人严肃而谨慎地对待兄长,并且严格地要求自己顺从他们,因此这就提供了一个出发点,从而培养了面对"管理自己的行为与品性的伦理标准"时的相似态度。

治活动中的"仁""爱"与"惠"会导致偏袒,而依"法"来治理则保证了公平(例如,ST 268,nos.62－63,以及 276－78,nos.75－78;HFT 14.7.1－53,47.1.1－35,47.6.26－56)。对此儒家能作出的回应是:任何人的情感关怀若是引起错误的行为,都算不得真正有"仁"。尽管孟子可能确实是以这种方式使用"仁",但对于怎样避免"仁"的情感关怀会导致错误的行为,依然需要作出更多的说明。

在 1A:7 孟子与宣王的对话中,他提醒宣王想起一件事情,即宣王曾意外看到一头牛被牵去宰杀,以便用其血衅钟。宣王为怜悯心所动,就下令饶恕这头牛。当有人问是否要放弃衅钟的仪式,宣王作了否定的回答,并下令用一只羊去代替牛。关于以羊代替牛,孟子评论说这是"仁术"——之所以发生这样的事情,是因为宣王看到了牛而未看到羊。然后,孟子评论说君子远庖厨,因为君子对于禽兽,见其生不忍见其死,闻其声不忍食其肉。考虑到这个例子的语境,这大概被当作"仁术"的另一个例子。

在宣王的情况下,"仁术"关系到宣王走出两难困境的方式,即他对公牛的怜悯与保证衅钟的责任之间的两难。注释者对此语境中出现的"术"的解释有争论。赵岐(C 1A:7)、焦循(3/9a.2－3)与王夫之(509)用"道"来解释它,在《说文》里也有相似的解释。但朱熹(MTCC 1A:7;YL 1223)用技术("巧")来理解它,孙奭则将它与在非常情境下的用"权"相关联。另外,俞樾(MTKC)反对朱熹的看法,并支持赵岐的看法:在早期文本中"术"根本没有技巧的意思。朱熹可能是借助 6B:16 等章节而得出他的解释,该章给出了"术"的例子,即委婉的教育方式。像 4A:1 那样,6B:16

把仁心与"巧"比较,把先王的仁政与"规""矩"比较。考察早期文本中的"术",表明"术"可具有更普遍的"道"的含义,即事物发生的方式或者做事的方法。例如,我们可以看到把"术"作为保卫一国的方法(KY 5/3b.8)、坏的统治者衰败的方式(KY 4/12a.3)、观水的方法(M 7A:24),或者政治变化的发生方式(TC 531/3)。

1A:7中所讲到的"仁术",显示出孟子认为"仁"不仅涉及情感关怀,而且还涉及这种能力:即使面临那些会潜在地引起错误行为的情感反应时,也能够正确地行动的能力。如果我们假设,对君子来说不食肉是不合适的,那么远庖厨的例子就展现出这种类似的论点。然而,这其中有一个差别,宣王的例子是走出由异常情况所形成的困境,而庖厨的例子则展示了要避免相似困境所适用的一般性策略(参看王夫之,pp.511–512)。既然把文中描述的调节行为的能力称为"仁术",那么对孟子而言,"仁"不只是一个情感关怀的问题,也是这种调节行为的能力。这点能从仁人被描述为不杀无辜而非不杀生的事实中看出来(7A:33)。这意味着,甚至仁人也可能会下令处决罪犯;也因此,仁人不仅为情感关注所推动,而且也在意正确的东西。在《荀子》中也可以发现这种观点,在以"爱"解释了"仁"之后,文中得出这样的结论:在一个人能真正说得上有"仁"之前,这样的"爱"必须由"义"来加以调节(HT 27/20–24)。①

---

① 在《孟子》6A:11中,这也许就是为什么:在从心的角度描述了"仁"、从人路的角度描述了"义"之后,孟子说所有的学问之道只在于求其放心,仿佛"义"已经包含在"仁"之中了(参看朱熹,MTCC 6A:11)。

上述讨论表明"仁"与"义"这两种伦理品质是相关联的,而这种关联性也适用于"礼"与"义"。有"礼"之人不仅精于而且倾向于遵循"礼"的规范,而且适当的时候也准备偏离这些规范。这种准备与"义"的作用有关——因为"义"是对正当性的承诺。而且,即使在"礼"的规范应当被遵循的时候,"义"仍然发挥了一定的作用。也就是说,正因为一个人意识到这种情况是正当的,才会正确地遵循"礼"的规范。并且,正是在此意义上,他对"礼"的遵守没有变成一种机械的行为,而是显示了自己对这种情况有所评判。①

第三节　智

除了提到"智"作为四种伦理品质之一(例如,2A:6,6A:6,7A:21),《孟子》还讨论了"智"在政治语境中的运用(例如,1B:3,2B:9,5A:9)。5B:1讨论了"智"与政治行为的关系,阐明了孟子是如何理解"智"的。在此章中,伯夷、伊尹与柳下惠被描述成圣人;在2A:2与2A:9以及6B:6中也提到了他们。在后面这三章中,他们被描述为"仁"(6B:6),而且从不做不义的事情(2A:2),所以他们可能被认为也具有"义"的品质。不过,5B:1中说他们还是难以企及孔子。因为,这三人在政府工作时都坚持固定的政策;与他们不同,孔子是圣之时者,他根据情况来决定是否任职、离职,或速或迟离开某国,一切都是合于情境的。5B:1讨论了

---

① 参看郝大维与安乐哲,pp.83-110。

"智"与"圣"的关系,大概有这样的暗示,即尽管四人有其圣,但唯有孔子具备智。文中把"智"与"圣"的关系,比作射箭技巧(巧)与力度的关系——力度可以保证射到靶子那样远,但不能保证射中靶子。由此,5B:1章就突出了"智"的两大重要特征。

首先,正如射中靶子要求技巧和力量,人的正确行为需要有正确的目标,以及足够强的动机从而达到该目标。并且,正如射箭的技巧既引导力量,又需要力量的支持,人的行为中正确的目标既引导动机的力量,又要求力量提供支持。① 由于孟子将"智"与"圣"的关系比作射箭中技巧与力量的关系,我们也许可以推论:"智"涉及有正确的目标以引领动机;而"圣"则涉及有足够的动机以实现该目标,从而正确的行为能够运行得比较容易。②

对人的行为的相似描述,在 2A:2 中说到"志"与"气"的关系时也能看到。而在早期的一些文本中,"志"也与箭术相联系(例如,LC 20/9a.5 - 6,20/11a.9 - 11b.5)。"志"常常被译作"will",在《孟子》中与"心"有关,例如,有"苦其心志"(6B:15)与"专心致志"(6A:9),而且,动"志"与动"心"有关(2A:2)。"志"可以指生命的总体目标,例如志于道(7A:24;参看 LY 4.9,7.6)或志于仁(4A:9,6B:8,6B:9;参看 LY 4.4);或者是更具体的意图,例如长

---

① 如果从这方面考虑,这个对比是不对的,即一个娴熟的弓箭手能命中任何目标,而有"智"的人是那些目标总是恰当的,这两者并不相似。但是,类比的要点是,一个娴熟的弓箭手能成功地命中任何靶子,正如有"智"之人在任何情况下都能成功地以恰当的行为为目标。在此点上,我要感谢艾哈拉的帮助。
② 朱熹(MTCC 5B:1;YL 1366)认为,"圣"包括从心所欲地实现其目标的能力。赵岐(C 5B:1;参看 CC 5B:1)提出了进一步的观点,即孟子把"圣"视作如同力量一样的东西,因为它有其限制,并且不能进一步地增加;这不像类似于技巧的"智",因为"智"能通过学习而提高。

第三章　伦理理想

时居于一国(2B:14)或离开一国(2B:14,2B:12)。"志"也指潜在于一个人背后的目标或者动机,例如传食于诸侯(3B:4),或者官员放逐坏君主的动机(7A:31)。在早期文本中,"志"还被当作某种东西,它是可以被人们建立(M 5B:1,7B:15)、察看(LY 1.11)、谈论(LY 5.26,11.26)、培养(M 4A:19)、寻找(LY 16.11)、达到(KY 8/3a.7)与取得的东西(M 3B:2,4B:1,7A:9,7B:34)。而且,其他人可以帮助一个人的"志"(M 1A:7),"志"还指成为更有抱负的(KY 8/1a.5)和更有光彩(KY 17/1b.4),被改变(KY 8/2a.6)、丧失(KY 14.10a.4)或者被迷惑(LY 14.36)。

这些情况显示出"志"与心的特定方向有关,也包括生命的整体目标以及更具体的意图,它们能被建立、培养、变更与获得。"志"有时还意味着"记录某事"或者"记在心中"(例如,CT 1/3;TC 189/5,638/16),这些是《说文》所指出的。葛瑞汉观察到,在汉代以前的文献中,该字在书写上仍然未与"记"字区别开来;还注意到,瞄准某物与将此物记在心上,也许没有清晰的界限。① 也许,被当作"志"的整体的目标或具体的意图,某种程度上就是把目标或意图的对象记在心上。缘于此,赵岐对"志"的解释(C 2A:2),即一个人记在心上并仔细考虑,与朱熹对"志"的解释(MTCC 2A:2;YL 1238),即心的方向,这两者之间可能并没有那么大的分歧。所以,我将把"志"译作"direction of the heart/mind",而不是"will",因为后者可能会被误认为:"志"是心的功能。

---

① 葛瑞汉,"Relating Categories to Question Forms",pp.406-407。

"气"在《国语》中被描述为某种充塞天地的东西,其适当的平衡与自然与人间的秩序有关(KY 1/10a.3‐5,3/4b.10‐5a.10)。①《左传》提到,天地在人身上生出六气,而六气是五味、五色、五声以及六种情绪形成的原因(TC 704/10‐16)。《国语》将"气"描述为口吃喝与耳朵听声音时所生成的,而反过来,"气"就是在口中会产生言语,在眼睛会产生视觉(KY 3/13a.7‐13b.6)。而且,人需要"气"的适当平衡以使身体与心理获得康泰(TC 573/17‐18),缺少适当的平衡就逐渐导致人间的混乱。对人而言,"气"充盈于身体,而且"气"还负责感觉与情绪的运作。这与《孟子》2A:2对"气"充满身体的描写相称,在《国语》中也能看到这样的观点(KY 3/13a.7‐13b.6)。因此,我将把"气"翻译为"vital energies"。

在2A:2中,孟子将"志"描述为"气"的支配者;而且用军事上"帅"的类比,暗示了"气"由"志"所引导,并给予"志"以支持的东西。② 这种志气关系的观念,与孟子在同一节中把"志"描述为至、把"气"描述为次的做法相符合——无论这句话被解释为志是第一位而气是第二位(例如,赵岐,C;朱熹,MTCC),还是志到哪里气就随之到哪里(例如,张栻;参看朱熹,YL 1238)。③ 对志气关系的一种类似看法,在《左传》等早期文本中有所表达,《左传》将志描述为"实志"(TC 624/18)。孟子对志气关系的看法,表明他

---

① 参看黄俊杰:《孟子》,pp.48‐55;同前作者,《孟学思想史论》,pp.32‐40,这里有更细致的讨论。
② 《论语》9.26同样拿某个人的志与军队统帅相提并论,但得出了进一步的结论:虽然军队可以被夺去其统帅,但匹夫不可被夺去其志。
③ 参看徐复观:《中国思想史论集》,p.143。我查阅的绝大多数译文都接受第一种翻译,虽然刘殿爵与金谷治给出了第二种翻译。

第三章 伦理理想

将人类行为看作与心所引领的方向有关,这也是由充塞身体的"气"所支持的方向。而因为孟子把"智"与射箭技巧相比较,我们可以得出结论说,"智"主要与形成心的正确方向有关。①

5B:1 中把"智"与射箭相类比,也突出了"智"的第二个特征。就射箭而言,正确的目标并不在于遵循固定规范,而是一种要根据情况来调整目标的能力,例如根据风向来加以调整。"智"与射箭技巧的比较表明:形成心的正确方向,要求一种根据情况来调节行为的能力。被描述为圣之时者的孔子,就具备这样的能力,即兼有"智"与"圣"。其余三位具备了"圣",因为他们参入政治时有足够强的动机去实行他们的政策,但是,他们缺乏"智",这是由于他们遵守固定的策略,所以对情境的变化缺乏足够的敏感。② 实际上,文中对他们策略的描述表明,他们固守某种极端。伯夷只愿为正当的君主服务,并且只在有秩序的时候出仕;伊尹愿意为任何君主服务,不管有没有秩序。伯夷坚持不懈地警惕自己会受到玷污的危险;柳下惠则认为他自己在这种危险面前并不易受到伤害。

4B:11 的部分观点,可能是正确的行为需要有根据环境来调节行为的能力,该章强调伟大人物言语与行动的灵活性(参看 LY 4.10,13.20)。③ 这点在用权中也凸显出来了,"权"既有早期的称量物体的含义,也有"估量情境以作出适当决定"这种衍生出

---

① 这符合《论语》中以"无惑"来描述知(LY 9.29,14.28);而且,在《论语》中,惑也与心的方向有关(LY 14.36)。
② 孔子与别人的一个类似比较,在 LY 18.8 中也由孔子本人表达出来。
③ 对 4B:11 里的"不必"有着不同的理解。赵岐(C)、孙奭与焦循认为是"不必要(need not)",而张栻认为是"不追求(do not aim at)"。

来的意义。在4A:17中也出现了"权",此章认为,运用权就意味着允许一个男子伸手去救溺水的嫂子,而这违反了男女授受不亲的"礼"。在7A:26中也出现了"权",其中杨朱、墨子与子莫因为不考虑"权"而只坚持某种观点,所以被批评。"权"还出现在1A:7中,其中孟子敦促宣王权衡事物。而且,如朱熹所注意到的(MTHW 12/1a),在6B:1中也隐含着"权"的观念,此章讨论"礼"与饮食男女的轻重,"权"就是指这些考虑中相对的分量(见第三章第一节讨论4A:17中"权"与"礼"之间的关系)。为了更好地理解孟子对"权"的看法,让我们考察7A:26与4B:29的关系。

在7A:26中,孟子在批评了杨朱与墨子之后接着说"子莫持中",子莫大概是在杨朱学派与墨家两个极端中采取一个中间的立场。即使这已经接近道了,但子莫依然因为无权执中而违背了道。为了弄明白孟子的批评,我们有必要根据4B:29来考虑他对墨子与杨朱的批评。4B:29描述了禹、稷在太平时期献身于公共服务,而颜回在乱世时选择隐居生活。但是,所遵从的道,被描述成同样的东西;而且,在和平时期颜回也会去做禹、稷的作为,反之亦然。如朱熹(MTCC 7A:26;YL 1447-1448)与张栻(4B:29)曾注意到的,4B:29可能也蕴含了对墨子与杨朱的批评。从其生活方式上讲,墨子与禹、稷有点相似,而杨朱则与颜回有点相似:墨子四处奔走以利于天下,杨朱则避免参与政治。然而,禹、稷与颜回在不同的环境中所行也有差异,与他们不同,墨子与杨朱则只坚持他们的生活方式而忽视了环境。所以,这表明他们缺少"权"。

第三章 伦理理想

不过,孟子批评"子莫持中",而在其他地方孟子也赞同"中"的看法,这可能看起来有些令人迷惑。例如,君子被描述为是"中道而立"(7A:41),孔子被认为希望与"中道"的人为伍(7B:37),"中礼"是"德"的最高成就之一(7B:33),射箭时想要"中"(孟子有时将射箭类比为伦理理想;见 2A:7,5B:1)。但是,孟子赞成的对"中"的评论,可能是就射中靶子这个意思来说,而中道与中礼,则是指能命中"道"与"礼",或者与之相一致。在这层意义上,"中"不能被解释成固定在两个极端之间的某种东西,而被理解为依赖于情境的东西。在 4B:29 所举的例子中,如果考虑到他们各自的处境的话,那么,对禹、稷而言,三过家门而不入是"中",但对颜回来讲就不是"中"了;对颜回而言,住在鄙陋的居所是"中",但对禹、稷来讲就不是"中"了。5B:1 中也暗示了一个类似的看法,该章将"中"描述成获取的技巧(巧)。在另一方面,由于子莫被描述成对中的坚持,这里"中"可能是指某种在杨朱学派与墨家这两个极端之间的固定中间立场(参看张栻)。所以,子莫在行为上仍然有一种固定的策略,并且尽管此策略可能并非像杨朱与墨子的极端立场那样令人不快,但是在缺乏"权"的情形下固守这种策略,仍然是令人反感的。

经过以上讨论,我们可以得出结论:"智"与把握心的正确方向有关;而接下来,"智"还需要"权"——这是不会固守任何固定规则,而是能够权衡环境的一种能力。"权"可以引导人们偏离"礼"所建立的规范,如 4A:17 所举的例子;或者它会在某些情况下引导人们的行为,因为这些情况是没有一般性规范可以运用的,如在5B:1所描述的孔子政治行为的情况,以及4B:29中禹、稷与颜回的情况。另一些可能用到"权"的例子包括:根据与当事人的关系来调整自己的行为(例如,6B:3),根据自己所具备的社会或官场地位来调整自己的行为(例如,2B:5,4B:31),以及孟子自己的行为涉及一些情况(例如,1B:16,2B:3)。① 而且,强调"权"所能得出的,不是认为行为的通常规范可以省去,而仅仅是人们不应该生硬地固守这些规范。比如说,在政治活动中,遵循惯常的政策是特别重要的,这个观点在4A:1中得到了强调。这一章认为,在统治中既需要继承以往的政策,也需要仁心(参看2A:6);正如在木工中,除了需要圆规与方矩,也同样需要技巧(参看7B:5)。

还有一个问题:如果"智"是让人们辨别何者为正确的,那么"智"如何与"义"这种伦理品质区别开呢?两者的区别不能简单地认为"智"是与动机无关的。在2A:6中,是非之心被描述为养气的出发点。那么,是与非远远不只是知道何者为正确、何者为不正确而已,是与非还涉及对正确的认同与对错误的反对。同样,在4A:27中,"智"不仅与知道服侍双亲与听从兄长相关(或者知道仁与义,这取决于解释),而且还要"弗去"。因此,"智"涉及动机的因素,而不止是知道何者为正确。

根据孟旦,"智"与"义"都与认知何者为正确、何者为不正确有关,相应地,也与依此来行动的一种积极的责任感有关。但是,"义"是关于对事件或者行动的评价,对此评价者会卷入其

---

① 陈大齐:《孟子的名理思想及其辩说实况》,pp.30-39,提供了不同种类例子的细致的讨论。

中;而"智"则是关于评价者不会卷入其中的那些情况。① 这一讲法把握住了这一事实,即"义"与自我有着更密切的关系。正如我们在上一节中所看到的那样,由于"义"被关联到某种有损于身份的羞耻感,所以它常常与涉及自己的事件或行动有关。不过,"智"与"义"之间可能还有另一层差异。虽然伊尹与伯夷被描述为缺乏"智"(5B:1),但文中提到他们致力于永远都不做不义之事(2A:2)。因此,他们可能不会被描述为缺乏"义"。那么,由于他们缺乏"智"而不缺"义",也由于他们缺乏"智"是就他们自己的政治行为来说的,而非他们评价别人的行为,那么,看起来在"智"与"义"之间,存在更大的差异。

也许,差异在于这两个观念有各自所强调的东西。"义"强调对正确行为的坚定承诺。虽然"义"不会与一直不能认识到何者为正确相关联,并因此在某种程度上与辨别何者为正确的能力有关,但是,"义"更强调的是承诺的坚定,而不是区分何者为正确。与之不同,"智"则更强调依照情境来分辨何者为正确的能力。所以,虽然"智"不可能与一直不去做所认可的正确事务相容,但是,"智"所强调的是辨别何者为正确的能力,而不是对正确行为的承诺。

第四节 不 动 心

在2A:2引入了不动心的观念,这是在公孙丑提问时出现的,

---

① 孟旦,pp.74-77。

他问孟子在一定的政治背景下是否会动心。这一语境的性质还不是十分清楚，因为公孙丑提到孟子在政府中获得某种爵位，接着说："虽由此霸王不异矣"，对此语有几种不同的可能解释。① 第一种解释，将此句断为"虽由此霸王，不异矣"，并认为"异"意味着"惊异"。按照这种理解，公孙丑是问孟子：假设孟子在所描述的情形中，成功地辅佐齐王成为霸主甚至成为王，从而孟子也获得了霸与王的巨大成就，那么，如果这不是足以令人惊异的事情，孟子是否会动心呢？（例如，朱熹 MTCC；刘殿爵；理雅各；杨伯峻）。

第二个解释，将此句断为"虽由此，霸王不异矣"，并认为"异"意味着"差别"。依照这种理解，公孙丑是问孟子：倘若孟子能在所描述的情形中，通过成功地辅佐齐王成为霸主甚至成为王，从而取得了与霸王没有差别的成就，那么孟子是否会动心呢？（例如，赵岐，以及接受他的孙奭；朱熹 YL 1231）。这两种可能的理解都被赵岐注意到了，而在任一种理解中，公孙丑的疑问都与此有关：如果孟子能够取得一定的政治成就，他是否会动心？

第三种解释是由王安国提出来的，它将公孙丑的疑问看作对孟子一种隐晦的批评。② 跟第二个解释一样，它在"此"后面断句，并把"异"理解为"差别"。但是这种解释认为：公孙丑提到了孟子已经在政府中获得一个职位，从而质问孟子是否动心。之所

---

① 我特别指出这种用不清楚术语表达的情境，因为理解上的更大困难出现了：这一情境涉及孟子正得到齐国大夫的职位（这是通常的理解），还是孟子拥有一个高于齐国大夫的职位；并且，公孙丑提到的是孟子曾经被任命为齐国大夫（2B:6 提到孟子实际上拥有这个职位）还是在可预期的将来被任命为齐之大夫的可能性？
② 王安国，"Reflectionson an Unmoved Mind"，pp.434-436。

第三章　伦理理想

以这样问,是因为孟子未能在霸与王之间作出区分,即孟子尽管认为自己能激励齐王成为真正的王,但齐王的所作所为最终却像霸主那样。不过,尽管我对这种解释比较感兴趣,但接下来的讨论却不依赖于此解释。

作为回应,孟子通过讨论三种形态的"勇"解释了何为不动心,其中两种由北宫黝与孟施舍展现出来,余下的一种是孔子所倡导的(曾子所记录)。北宫黝总是进行还击,在任何情形下都不服输或者不受辱。孟施舍将失败当作胜利,并因此而无所畏惧。而据曾子所言,孔子曾经说过:自反而不缩,虽褐宽博,吾不惴焉;自反而缩,虽千万人吾往矣。孟子认为北宫黝似子夏,而孟施舍似曾子。而且,同北宫黝的守气相比,孟子将孟施舍描述为守约,但他还不能与曾子的守约相提并论。

赵岐认为"缩"意味着义,朱熹认为是"直"。除少部分注释者外,大多数注释者与翻译者会接受这两种中的一种。[1] 在《礼记》中出现的"缩"(LC 2/8b.9 - 10,2/22b.3),与"衡"形成鲜明的对照,这表明"缩"有直的意思(朱熹的解读),而这又能引出做到直或义的比喻意义(赵岐的解读)。在曾子所传述的孔子倡导最高勇的语境中,对"缩"的解释可以由此事实获得支持:孔子确实将"勇"与义相联系(LY 2.24,17.23),孟子则顺之将不动心与义相联系;在文中,曾子讲的最高勇就被认为展现了不动心。

至于文中所说的孟施舍那种守约,不如曾子的守约,这看起来

---

[1] 例外的情况包括魏鲁男,"poise";赖发洛,"not shrink";王安国,p.438(参看 n18),"bound tight"。

让人感到有些疑惑。赵岐把"约"解释为"要",要的意思是重要的或者实质的;而朱熹则作了进一步的详细解释(MTCC;MTHW 3/1b.5-11),即通过指出"约"不是指一个人所坚持的具体事情,而是被用来作出"一个人把握住更重要的或更实质的东西"这种比较性观察。大多数注释者同意这种解读,尽管一些注释者(例如,胡毓寰)与翻译者(例如,杨伯峻)认为"约"是指更简单的东西。在早期文本中,"约"的意思是"贫穷"(例如,LY 4.2,7.26)或者"节制"(例如,LY 6.27,9.11,12.15)。在一些场合,"约"与广大、宽阔或者复杂相对照(例如,M 4B:15,7B:32;HT 3/38,9/82,11/55,16/67)。在这些语境中,尽管"约"有简单的意思,但可能也意味着重要的或实质的东西。例如,在《孟子》7B:32中,经由修身而达到平天下被描述成守约的实例,就包括一种更广泛的应用:这里的"约"可能不仅有简单的意思,而且有重要或者实质的意思。而且,"约"被用来描述一个人的"言",也可能有类似的意义(例如,TC 316/15-16;LC 11/4b.5-6,15/16.a.5)。这使得赵岐与朱熹对 2A:2 的解释成为可能。

接下来,考察 2A:2 中所描述的三种"勇"之间的差别。北宫黝的办法是不接受侮辱与失败,并因此而免于社会耻辱。对可能的外在侮辱,他的反应是无视情境地还击。而之所以强调还击,可能是与子夏相比较来说的,在《墨子》中,子夏之徒被说成持有"君子有斗"的观点(MT 46/22-24)。① 对孟子来说,这是"勇"的

---

① 这是徐复观提出的一种观点,《中国思想史论集》,p.143;以及李明辉:《〈孟子〉知言养气章的义理结构》。

一种较低的形式,因为它关注外在的行为而非一个人内在的状态;而且,它是由担忧社会外在耻辱所引导,而不是为义所引导,后者可能不同于与耻辱有关的社会标准。孟施舍的"勇"则是一种改进,因为涉及无畏,从而他就更不会被事情所影响,这样就比着意于外在行为要好。在黄宗羲的解释中(1/14b.3),北宫黝更关注战胜他人,而孟施舍更关注克服自我。此外,孟施舍似乎更宽泛地关注社会标准,因为他被描述为将失败(一种社会外在的耻辱)看作胜利。而且,孟施舍式的"勇"对环境不敏感,因为,他无论面对怎样的环境都无所畏惧。孟子大概就是在孟施舍超过北宫黝的那个方面,将孟施舍的"勇"描述为如同曾子的"勇",显示出曾子式的"勇"更关注个人的内在状态。另外,孟施舍式的"勇"牵涉到守气,因为这就确保一个人无论处于怎样的条件下都能无惧。与之不同,曾子式的"勇"对于义比较敏感,只有当人与义相一致的时候,此种形式的勇才会无惧,这也是在《论语》中出现的观念(LY 12.4)。

被孟子看作由义所引导的较高形式的"勇",在 1B:3 中也能看到,在此章,孟子将小勇与文王、武王的大勇作了区分。小勇只是与别人争斗的问题,且不接受失败,如北宫黝之勇。大勇则不关注社会外在的耻辱,尽管也提到了"耻",但"耻"的对象不是社会的耻辱,而是一个人认为不合适的状况,勇正与纠正这种状况有关。①孟子这种"勇"的观念在早期中国思想中并非独特的。在《荀子》

---

① 对于这一段中理想的"勇",是被义所引导的,朱熹(MTCC)与张栻都注意到了。

中也发现了对较高的勇与较低的勇的区分(HT 23/82-86):较低的勇对义不敏感,而与战胜他人有关;较高的勇则涉及无畏地遵道而行。在其他文本中,理想的勇与义(例如,LY 2.24,17.23; KY 2/14b.11-15a.1,3/3b.3;LSCC 11/10b.7-9,11/11a.2-3; TC 844/13)、无畏(例如,LY 9.29,14.28;HNT 10/8b.7)以及断疑相关(例如,KY 19/11b.3-4;LSCC 8/10b.4-5)。

回到不动心的观念上,孟子或许也考虑了不动心的理想方式与非理想方式,因为他认为告子已经达到了不动心的境界,虽然并不是不动心的理想境界。对"勇"的理想形式的讨论表明,理想种类的不动心与"义"相关。进一步的支持来自 2A:2 中继之而来的讨论,在那里孟子将不动心与养浩然之气相联系。他认为应该以端正的方式来养浩然之气,而且,如果没有正确地关联到义,浩然之气就会枯萎。① 同样,如果行为不能满足心或者不能达到心的标准,气将枯萎。② 由于 6A:7 说心会在理与义中感到快乐,所以,由此观察而得到的观点也许是:如果不合于"义",气将枯萎。③ 因此,理想情况下,对不动心来说,引导气的"志"应合于

---

① 对"直养"的解释相对来说没有多少争论。绝大多数注释者与翻译者认为"直养"意味着应以义养气(赵岐,C),以公正(rectitude)养气(理雅各;多布森),以正直(integrity)养气(刘殿爵),或者以端正(uprightness)养气(陈荣捷),或者气应当被适当地养(翟理斯)或者培育(cultivated)(翟文伯与翟楚)。然而,对"配义与道"却有不同的理解:结合义与道(刘殿爵),义与道配合与辅助(理雅各;参看朱熹,MTCC),伴随着义与道(陈荣捷),配得上接受义与道(多布森)。
② 所涉及的"慊"字,在《吕氏春秋》(LSCC 1/7a.10-7b.4,16/10a.7-8)中的几次出现都有"满足"的意思,绝大多数注释者与翻译者也都这么解释。一些注释者(如孙奭)与翻译者(如刘殿爵)认为"慊"意味着达到心的标准;朱熹(MTCC)给出了这两种解释。
③ 在早期文本中,"勇"本身常与气相关联(例如,LSCC 8/11a.2-4),复合词"勇气"有时也会出现(例如,TC 85/8-9)。

第三章 伦理理想

义,而"气"也必须被培育,从而为"志"提供足够的支持。这解释了孟子这个观点,即基于说自己善于"知言养气",来说明他的优势(与同样能够不动心的告子相比);正如我将在本书第四章第四节中展示的,在 2A:2 中出现的"言"也许是指关于"义"的学说。

从上述讨论可以得知,动心会涉及惧怕,但是朱熹提出动心可能还涉及不确定性(MTCC;MTHW 3/1a.11‐12)。在讨论志气关系的时候,孟子说"志壹则动气,气壹则动志"。对"壹"的解释不是很清楚,赵岐认为"壹"意味着闭塞,而朱熹则认为"壹"意味着"专一";而两种诠释都能在翻译者那里看到。① 但是,无论我们怎样理解"壹",这个观察都显示出"气"与"志"之间有相互影响。如果没有成功地充分养"气",不仅将导致实现"志"的动机不足,而且还会反过来影响到"志"。这就支持了朱熹所提出的:不动心会涉及不确定性以及惧怕。朱熹还说到了一个有趣的观察,即孟子提到他获得不动心是在 40 岁,这也许是指孔子的一个自我评价,即他同样是在 40 岁达到了不惑(LY 2.4)。而在早期文本中,"惑"有时与"志"相联系(例如,LY 14.36;TC 573/14),并且可能与动志有关。

因此,不动心的理想形态,在于遵从那些不受恐惧或不确定性影响的正确规范。它也关联到伦理品质"智"与"义",尽管并不是等同于"智"与"义"。前面讨论过,"智"强调心的正确方向,"义"则强调对正确行为的坚定承诺;不动心的观念尽管关联到这两种观

---

① 大多数翻译者接受朱熹解释的某种变形。但刘殿爵例外,他接受赵岐的理解;理雅各也是例外,他认为"壹"意味着"be alone in being active";多布森也是例外,他认为"壹"意味着"be given primacy"。也见王安国,p.454n29。

念,但强调的是养气以确保免于惧怕与不确定性,或者其他可能使人远离正确规范的影响。所以,不像"智"与"义"那样更为积极地强调心的正确方向与对正确东西的承诺,不动心则是消极地强调没有扭曲的影响,即那些"可能影响到心的方向或实现这些方向的能力"的影响。与不动心相似的观念,在其他章节中也有发现,例如,3B:2讲到不可"富贵而淫,贫贱而移,威武而屈"。① 7A:9告诫"人知之亦嚣嚣,人不知亦嚣嚣""故士穷不失义,达不离道"。至于意志的坚定,也在别处展现出来,比如宁可饿死也不食嗟来之食的例子(6A:10),或者不以适当的方式召见虞人,他宁可死(5B:7)。② 由于这些观念与孟子对待"命"的正确态度的观点有关,我现在转向对这一术语的讨论。

第五节 对命的态度

一、"天"与"命"的用法

在5A:6中,孟子注意到"莫之为而为者,天也;莫之致而至者,命也"。陈大齐认为,这句话前半部分是在说"天"以不实际做事的方式做事,也就是说,"天"是通过某物或某人来做事的。③ 有一些注释者,也认为这句话前半部分是指"天"通过不主动行动的方式来做事。例如,黄宗羲(2/46a.3-6)将其理解为:自然过

---

① 因为在这句话的前面就提到了"志",使得这成为可能:"志"被认为是不会被导致到"淫、移、屈"的。
② 见陈大齐:《浅见集》,pp.231-232。
③ 陈大齐:《孟子待解录》,pp.94-96。

程都起因于"天",即使并无其行动的迹象;孙奭则从《老子》中引用警句"无为而无不为"来描述"天"的行动。① 但是,这不同于大多数注释者(包括朱熹与其他人)的解释,也不同于大多数翻译者〔包括多布森、刘殿爵、理雅各(James Legge)、赖发洛、魏鲁男与内野熊一郎)的解释,他们认为前半部分是说:人类不做(或不可能做)"天"所做的事情。

第二种解释比第一种更为可能,因为按照第一种解释,就很难用与前半部分相类似的方式,来理解关于"命"的后半部分。而如果按照大多数注释者与翻译者所认同的第二种解释,后半部分被理解为是说那些要发生的、且不是人为努力的东西是"命",将更加合情合理。支持第二个解释的另一个因素是,恰好在这句话之前,孟子谈到了人做不到而归于天的事情。并且,这种语境所考虑的是人类所做不到的,而不是他们不想做的东西,这也反对了"赵岐的、又被焦循细化了的对前半部分"的那种解释,即认为它是说人类所做的那些并不想做的事情,是天让他们去做的。因此,这句话表示的是:孟子把不能归于人之努力的事情,看作归于"天",并作为一种"命";而"天"与"命"之间的差别,可能是前者强调这些事情的来源,而后者则强调其结果(参看黄宗羲,2/46a.3 - 46b.4)。②

在《孟子》中被归因于"天"的,不仅包括自然现象,而且还包括政治努力的成功与失败(1B:14,1B:16)、政权的转移(5A:5)以

---

① 孙奭的立场更含混,在其注疏中他还谈及"人莫之为然而然者"。
② 多布森的翻译,认为"命"是指"天命",以作为政治权威的来源。这是一种可能的解读,因为这里的语境关系到王位的继承。

及秩序(2B:13),或者道行于天下(4A:7)。这在《论语》中也一样,有一种归因于"天"的倾向:虽然认为这些事情很重要,但个人却几乎全然无法掌控,因而面对这些事情,人们感受到了对更高权威的依赖。而且,"天"也被看作伦理生活的来源。理想的生活方式被描述为天道(4A:12,7B:24),而"仁"则作为天爵(2A:7,6A:16)。同样,"天"是心的来源(6A:15)以及其伦理禀赋的来源(3A:5,6A:7),尽心与存心也是知天与事天的方式。因此,"天"有一个描述性的维度,指超出人控制范围的来源;同时也有一个规范性的维度,是指伦理理想的来源。与《论语》的情况一样,《孟子》中的"天"是不是一个人格神,以及"天"是否有一个超越的维度还有争议。由于这些问题关系到孟子对"性"的看法,我把相关的讨论放到第六章第三节进行。

至于"命",可能也有两个维度,既指不在人类掌控中的事件,还可以指"义"。所以,"命"可以说既与对人类行动的偶然性约束有关,也与对人类行动的规范性约束有关。① 然而,学者们对此尚有争论。一些学者,例如葛瑞汉与傅斯年,认为在《孟子》中"命"的用法,有两个维度。② 另一些学者,例如陈大齐、徐复观与劳思光,强调描述性的维度。③ 还有一些,例如唐君毅,强调规范

---

① 朱熹(YL 1360)对5A:6的看法,显然对"命"的这两个维度作了区分。
② 傅斯年认为"命"既指生活中不能改变的状况,又指"义"(pp.347,355)。葛瑞汉认为"命"包括人类存在所有不可改变的状况,既包括事物实际是怎样的,又包括事物所应该是的方式("Background",p.54)。
③ 陈大齐强调,"命"是指不在人的掌控中的情况(《孟子待解录》,pp.303-311),而徐复观注意到,《孟子》中没有使用复合词"天命",也注意到单字"命"的意思是"命运"(《中国人性论史》,p.167)。劳思光认为"命"出现的场合在绝大多数情况下指的是命运,但在有些例子(例如7A:1-2)中,它指的是生命(pp.134-38)。

第三章 伦理理想

性维度。①

鉴于在讨论《论语》的本书第二章第一节中所提到的原因,常常难以决定文中某处出现的"命"强调的是哪个维度。例如,5A:8把"命"与"义"联系起来,在此章,孔子说"命"就在于一个人是否获得政治职位。② 一方面,"命"是在此讨论中引入的,即是否应该以某种方式去得到政治上的职位;这样就可能把"命"解释为具有描述性的维度,即指向了这一事实:对政治职位的获得并未完全在人的掌控之中。这一解读从7A:3中得到了更多的支持:此章把获得取决于自己的事情,与获得属于"命"的事情作了对比。另一方面,《孟子》常常关联于以正确方式获取事物而提到"义",而且"无义无命"这种表达也把"命"与"义"相关联,使"命"有可能被解释为具有规范性维度,即指向了获得事物的正确方式。进而,即使我们承认"命"有描述性的维度,但同时也可能把它看作有规范性维度;这涉及以正确的方式来面对这样的事情:政治职位的获取不完全在人的掌控中。③

由于区分这两个维度很大程度上只是一种对解决问题富有启发意义的策略,且在早期文本中可能并未被清楚地提出,所以,没有理由期望一个维度出现之后就排除了另一维度。而且,这样的可能性,即两个维度都呈现出来,但没有清楚地被区分,在某些

---

① 唐君毅:《导论篇》,pp.522-527。参看在本书第一章第一节中对唐君毅如何看待《论语》中的"命"的讨论。
② 对《论语》14.36中"命"的理解也有类似的困难;在此处的政治语境中,孔子注意到在"道"得或不得行之中存在着"命"。
③ 参看傅斯年,p.355;唐君毅:《导论篇》,pp.515-516。

注释者解释5A:8时已经出现了。例如,焦循(19/9b.3－10)引用张尔岐的看法,认为在"人获取东西是有所限制"这种意义上,5A:8强调"命"是不可知的;同时君子把"义"所禁止的东西看作对获取的限制,在此意义上把"义"看作"命"。不像那些"无所不用其极地谋求达到目标,得不到后才认识到命"的人,君子与圣人不会尝试所有可能的方式,而只是做合乎"义"的事情;并且,当需要违背"义"而用其他方式来实现目标时,就把目标无法实现当作"命"。以这样的方式,君子与圣人认为"命"等同于"义",并让自己顺从"命",且从"义"中得到安慰。对此,黄宗羲(2/47b.6－48a.2)有相似的解读,张栻在解释此章时,同样也提出了两个维度。一方面,许多人不知"命"——这是在"人的努力有局限性"这种意义上理解"命",并因此做了无谓的努力去实现目标;另一方面,孔子则认为"义"与"命"合一,把礼义看作"命"之所居。

无论我们如何解释5A:8中"命"的用法,看起来该章所传达出的这种态度是清楚的,即在获取政治职位的过程中,人们应该与"义"保持一致,然后,即使结果是令人不快的,也要接受此结果,而不要做违反"义"的努力。另外,在7A:1－3中反映出相似的态度,"命"字在这几章中也出现了。

二、7A:1－3章

7A:1提道:"夭寿不贰,修身以俟之,所以立命也。"这句话的语境与修身有关,而对"贰""之"与"命"的不同解读会引起不同的理解。

第三章　伦理理想　　117

赵岐(C)以为"不贰"意味着没有二心,也不会改易其道。朱熹(MTCC;YL 1429)将这句话看作同前文知天与事天的讲法是平行结构,并将前半部分看作知,把后半部分看作修身。所以,在朱熹看来,"不贰"意味着不怀疑,也就是对于所知的东西没有二心。大多数注释者与翻译者同意赵岐与朱熹的解释,但黄宗羲(2/76a.5－76b.1)引用刘宗周的观点,提出了第三种可能:一个人将早夭与长寿等同视之,是因为他/她清楚地理解了、遵循了正确的东西之后,就不再担心自己的生死。[1] 尽管强调了不同的方面,这三种解释实质上并无很大的区别,都强调了这样的观点:人们不应因为考虑生死而被诱使偏离了正确的东西。

关于"之"的所指,也有分歧。朱熹认为"之"是指死,理雅各不同意他的理解,认为是指早夭或者长寿。与他们不同,赵岐与张栻认为"之"是指命。"之"确实可能是指命,因为 7B:33 中的复合词"俟命",与 7A:1 中的"俟之"是平行结构。而且,它也留下一种可能性,即"俟"的内容与生与死有关;因为生与死本身就是"命"的问题。[2] 事实上,赵岐(C)在 7B:33 中以等待早夭或长寿来解释"俟命",大概就是根据 7A:1 来解读 7B:33。

同样,这里出现的"命",既可以被解释为主要是描述性的,也可以主要是规范性的。在第一种解释中,俟命与立命是等待不在人掌控中的事情发生,而不做无谓的努力来改变事情。朱熹与张

---

[1] 赖发洛有个与黄宗羲类似的解读。魏鲁男有第四种解释,对此我发现并不怎么可信,他认为"不贰"可能是在已经被决定的意义上,意味着早夭或长寿都是确定的事情。
[2] 劳思光,p.137,认为在此语境中的"命"指的是生与死。

栻就以这种方式来理解7B:33的"俟命",并认为人所不能掌控的,包括幸运或不幸、富有或贫穷之类的事情。在第二种解释中,立命与俟命则完全是准备去遵循"义",而且不因考虑到早夭或长寿等事情而有所动摇。傅斯年与唐君毅都以这种方式理解"俟命"。① 单只考虑这一章,在这两种解释之间我们无法明确地作出判定;尽管考虑到7A:2章,也许会对第一种解释有所支持。

7A:2以这样的观察开始,即万物各有其命,应该愿意接受正命(莫非命也,顺受其正)。② 在这一章中,很难把"命"的用法解释为主要是规范性的,即指向"义",因为这样很难弄清楚正命与非正命之间的对比。朱熹(MTCC;YL 1429,1434-35)认为"命"是指不在人掌控之中,包括幸运或者不幸、生或死等。那么,非正命是由于人的错误行为而产生的结果,而正命则是事情发生了,但并不是由于人的错误行为而导致的结果。例如,一个人得到了官职是"命"(来自统治者的命令),职位终止的时间也是"命";后者是否为正,仅仅取决于其职位终止,是因为职位的任期到了,还是因为他由于犯错而被免职。张栻对这一章有类似的解释;而且,"命"的描述性维度在本节中得到了更多的强调,这会反馈到7A:1。因为这两节都涉及生与死,而且前一节谈到了俟命,后一节谈到了愿意接受命,所以,在7A:1中出现的"命"可能也强调了描述性的维度。

这样看来,7A:1强调一个人应该修养自身以等待将要发生

---

① 傅斯年,p.347;唐君毅:《导论篇》,pp.522-27;同前作者,《原道篇》,pp.245-246。
② 焦循对"莫非命也"句有不同的解读。他认为,"非"的意思是不恰当,跟"正"相反。他把该句解释为,敦促百姓避免不恰当的命;这可能是说通过不去做不适当的行为,以避免那些因为不适当行为而来的东西。

的事情,而不会动摇其决心;而 7A:2 同样强调了,一个人应该采取合于义的行动,然后欣然接受所发生的事情。7A:2 多过 7A:1 的地方可能在于,它强调真正知命是等待并欣然接受唯一的"正命",即一个人遵循"道"所产生的那种结果。这种对"命"的态度与不动心有关,因为两者都关系到一个人对实际的或预期的不好生活状况的态度。不动心的观念强调了不要因为不好的调节而做扭曲的努力;而接受"命"则强调在保证自身行为得当的情况下,欣然接受不利的状况。

"命"字也出现在 7A:3 中,唐君毅把此处出现的"命"主要看作规范性的,指约束限制人们获取其目标的那些正当性考虑。① 然而,这一章中提到的对比,即人们能掌控的那些事情与求之有道的那些事情,以及得之有命的那些事情之间的对比,却基本上会支持把"命"的用法视作描述性的。进一步的支持来自这一事实,即先认为在获得这些事情过程中有"命",随即就认为:这些寻求并不会对成功获取有促成作用。实际上,如果我们认为出现于"在我"与"在外"的对照之中的"在",意思是"伴随着"或"取决于",那么这一章的要点就是:追求依靠自己就能获得的事情与追求依靠外在因素才能获得的事情之间的对比。赵岐(C;CC)与朱熹(MTCC)都接受这种对"命"的解释,从而把 7A:3 看作:把在人的掌控之内的伦理追求,与在人的掌控之外的获取富裕与荣誉等东西作对比。②

---

① 唐君毅:《导论篇》,pp.522-527,特别是 pp.525-526。
② 刘殿爵,"Introduction",p.23,有类似的解读,认为孟子支持某种形式的"有限程度的命定论"。

更具体来说，孙奭也接受他的讲法，将这一对比看作天爵与人爵之间的对比（参看6A:16）。而由于后者的获得取决于别人把爵位授予自己，所以不在自己的掌控之中（参看6A:17）。另外，在7A:3中所提到的，其获取不在自己掌控中的那些事情，至少在一定程度上与政治职位有关。而5A:8描述孔子，对于政治职位，进取合于"礼"而退让合于"义"，并提到孔子说的"得之不得有命"。那么，这似乎就是一个关于得之有道、求之有命的清晰的例子。①

至于所对比的两种事情，孟子认为追求前者有助于其目标的实现，而追求后者将无助于其目标的实现。② 在2A:2中说到浩然之气时，如果认为努力无益于"养"，这是错误的；这样就暗示了努力确实能有所促进。这就进一步证实了7A:3所对比的两种追求中的第一种也是讲修身的。然而，认为寻求并无益于获得第二种追求，可能就有点令人困惑。因为即使生命、财富与荣誉等东西，不是完全在人的掌控中，但追求这些东西似乎至少能够起到一些作用。但是如果我们根据赵岐的看法，认为7A:3关注的是天爵与人爵的对比，就能使这一观察变得可理解。想要获得人爵，一个人应该寻求天爵（求之有道），而不以人爵为目标；而且，应该让人爵自己出现。进一步讲，无论人们是否获得人爵，都不在自己的掌控中（得之有命）；而且，追求无助于获得，因为以人爵

---

① 如果我们认为7A:3中的"命"主要是描述性的，那么这就为5A:8中的"命"的类似解释找到了根据，因为这两个"命"的出现都与"得"有关。
② 尽管绝大多数注释者与翻译者都认为"益"意味着"有助于"，但多布森认为"益"意味着"从中获得收获"。根据多布森的看法，文中的对比在于：追求是否能从求索中得到收获；在后一种情况下，一个人是否求得所追求的东西，是预先注定了，所以，追求并不能从求索中得到收获，从而此种追求是没有意义的。

第三章 伦理理想

为目标恰恰会阻止人获得它们(参看 6A:16)。

7A:1 与 7A:2 关注个人修身,从而人们会遵从适当的规范,并欣然接受不好的生活状况。这样的生活状况不在人的掌控之中,或者改变它们需要错误的行为。这暗示了一个人应该为伦理追求付出努力,而不去担忧生活的外在条件。在 7A:3 也强调了这种观点,即比较了"求有益于得"的事情与"求无益于得"的事情。这种对照暗示了,一个人应该为与伦理追求有关的前者而努力。

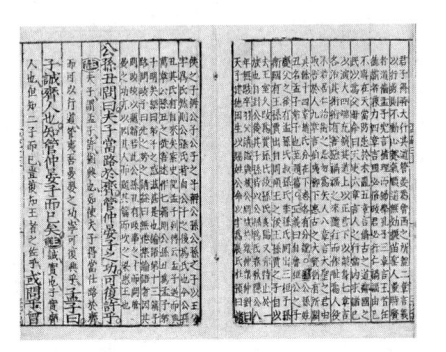

第四章

义(propriety)与
心(heart/mind)

第一节 概　　说

前一章所考察的许多伦理品质，都是作为行为的品格而与"义"（propriety，即适宜）密切相关。"义"（righteousness，即公正、正当）这种品质，是一种承诺，即依照"义"而生活；"智"这种品质，则涉及一种辨别什么是"义"的能力。至于"不动心"，则与努力使"志"（即"心之所向"）与"义"保持一致有关，也与通过"养气"（cultivating the vital energies）去支撑这些方向相关，以此践行义，从而不会在扭曲效应下左右摇摆。如此，人应该由"义"而行，并且懂得如此一来，就应坦然接受任何不利的后果，并视之为"命"之例证。

至于"仁"与"礼"的品质，虽然分别与对他人的情感关注和尊敬相关，但无论是这些关注与尊敬所采取的方式，还是其所引导的行为，仍然都必须由"义"来规定。所以，正是出于"义"，使人更尊敬自己的兄长而非乡里某位比自己兄长还年长一岁的人。虽然在通常情况下，应该尊敬叔叔而不是弟弟才符合"义"的要求，但同样是出于"义"，使得我们更尊敬祭祀时扮作祖先之尸的弟弟。而且，尽管尊敬他人会引导人们守"礼"，但在紧急情况下，偏离"礼"也是适当的。与之相似，尽管并没有用这些术语表达得明明白白，但可以推出，正是由于"义"，使得一个人对他人产生情感关切时，应该有赖于他们与自己的关系和具体情境。再者，正如在本书第三章第二节所见，当一个人出自情感关切采取行动时，也应该以"义"来规范其行为。

既然"义"如此重要,一个明显的问题就是"义"是什么。既然"义"的判定标准并不必然与社会常规标准一致,那么"义"就不能溯源于流行的社会意见。墨家认为"义"是由墨者们所强调的利(profit、benefit)所决定的,为了回应这种观念,孟子则明显是把"义"理解成在某种意义上从心而来。我将通过考察 6A:1-5,2A:2,以及 3A:5 来辩护这种解释,这几章记录的都是孟子与其思想对手的辩论,或者是孟子解释自己何以与他们不同。

这几章涉及反对孟子的两个人:夷之和告子。夷之的学派归属没有疑问,因为在 3A:5 他被明确描述为墨者,而且他维护墨家的兼爱的理论。所以,下文讨论这一章时,我会假定夷之是一位墨者,并且具有墨家学派的特定观点。但是在 6A:1-4 与孟子辩论的告子,其学派归属却不明确(6A:5 的争论中没有出现告子,但涉及一个与 6A:4 相似的主题,在 6A:6 与 2A:2 也记录了告子的观点)。在《墨子》里有三处,也提到一个叫"告子"的人,但这两者是不是同一个人却无法知道。而且,两个文本所提到的两个告子之间,也无法知道是否有从属关系。所以,任何关于告子学派归属的讨论,都要基于对相关章节中告子立场的解释。因此,我将推迟考察此问题,直至讨论完这些章节之后再去考察。

在第一章中我已经提到,因为我们探求孟子观点主要通过《孟子》文本,所以,"孟子的观点"是简略语,实际说的是编辑《孟子》这本书的人所描述的孟子观点。与之类似,我提到的孟子的反对者的观点,也是由编辑来描述的。但即使说明了这种差别,区分反对者自己坚持的立场与孟子认为的反对者所坚持的立场也是很重要的。对于编者描述的反对者坚持的立场,能够从被记录的反对者言论中辨别出来。孟子所认为的反对者所坚持的立场,则既可以从反对者自己的言论中,也可以从孟子对他的评论中辨别出来。上述两者是不同的,因为仅基于反对者言论所重构的东西,与同时还基于孟子的评论所重构出的东西,可能会有差别。当然,这种不同并不必然会导致冲突,而且,对孟子评论的考察,可能让我们讲出一些在孟子理解中的反对者特殊立场。退一步说,即使这种不同导致了冲突,也不能就说孟子误解了反对者的立场。孟子对反对者立场有选择的解释,可能只是一种辩论策略,以方便把反对者转变到一种与其原来不同的观点。而且,我的主要目标是理解孟子的想法,首要关注的正是孟子如何理解他的反对者。但是,这种区分还是很重要的,在我下面讨论告子的学派归属时会起到作用。

基于我的主要关注,我将同时考察反对者的言论以及孟子对他们的评论。为了辩护我对于"孟子与反对者辩论中的问题焦点是什么"的解释,我将试图把辩论中的所有步骤讲明白,这可能是其他解释者没有做到的。这种策略会导致一种忧虑:既然孟子对问题焦点的理解可能与反对者不同,那么谋求讲通辩论中的所有步骤,可能就是错误的策略。不过,即使在理解时有这些分歧,但至少还有一种看待问题焦点的方式,即它既是孟子自己看待问题的方式,也是孟子理解下的反对者看待问题的方式。我的主要目标是理解孟子的思想,进一步的目标则是试图把握住对事情本

第四章　义(propriety)与心(heart/mind)　　127

身的理解,即使在此过程中,我无法把握住孟子反对者的真实立场。要抓住这一点,我们不仅需要解释孟子的评论,还要清晰地阐明反对者的论述。

有时候,辩论中某部分可能存在不同的合乎语法的读法,我的解释就需要采用其中一种。在这个过程中,我并不预设这种读法是唯一合乎语法的,也并不是仅仅基于语法而选择它。我的主张是:充分考虑了辩论每一步骤的所有合乎语法的读法之后,我对辩论主题的解释,是唯一能够融合所有步骤为一个整体,从而使辩论中每一步都有意义的解释。这种策略并不要求在辩论的每一步骤中,我的解读是仅仅基于语法选择的;相反,我的选择依然是根据"我能够对辩论整体的主题进行一种更可信的解释"而作出的。①

第二节 孟子与告子关于性的争论

一、6A:1-2章

6A:1-3 主要是讨论"性",而不是义与心的关系。但孟子与告子对"义"的不同理解,很可能与他们对"性"的不同理解有关。而且,从文本来看,对"义"的争论以及对"性"的争论是放在一起的。6A:1 讨论"性",涉及"义";同样地,6A:4 讨论"义",也涉及"性"。因此,我先讨论 6A:1-3,以作为背景来进一步讨论 6A:6

---

① 在琢磨清楚这些方法论的问题时,我受益于陈汉生。

中孟子和告子的性论，孟子认为性是善的，告子则相信性里面既没有善，也没有恶。为了方便讨论，我将这两章分段。

告子上第一章：

a. 告子曰："性，犹杞柳也；义，犹桮棬也。以人性为仁义，犹以杞柳为桮棬。"

b. 孟子曰："子能顺杞柳之性而以为桮棬乎？将戕贼杞柳而后以为桮棬也？如将戕贼杞柳而以为桮棬，则亦将戕贼人以为仁义与？率天下之人而祸仁义者，必子之言夫！"

告子上第二章：

a. 告子曰："性犹湍水也，决诸东方则东流，决诸西方则西流。人性之无分于善不善也，犹水之无分于东西也。"

b. 孟子曰："水信无分于东西。无分于上下乎？人性之善也，犹水之就下也。人无有不善，水无有不下。今夫水，搏而跃之，可使过颡；激而行之，可使在山。是岂水之性哉？其势则然也。人之可使为不善，其性亦犹是也。"

在此我先不翻译"性"这个概念，而将其放在本书第六章第一节讨论。在 6A:1b 段，"言"可能意味着"话（words）"，或者更可能是"教（teachings）"；"祸仁义"可能意味着"给仁义带去灾祸"，或者"以仁义为灾祸"。对于 6A:2a 段，我遵循赵岐对"湍水"的

第四章 义（propriety）与心（heart/mind）　　　　　　　　　　　　*129*

解释：湍萦的水（whirling water，刘殿爵译本）。焦循很可能精确地指出了：赵岐把湍水不仅当作急濑，即急流之水（参看《说文》），而且当作圆潆之水。因为这更好地相应于告子进一步的观察：湍水没有向东或向西的偏好。在这两章中，如果把孟子的回应与告子所提出的类比作比较，可以看到孟子所构建的类比关系，与告子有某种不同。

在这两个类比中，如果我们把"性"当作"人性"的简称，那么，告子是将"以人性为仁义"与"以杞柳为桮棬"类比，将"人性之无分于善不善"与"水之无分于东西"类比。但孟子的回应，显示他的类比是将人（而不是人性）与杞柳、水类比，将人性与杞柳之性、水之性（而不是杞柳与水）类比。比如，在6A:1b段，孟子将戕贼人比为戕贼杞柳，从而引入了杞柳之性；这是在告子所表述的类比中没有的说法。在6A:2b段，尽管孟子最初的回应，是顺着告子而将人性比为水，但孟子立即将人（而不是人性）与水相比较：人无有不善，正如水无有不下。接下来又比较了人性与水之性。由此可见，告子的类比都是比较人性与某一具体事物（杞柳或湍水），而孟子则建构了另一种类比关系：人与物比较、人性与物性比较。

在讨论两人对类比的不同理解是否有重要影响之前，让我们先考察孟子会怎样看待这场辩论。在他看来，既然告子相信人性中无善也无恶，那么告子将认为：人能够既顺性，同时又可能（a）在善的导向下发展；（b）不在恶的导向下发展；（c）在恶的导向下发展；（d）不在善的导向下发展。但是，如果（b）（或[d]）的可能性不存在，那么人不通过成恶（或善）就不能顺性；所以，在此意义上，"性"中就有恶（或善）。如果(a)（或[c]）的可能性不存在，就意味着人不能既顺性，又变成好（或坏）；所以，在此意义上，"性"中依然有恶（或善）。而因为孟子把告子的讲法转为比较人性与杞柳之性，在他看来，告子的类比就不会与可能性(a)一致。① 我们可以认定，孟子的反对意味着：依杞柳之性，本是要长成茂盛的树木，而制作桮棬正是要戕贼杞柳。至于孟子称告子之言率天下之人而祸仁义，可以理解为：告子论性的言语或者学说，使得人们把仁义看作灾祸（例如，理雅各）；或者理解为：因为他们认为行仁义是戕贼自身，所以不去行仁义，这就带灾祸于仁义（例如，刘殿爵）。

　　按照这种方式来理解告子的立场，可以看到他在 6A:2 转到湍水喻时，避开了杞柳喻的问题。湍水有向外流和向下流的倾向，但同时可能(a)向东流，(b)不向西流，(c)向西流，(d)不向东流。这样，把善、恶与东、西两种方向作比较，这个类比好像证明了告子性无善无恶的立场。但在孟子的回应中，他还是改变类比的关系来证明自己的立场。水有向下的倾向，即使它能被泼溅或筑坝使之向上，但向下的倾向还是存在。相似地，人有成善的倾

---

① 刘殿爵翻译告子第一章 b 段第一行为：Can you make cups and bowls by following the nature of the willow? 使用"by"，意味着孟子要求告子的类比能够反映这样的观点：人简单地顺性，就将成善。这种要求对告子来说是不公平的，因为它会排除可能性(d)，而实际上告子对性的看法使之允许这种可能。按照语法，这第一行只包含：人顺杞柳之性，而同时以之做出桮棬。所以我就如此翻译这行：Can you follow the *hsing*ᵃ of the Chi willow and at the same time make cups and bowls out of it.

第四章　义（propriety）与心（heart/mind）

向,即使他可能成恶,也是因为环境因素所致,其内在善的倾向依然保留,不受这些偏离影响。①

在6A:1b段中孟子回应的开头,他提出了一对选项,或者能顺杞柳之性且同时以之为桮棬,或者必须戕贼杞柳而以之为桮棬。这显示了孟子的假定,如果不能顺一物之性而制作成某种东西,那么这种制作就要求戕贼这一物。

在本书第二章第三节讨论过,这个假定适合于"性"是指一物的特定倾向这种用法。因为如果这种倾向是该物的本性,与之不同就会从根本上改变该物,也就可以说是戕贼它。但是,接下来并不能必然地说:把某种倾向归属于一物,就同时认同这种倾向。比如在《左传》中,说到"衅于勇"作为小人之性,就没有这种含义。不过,对于那些重视"性"的人来说,就会反对任何违背其"性"以及导致激烈改变自身的东西。这就可能解释,为什么在孟子看来,如果人们认为仁义与其"性"相反,他们视仁义为灾祸,或者拒绝行仁义从而施祸于仁义。而要能够得出这一观点,孟子大概认为告子也是希望实现仁义的。

---

① 按照本书所述的理解,孟子在第二章b段所讲的并不构成一种对告子在a段所讲的真正反驳。葛瑞汉("Background",p.44)认为孟子实质性地反驳了其类比,即水确实倾向往下流,所以有一个方向。但这种攻击对告子来说不是问题,因为这种比拟所说的,只是说人有一些确定的倾向,告子可以接受——只要这些倾向可以允许他对于善恶的四种可能描述。但是,如果我们假定人的所有倾向或者是善的导向,或者反之,那就对告子形成一个问题。葛瑞汉在有些评论中,也接受了这种假定:"在6A:2a的动态模型,像6A:1a一样,都意味着人性倾向于一种方向,*而如果此方向不是善的,将与任何尝试施加于其上的善相冲突。告子确实没能建构一个模型来证明人性概念是道德中立的。*"(*Disputers*,p.121,斜体是笔者所加)但并不清楚我们为什么要接受这种假定,比如说,人的生物倾向,确实可以既不导向善,也不反对善。

二、6A:3章

在第三章,告子用"生"来解释"性",而孟子则引入了"以白解白"的解释来类比告子的解释。而讨论此章时,我将同时考虑告子在第四章开头的描述"食色,性也"。

告子上第三章:

a 告子曰:"生之谓性。"
b 孟子曰:"生之谓性也,犹白之谓白与?"曰:"然。"
c "白羽之白也,犹白雪之白;白雪之白,犹白玉之白与?"曰:"然。"
d "然则犬之性,犹牛之性;牛之性,犹人之性与?"

俞樾注意到,"性"是从"生"发展而来的,就建议6A:3a段中的"生之谓性"可能被辩论双方读作"性之谓性",这样才可以类比于"白之谓白"。但是,我们已经讨论了在这些语境中,"性"与"生"不可互换,所以在我的讨论中不接受这样的预设。①

在这些语境中,"生"已经以多种方式被解释。多布森翻译这一行:"我说的性,是赋予生命的那种东西。"之所以形成这种读法,

---

① 参考岑溢成《"生之谓性"释论》二、三部分,尤其第65—70页。岑先生指出"A之谓B"结构意味着A是作为B的一个标准。所以,在此结构中,A与B是不可能有相同含义的。这一论断是正确的,所以,对"白之谓白"中的两个"白",岑先生解读为,只有满足白这一标准的才是白。岑先生进一步区分了A作为B的必要条件与充分条件两种情况,认为"A之谓B"可以指其中一种或者兼指两种。

是因为他把"生"当作动词,即"赋予生命"。但是这种读法是难以令人信服的,因为从语法来说,它要求表述为"生之谓性",而就我所知,在早期文献并没有将"……之之谓"结构缩略为"……之谓"的例子。① 但是,即使我们把"生"看作名词,依然有很多种解释方式,而其中也有能够与多布森之解释相一致的。一些翻译者(例如,翟理斯、理雅各、赖发洛、魏鲁南、金谷治)把"生"译为生命(life),葛瑞汉把它看作生活过程。② 唐君毅理解"生"是"那赋予生命的"。这里他联系到告子所解释的"性"的具体内容:食是维持个体生命的东西,色是从一代到下一代延续生命的东西。③ 这种解释与多布森的解释相符合。另一种可能,是认为生是指"因为生存而有的倾向",也就是说生物倾向,这种解释也与"性"的内容为食色相一致。最后,一些翻译者(例如,翟文伯、刘殿爵、内野熊一郎、杨伯峻)认为"生"是指生来而有的属性,而一些注释者(焦循、胡毓寰)明确地把它等同于荀子"生之所以然者谓之性"的解释。④

考虑到 6A:3a 段的"生之谓性"与 6A:3b 段的"白之谓白"结构上的一致,这两者的解释也应该是一致的。在 6A:3c 中,"白 N 之白"的结构(其中 N 指一个名词),至少有三种可能读法,而这几种都把第二个白当作名词。第一,可以把第一个"白"当作形容词来描述 N,整个表达就是说:白物的那种白色。第二,可以把第一

---

① 在《孟子·尽心下》第 25 章、《左传》12/7,12/74 有"……之之谓……"结构的例子。
② 葛瑞汉,"Background",pp.45 - 46。
③ 唐君毅:《原性篇》,pp.17 - 18。
④ 这种解释在这些解释中也可以看到。陈大齐:《孟子待解录》,pp.5 - 7;徐复观:《中国人性论史》,p.187;劳思光,p.99;岑溢成:《"生之谓性"释论》,pp.69 - 70。可能朱熹也是如此读这一行。

第四章　义(propriety)与心(heart/mind)

个"白"当作动词,N是它的宾词,整个表达就是说:使N为白的那种白色。第三,可以把第一个"白"当作动词,"N之白"是它的宾词,整个表达被理解为"把N之白当作白",或者"把N中的白当作白"。因为6A:3c段与6A:3d段的结构一致性,我们也可以把"N之性"当作"生N之性"的略语,并且以类似于"白N之白"来解释。

在上述三种"白N之白"的读法中,第三种是没有说服力的,因为无法用类似的方法来解读"N之性",即使我们把它当作"生N之性"的略语。① 不过,"生之谓性"以及"白之谓白"的读法,对"白N之白"的读法确实有某种暗示。如果我们把"生"当作生命过程,当作因为活着而有的倾向,或者当作生来而有的属性,那么第一种"白N之白"的读法就是更可信的。在这种读法中,我们可以把"N之性"当作"生N之性"的略语,而"生N"是说一个活着的N。另一方面,如果把"生"当作赋予生命的东西,第二种"白N之白"的读法就是更可信的。在这种读法中,我们可以把"N之性"当作"生N之性"的略语,而"生N"是说那种赋予N以生命的东西。②

我不倾向于把"生"当作天赋的,或者是生来而有的属性。在当时,"性"是否已经有天赋的意思并不明显;而且如果我们采取了这种解释,就难以说清为什么孟子认为,依循告子对"性"的说明,就会导致犬、牛、人之性是一样的。一个可能的解释是,孟子

---

① 在4.3.1小节中有更复杂的情况,我将对6A:4中类似的结构"长N之长"进行似乎可信的解释,即把第一个"长"当作动词,把"N之长"当作它的宾词。
② 多布森把"生"当作赋予生命的那种东西,把"白之谓白"中第一个白当作"使之白"。不过,因某种缘故,却解释"白N之白"为白色的N所具有的那种白,而不是使N为白色的那种白。

反对的不仅是告子以"生"来说"性",而且还反对告子接受了"生之谓性"与"白之谓白"的类比。[①] 按照这种说法,牛之性同于犬之性、人之性的说法,并不是直接从"生之谓性"而来的,而是因为把"生之谓性"与"白之谓白"类比而得出的。尽管这种说法揭示了孟子怎样从告子的立场得出他所说的推论,但这是基于孟子并不反对告子对"性"的说明才能得出。那么,这就无法说清孟子在这一章中与告子辩论的目的何在。

至于把"生"当作生命过程、当作赋予生命的东西、当作因为活着而有的生物倾向等解释,都让我们看到为什么正是顺着告子对性的说明,从而得出了犬之性、牛之性与人之性是一样的结论,因为,生命过程、赋予生命的东西、因活着而有的生物倾向,在犬身上、在牛身上、在人身上都是类似的。而后两种解释还有额外的好处:他们与 6A:4 中这种观念更符合,即告子把"性"的内容具体化为食色;但是,据我所知,在两种解释之间作出裁决的文本基础并不充足。这三种解释还能让我们看到孟子为什么反对告子对"性"的说明。我们在本书第二章第三节看到,杨朱的"生"或"性"概念强调生物之生命,而《国语》与《左传》中讲到的厚民"性"或"生",肯定涉及人们的生物需要与欲望。所以,孟子可能已经意识到,当与"性"关联起来时,"生"总是作为生物学术语来使用,

---

[①] 把"生"理解为天生的刘殿爵,在("Introduction", p.36, "Method of Analogy", pp.242-243)中作了这样的解读。刘先生看来,这种比较是不恰当的,因为"性"是一个形式词,N 之性的具体内容依赖于 N 是什么。而白则不同,它不是形式词,N 之白的内容并不依赖于 N 是什么。牟宗三《圆善论》,pp.7-12)同样观察到这个类比是不恰当的,认为孟子提出这一类比时,可能误解了告子。所以,告子实际上能够反驳这一类比,从而阻止孟子由此引出的推论。也可参看杨祖汉:《儒家的心学传统》,p.24。

第四章 义(propriety)与心(heart/mind)

而告子也确实用食色这样的生物倾向来表明"性"之内容。① 与告子相反,孟子正是要转变人们对"性"的理解方式,即不强调其生物性。像他在辩论最后的质疑一样,他把人之性当作能区分人与其他动物的某种东西,而不是所有动物均具备的生物倾向。②

第三节　孟子与告子关于义的争论

一、两章的文本

《孟子》6A:4-5中包含了关于"义"是内在的还是外在的争论,这些争论是围绕着孟子与告子而展开的(6A:4)、公都子与孟季子之间(6A:5)展开的。孟子与公都子支持"义"是内在的立场,而告子与孟季子支持"义"是外在的立场。在辩论中请求孟子帮助的公都子,可能是一位维护孟子立场的孟子弟子。在下文中,我将主要致力于解释孟子如何来看待这场争执与辩论的性质:在孟子看来,之所以认为"义"是内在,是为了说明"义"是从心的某种特性中发出来的。我将这两章的翻译分成 a、b 这样的段落,再分为 1、2 这样的小节。而对文本可能有不同读法以及需要对不同选择进行评估的地方,我提供了不同的翻译(以罗马数字标记),来表达不同的解读。

---

① 牟宗三(《圆善论》,pp.7-12)注意到,"生之谓性"强调的是生物性的倾向。
② 不像刘殿爵,葛瑞汉("Background",pp.45-46)与倪德卫("Problems: Part I",p.8)都认为孟子反对告子在 6A:4"生之谓性"的说法,并认为在此章孟子是要强调人性是人所特有的。但是在别的地方中,刘殿爵("Introduction",pp.15-16)也观察到孟子想把"性"作为人所特有的。

6A:4

a1. 告子曰:"食色,性也。仁,内也,非外也;
a2. 义,外也,非内也。"
a3. 孟子曰:"何以谓仁内义外也?"
b1. (告子)曰:"彼长而我长之;非有长于我也;
i 并不是在我这里有"长"。
ii 并不是他从我这里得到"长"这个东西。
b2. 犹彼白而我白之,从其白于外也,
i 这是从外在方面顺着它的"白"来说的。
ii 这是顺着"它是由外在因素而造成白"这一事实来说的。
b3. 故谓之外也。"
c1. (孟子)曰:"异于白马之白也,无以异于白人之白也;
i 作为"使一马之白成为白"的白,无异于作为"使一人之白成为白"的白。
ii 作为"使马里面的白马成为白"的白,无异于作为"使人里面的白人成为白"的白。
iii 一匹白马的白,无异于一个白人的白。
iv 使一匹马白的那种白,无异于使一个人白的那种白。
c2. 不识长马之长也,无以异于长人之长与?
i 当作"使一马之长成为长"的长,无异于当作"使一人之长成为长"的长。
ii 当作"使马里面的长马成为长"的长,无异于当作"使人里面的长者成为长"的长。

iii 一匹长马的长,无异于一位长者的长。

iv 使一匹马长的那种长,无异于使一个人长的那种长。

c3. 且谓长者义乎? 长之者义乎?"

i 长者他自己是义呢? 还是那位尊他为长者的人是义。

ii 长者的"长"是义呢? 还是"将其当作一种长"是义?

d1.（告子）曰:"吾弟则爱之,秦人之弟则不爱也,

d2. 是以我为悦者也,

i 在这种情况,我是那个进行爱悦之人。

ii 这是带给我自己爱悦的。

iii 在这种情况,推动因素在于我自己。

iv 在这种情况,如何判断在于我自己。

故谓之内。

d3. 长楚人之长,亦长吾之长,

d4. 是以长为悦者也,

i 在这种情况,长者是那个被爱悦之人。

ii 这是在长这种特性（或者:长者）上有爱悦的。

iii 在这种情况,推动因素在于长这一特征（或者:长者）。

iv 在这种情况,如何进行判断依赖于长这一特征（或者:长者）。

故谓之外也。"

e1.（孟子）曰:"耆秦人之炙,无以异于耆吾炙。

e2. 夫物则亦有然者也,然则耆炙亦有外与?"

6A:5

a1. 孟季子问公都子曰:"何以谓义内也?"

a2. (公都子)曰:"行吾敬,故谓之内也。"

b1. (孟季子)曰:"乡人长于伯兄一岁,则谁敬?"

(公都子)曰:"敬兄。"

b2. (孟季子)曰:"酌则谁先?"

(公都子)曰:"先酌乡人。"

b3. (孟季子)曰:"所敬在此,所长在彼,

b4. 果在外,非由内也。"

b5. 公都子不能答,以告孟子。

c1. 孟子曰:"(答他)敬叔父乎?敬弟乎?彼将曰'敬叔父'。

c2. 曰:'弟为尸,则谁敬?'彼将曰:'敬弟。'

c3. 子曰:'恶在其敬叔父也?'彼将曰:'在位故也。'

c4. 子亦曰:'在位故也。庸敬在兄,斯须之敬在乡人。'"

d1. 季子闻之曰:"敬叔父则敬,敬弟则敬,

d2. 果在外,非由内也。"

e1. 公都子曰:"冬日则饮汤,夏日则饮水,

e2. 然则饮食亦在外也?"

在 6A:4 的 b1, b2, c1, c2, c3, d2, d4 中,都有争议性解释。b1 中有问题的行是:

非有长于我

我把"长"看作名词,意思是长这一特征(elderliness)。如果我们把"有 N 于 N′"(N 和 N′都是名词)的结构解释为"在 N′有 N",我们会得出翻译(i),①如果我们解释为"从 N′得出 N",我们会得出翻译(ii)。②

b2 中有问题的行是：

从其白于外

如果我们把"白"作为名词,意思是白这一特征,"于外"意思是"是在外边的",且"V 于 N"(V 是动词,N 是名词)的结构意思是"在 N 中/上做 V",我们将得出翻译(i)。③ 如果我们把"白"当作动词,意思是使之白,而"V 于 N"的结构意思是"被 N 去做 V",我们将得出翻译(ii)。④

c1 中有问题的行是：

---

① 赵岐、焦循、孙奭以及魏鲁南采取这种读法。但是,既然告子说的是"我把长者当作长",那么不大可能会否定"在我这里有长这一属性"。这解释了当把"有 N 于 N′"的结构解释为"在 N′有 N"时,为什么很多翻译者避免把"长"看作"长这一属性"。比如,翟文伯、翟楚把"长"翻译为"尊敬老者",多布森译为"表达尊重",翟理斯和赖发洛译为"对老者重视",理雅各译为"尊重老者的原则",杨伯峻译为"恭敬之心"。但是,如何从"长"的字义来得出这些解读,确实是较困难的。
② 刘殿爵采取这种读法,倪德卫也作类似之考察("Problems: Part I", pp.10 – 11)。
③ 这种读法被赵岐、焦循采用,而大部分翻译者,像翟文伯、翟楚、多布森、翟理斯、理雅各、魏鲁南、赖发洛的翻译则是"从一种外在于我的白",是把"从"理解为"come from"。
④ 一种被倪德卫采用的读法("Problems: Part I", pp.11 – 12)。

异于白马之白也无以异于白人之白也

对此句至少有四种句读方式：

(A) 异。于白马之白也，无以异于白人之白也。

(B) 异于。白马之白也，无以异于白人之白也。

(C) 异于白。马之白也，无以异于白人之白也。

(D) 异于白马之白也，无以异于白人之白也。

这四种都不是完全令人满意的。在(A)，会产生一个多余的"异"。在(B)，难以对"异于"赋义。在(C)，丢失了"白马之白"与"白人之白"两者中预期的一致性。在(D)，说有某种东西不同于"白马之白"，但没有不同于"白人之白"，这是难以在文本中说得通的。注家提出不同的说法以求解决此问题，但是注释者较一致的意见是把这行读作"白马之白"并不异于"白人之白"。① 有了这样的共识，我们就不再考虑断句的问题了。

在 c1 中还有一个问题，即"白马之白"与"白人之白"的翻译。翻译(i)(ii)将两个短语中的第一个"白"当作动词，把"马之白"与

---

① 这些建议包括：像(A)一样断句，把"人"当作在第一个"于"之前的隐含主语(焦循引自孔广森)。像(B)一样断句，把"异于"看作同于"异乎"，意思是"多么奇怪啊"(胡毓寰、裴学海、宋翔凤)。像(C)一样断句，把失去预期的平衡，看作在古文中可允许的一种情况(赵岐、孔广森、焦循所引)。像(D)一样断句，前后两部分就被给予了不同的主语(倪德卫，"Problems：Part I"，p.12)；或者去掉开头两个字"异于"来调整这一个行(MTCC 中的张栻、理雅各、杨伯峻)；或者当作古文中可接受的情况，去把第一个"白"读两次(俞樾、刘殿爵)。

第四章 义(propriety)与心(heart/mind)

"人之白"当作宾词;对第二个"白",则分别当作白这一特征和白者(马之中的与人之中的)。翻译(iii)(iv)则把第二个"白",分别当作"白马的白"和"白人的白",对第一个"白",则分别当作形容词和动词。

c2 中有问题的行是：

> 长马之长也无以异于长者之长与

从语法角度来说,这句的翻译可能与 c1 是相似的。[①] 在 6A:4d3 中的类似结构"长楚人之长"中,第一个"长"必须被读作动词,把"楚人之长"当作宾词,这种解释有利于接受翻译(i)(ii)。[②] 但在本书第四章第二节的讨论中,我们也看到 6A:3c 段中的"白 N 之白"的类似结构,必须被读作"白 N 所具有的白",这里的"白"被理解为形容词,或者动词,这样的解释就有利于接受翻译(iii)(iv)。考虑到这些冲突性的例证,对四种解释我都采用,以容纳所有可能性。

在 c3 中有问题的行是：

> 长者……长之者……

[①] 根据多布森、魏鲁男、倪德卫,"白 N 之白"中第一个"白"和"长 N 之长"中第一个"长"都是形容词。而翟文伯、刘殿爵、理雅各、赖发洛、服部宇之吉、金谷治和内野熊一郎则将其看作动词。翟理斯和杨伯峻明显把第一个当作形容词、第二个当作动词,但这样的读法使得 c1 与 c2 不能保持平行。

[②] 实际上,它更适合(ii)的翻译,因为在"长楚人之长"中,第二个"长"可能是指楚人中的长者。

144　　孟子与早期中国思想

如果我们解释"……者"为"某位是……的人",我们必须解释第一个"长"为形容词,这样就形成翻译(i)。① 如果我们解释"……者……者……"结构为提供一种选择,我们必须解释第一个"长"为名词,这样就形成翻译(ii)。②

最后,d2 和 d4 中有问题的行是：

是以我为悦者也

与

是以长为悦者也

较自然的读法形成了 d2 的翻译(i)与 d4 的翻译(i)。③ 但是"以 N 为悦者也"的结构也可能意味着"把 N 当作可愉悦的",或者"在 N 中获得愉悦",这样的读法就形成了 d2 的翻译(ii)与 d4 的翻译(ii)。④ 尽管很多翻译者把"悦"译为"愉悦"或"感情",但已经有人注意到这会导致 d2 和 d4 的翻译难以被人理解。⑤ 一

---

① 这种读法被赵岐、孙奭、服部宇之吉、刘殿爵、魏鲁男、杨伯峻采用。
② 这种读法被朱熹(MTCC)、张栻、翟文伯、翟理斯、金谷治、理雅各、赖发洛、内野熊一郎和倪德卫("Problems：Part I", pp.13-14)采用。
③ 这种读法被多布森采用。
④ 倪德卫考虑过这种读法("Problems：Part I", pp.21-22);他引用了 7A：19 的类似结构："以安社稷为悦者也。"
⑤ 翟文伯、多布森、理雅各和赖发洛翻译"悦"为"愉悦"或"感情"。对于翻译"悦"的困难,理雅各的注释性笔记和阿瑟·戴维·韦利在"Notes on *Mencius*", p.104 中都讨论过。

第四章 义(propriety)与心(heart/mind) *145*

个替代方式是把"悦"看作被感动或被激发,这样的读法就形成d2的翻译(iii)与d4的翻译(iii)。① 另一种替代方式是修改"悦"为"说",这样的读法就形成d2的翻译(iv)与d4的翻译(iv)。②

二、三种主要的解释

对"义内/义外"争论之本质的很多解释中,有三种是特别普遍的。第一种把"义内"解读为:称一种行为是"义"的,它不仅是正当的,而且行为主体要真心倾向于这样做。这一类解释由朱熹和倪德卫提出;③第二种把"义内"解读为:"义"是"性"的一部分,这是在此意义上说的:人类已经拥有了作为四种理想品质之一的"义",或者已经被置于义行中了。张栻、焦循、戴震和刘殿爵作了这样的解读。④ 第三种将"义内"解读为:一个人对"义"的知识来自心中的某种特性。这种观点被焦循、王阳明、黄宗羲、牟宗三、徐复观、唐君毅所建议。⑤ 这三种解释将不同的内容赋予了"义是内在"这一观念。也就是说,三者分别将此观念看作三种主张,即行为主体去做义行的动机,人类普遍具有的对义行的倾向,

---

① 我要感谢倪德卫,他在谈话中指出了这种可能性,引用《庄子》(CT 33/35,43,55,63-64)中的"闻其风而悦之"来作例证。"悦"的这种解释适应《孟子》3A:2, 3A:4以及6B:4。在《左传》中也有几个"说",大概能被修改为"悦",其意思很可能也是被感动。(例如,TC 215,269)。
② 参看刘殿爵,"Method of Analogy",p.250n2,以及"Some Notes", pp.78-79。葛瑞汉也支持这种修改("Background",p.48)。
③ 朱熹,YL 1378。倪德卫,"Two Roots and One?", p.756。
④ 张栻,6A:4;焦循,6A:4a1-2;戴震,第21条;刘殿爵,"Method of Analogy",p.252。
⑤ 焦循,6A:4d;黄宗羲,2/57b.1-5;王阳明,133段。徐复观:《中国人性论史》,p.192;《徐复观论集》,p.147。牟宗三:《圆善论》,pp.12-19。唐君毅:《原道篇》,pp.222-225,《原性篇》,pp.15-20。

作为人们对"义"的知识源头。即使这三种主张有相关度，孟子也可能支持所有这三者，但它们确实是不同的。

在我们评判这些解释之前，让我们先考察告子在6A:4a1-2中对其立场的表述。告子在6A:4a1中先提到"性"，表明他与孟子关于"义"的分歧，是与他们在6A:1-3章中对"性"的分歧相关的。对此，还有更多的证据：告子辩论"性"时，把"义"比作杯桊；以及这一事实，他们关于"义"的争论被直接放在他们关于"性"的争论之后。因此，我们有理由猜想，孟子与告子对"性"的看法，与他们对"义"的看法有某种联系。上述第二种解释就能够说明这种联系。依照这种解释，告子认为"义"是外在的，可以被解读为"义"不是"性"的部分；而孟子认为"义"是内在的，可以被解读为"义"是"性"的部分，所以性是善的。第三种解释，同样能说明这种联系。告子在6A:1a中的类比，表明他认为"性"是中立的，"义"是被强加给性的。告子这种看法能符合"义"的外在性，即"义"必须是从外面学来的主张。① 另一方面，与告子不同，在孟子看来，如果心有某种特性，从中可以得出"义"的知识，由此说"义"是内在的；那么，这些特性的呈现就保证了"性"是善的。但第一种解释无法清楚地表明这种联系。因为只有主体真心倾向于这样做事，这个行为才是"义"的，这似乎与"性"善的说法无关。

在6A:4a2中提到的仁内与义外，在另外两个文本中也出现

---

① 参看黄宗羲，2/55a.1-56a.4。

第四章 义(propriety)与心(heart/mind)

过。《管子·戒》篇有:"仁从中出,义从外作。仁,故不以天下为利,义,故不以天下为名。"(KT 2/16.2 - 3)《墨子》中有:"仁,爱也。义,利也。爱、利,此也。所爱、所利,彼也。爱、利不相为内、外,所爱、利亦不相为外内。其为仁内也,义外也,举爱与所利也。"(MT 43/88 - 90)这一事实,即"仁内义外"的观念在三个文本中被提到,且在其中两个被讨论(《墨子》《孟子》),说明了这种观念在当时可能是很普遍的,也是有争议的。而且,对这一观念该如何理解,很可能并没有达成一致。《墨子》给出了一种解释,而《管子》里出现的,又可以有另外的理解。它可以被理解为指仁之性与义之性的对比,即作为两种不同的伦理特性,"仁"需要先有对他人的正当(内在)情感关切,而"义"则要先去承担正当的(外在)行为。① 这种理解可以用来说明,为什么"仁"所回应的事情,与"义"所回应的事情不同:因为"仁"所回应的必须是从内在的情感关切而来,但"义"只要求正确的外在行为。它也能用来解释,人们如何能分辨"仁"与"义"的不同:其内在的情感关切,能告诉人们用"仁"的方式去回应;但正是通过注意于外在环境,人们才能辨别"义"的回应是什么。

主张"仁"是内在的,似乎就意味着"仁"是"性"的部分,因此"性"也就是善的。这与告子关于"性"的立场是冲突的。但是,并不清楚告子是否把"仁"当作"性"的部分。告子主张"仁"是内在

---

① 在这种解释中,"仁"作为内与"义"作为外的对比,与孟子比较"仁"与"义"很类似,这在本书第三章第二节已经讨论过。既然孟子不反对这样的对比,那么在反对仁内义外时,他大概是以不同的方式来理解这种观点。

的,是接着他把食色规定为"性"的内容(至少是部分)之后直接说的。而且,即使"仁"是"性"的部分,也不能就此说"性"是善的。要如此说,除非我们假定在6A:4d1里描述的那种爱是在善的导向下产生的,但这种假定并非显而易见。比如,墨者会认为这样的爱是一种有差等之爱,而我们应该克服它而实行兼爱,这才是善。在《经上》篇和《经说上》篇中,有讲到"仁"与"体"的定义:在《经说上》,用在自我引导下的爱来解释"仁"(MT 42/4),在《经上》,则用"体爱"来解释"仁"(MT 40/2-3);而"体"被解释为是与"兼"相对照的(MT 40/142/2),或者是一个整体中某部分被移除后剩下的一部分(MT 42/18-19;参看 MT 40/18)。根据这两个概念的定义,确实显示了"仁"被当作自我的中心,这样就与无差等冲突。① 而且,即使是儒家,也会否认告子所描述的"仁"是导向善的,因为它没有包括对他人之兄的关切。很多注释者已经观察到,可能告子描述的那种爱并没有伦理内涵,而只是某种应该被"义"所规范的东西。②

对"仁内义外"这种观念,能从多个角度来理解,可以分别对应于上述三种对"义内/义外"的解释。第一种解释所形成的理解是:仁行需要人真正倾心于此行为;义行则不同,只要求正确的外在行为。第二种解释所形成的理解是:人类已经普遍具有了"仁"的意向,但还没有普遍具有"义"的意向。第三种解释所形成的理

---

① 参考 Li Hsi、葛瑞汉, *Later Mohist Logic*, pp.270-271。
② 比如,黄宗羲,2/57a.7-b.3;徐复观:《中国人性论史》,p.188;牟宗三:《圆善论》,p.15;罗哲海,p.206;王邦雄等:《孟子义理疏解》,pp.34-35;参考王夫之:《读四书大全说》,p.668。

解是：人类并没有在义引导下的趋向，所以只能从外面来获取"义"的知识；但人类已经普遍具有在"仁"引导下的情感意向。①

以上考察了告子在6A:4a段中对自己立场的表述，我将转到6A:4b-e以及6A:5a-e的辩论。大体上我将支持第三种解释，因为它能合理解释辩论中的所有步骤，而另外两种则不能。

三、拒绝两种解释

先看第一种解释，它认为"义内"是：只有人真正倾向于如此行为的，才是"义"行。但是，无论我们以(i)还是(ii)来翻译"非有长于我"，这种解释都无法说明6A:4b1。依据这种解释，告子的观点是，去做"待人为长"这种典型的义行，并不是我内心倾向于待他为长。但是，原文很难这样来理解，要表达这样的观点，告子需要表明"非有长之之心于我"，或者"非有敬于我"。对于b2，我们可以接受翻译(i)，其意思是：在把某物看作"白"的时候，我只是简单地如此做，从而适应于某种外在(行为的)标准，并没有感到内心倾向于此。这样，就说明在做"待人为长"这一典型义行时，我也是按照某种行为标准来做而已，没有感情倾向。尽管这样的解释能够讲通b2，但b1依然会导致b2的读法存在困难。因为，根据b段的文本，如果我们用"白"来替换b1中的"长"，那么，b2中的"从其白于外"，会被认为是不同于b1的"有长(白)于我"。但是按照所提出的两种b2读法，并不能构成此种不同，无

---

① 唐君毅：《原性篇》，p.18，看起来这样来解读这一对比；参考《原道篇》，pp.158-159。

论我们以 b1 的翻译(i)还是翻译(ii)来解读"非有长于我"。

第一种解释也不能讲通 d2 和 d4。如果这两句采用翻译(i)或翻译(ii)，依照这种解释，d4 被认为是，"待长者为长"这一义行，并不要求行为者内心倾向于此，那么，就很难看到长者之"悦"或者行为者之"悦"，如何能对应于此义行。而如果采用翻译(iii)或翻译(iv)，依照这种解释，d2 和 d4 就是说：仁行是由行为者的爱所推动/解释，但义行不是由行为者的倾向所推动/解释，而是由外在环境所强迫的。这样，只有采用很不符合字义的(iii)或(iv)——因为它们涉及改文，才能讲通 d2 和 d4。不过，这并不构成这种解释的相对劣势，因为另外两种解释，也需要(iii)(iv)才能讲通 d2 和 d4。

这种解释也给理解 e2 带来了困难。依照这种解释，孟子所反对的"义外"，并不是把义行当作外在的行为，而是认为义的行为不需要内在的倾向。但这样，孟子的质问"然则耆炙亦有外与？"就让人困惑了。如果想表达他的意思，孟子应该如此质问："然则耆炙亦无内与？"最后，这种解释使我们难以理解 6A:5d 段孟季子的辩论，以及 6A:5e 段公都子的回应。我们知道，这种解释认为，"义外"是说义行不需要伴随着尊敬或者其他的内心倾向。但是，孟季子在 6A:5d 段的观察，表明了人的尊敬是如何随着环境而变化的。这就很难说明此观点怎样能与第一种解释相吻合。

再看第二种解释，它认为"义内"是说人们本身已经有义行或者做义行的意向。但是，无论我们采用(i)还是(ii)来翻译 b1，要解释它都有困难。按照这种解释，告子所讲的是："待长者为长"

第四章 义(propriety)与心(heart/mind) *151*

并不是人已经预先倾向于此。但是,"非有长于我"是否能够如此来读,却并不是很明确的。而且,基于与第一种解释相似的原因,要讲通 b1 所遇到的困难,也给解释 b2 带来了难题。

第二种解释要讲通 6A:4c1 与 c2,也会有困难。第一种解释可以采取翻译(i)或(ii),而孟子也能坚持"待长马为长"与"待长者为长"的不同。这种不同不是指第一个"长",而是指第二个"长",因为涉及行为者方面的尊敬。但在第二种解释中,很难明白 c1 和 c2 的观点。因为即使承认"待长者为长"与"待长马为长"有所不同[或者,我们采用翻译(iii)(iv),认为长者之长,不同于长马之长],孟子的反问也无法告诉我们:人类是否已经先有去做义行的倾向了?

如果采用翻译(iii)或(iv),则第二种解释能够讲通 d2 和 d4。这样,告子所说的就是:仁行是内在,是因为他们是由已经在行为者里的某些东西推动/解释;而义行则不是这样。但是,这还是难以解释 e2。因为,这种解释认为孟子是说,人类已经有义性或者做义行的意向,那么孟子的反问就应该是:"然则耆炙亦无内与?"相似的问题也存在于 6A:5b4 与 6A:5d2 中。依照这种解释,孟季子辩护"义"是外的,认为"义"并不是已经在人类之中,而是从外在融入其中的。但是,比较于 6A:6 的"仁义礼智,非有外于我",这种观点更应该表达为"果由外,非在内",而不是 b4 和 d2 中的"果在外,非由内"。最后,这种解释导致难以理解 6A:5d 段孟季子的辩论以及 6A:5e 段公都子的回应。而孟季子在 6A:5d 段中关于尊敬随环境而变化的观察,如何能与"义"是否已经

152　　　　　　　　　　　　　　　　　　孟子与早期中国思想

属于人这一问题关联起来,也是很难解释的。

四、所主张的第三种解释

现在来看第三种解释,它认为义的内在,是说一个人对"义"的知识是从心的确定特性而来的。这种解释能够讲通 6A:4-5 中辩论的所有步骤。在 6A:4b1、b2,告子比较了两种类型的行为:"待白物为白"与"待长物为长"。按照这种解释,告子是说:使我们认识到第二类行为是正确的那种东西,与使我们认识到第一类行为是正确的那种东西类似。对于白的问题,b2[采用翻译(ii)]可有两种解读:

(p1) 正是根据白色对象的"白"这一特征,我们认识到我们视其为白的正当性。

(p2) 白色对象的"白"这一特征,是独立于我们的。

b1[采用翻译(ii)]认为,我们待长者为长,也是这个原因。

(q1) 正是根据长的对象的"长"这一特征,我们认识到我们待其为长的正当性。

(q2) 长的对象的"长"这一特征,是独立于我们的。

对 b1 和 b2 都采用翻译(ii),我们就能够讲通:当"白"替换了第二句中的"长","从其白于外"就能被看作与"有长(白)于我"

第四章　义(propriety)与心(heart/mind)　　　　　　　　　　　　　　　153

不同。所以,告子认为,既然正是根据年长对象的"长"这一特征,我们认识到待之为长的正确性,且因为他的"长"是不依赖于我们的,那么,我们是根据某种不依赖于我们的东西而认识到"待年长对象为长"是正当的。而因为"待长者为长"是典型的义行,b3 就下结论说:"义"是外在的,即我们是根据某种不依赖于我们的东西来认知什么是正确的。

孟子的回应,指出了"待长者为长"的行为,与"待长马为长"的行为是不同的。后者仅仅涉及对"长"的认知,但前者还会有另外的尊敬行为。采用翻译(i)或(ii),c1 则是:

(p3) 待白马为白的方式,与待白人为白的方式是一样的。

采用翻译(i)或(ii),c2 说:

(q3)′ 待长马为长的方式,与待长者为长的方式是不一样的。

但是,如果我们像告子那样认为,待某物为长只是因为它的"长",而且考虑到相同性质的"长"同时存在于长马与长者中,那么,同样地对待两者的行为应该是正当的。这样,(q3)′的判断,就意味着(q1)在对马以及对人两方面都是失败的。因此,既然"待长者为长"这种行为,只是部分(就它同样含有对"长"的认知这一部分来说)地类似于"待长马为长"这种行为,那么,在对人的这一方面,我们就应该拒斥(q1),尽管我们可以接受(q2)。也就是说,尽管我们可以接受人之"长"是外在于我的(非有长于我),但我们必须否认:我们要依赖于这个"长",才认识到"待长者为长"的正当性(即否认"从其长于外")。总之,像孟子在c3中讲的一样[采取翻译(ii)],"义"所关联的,并不是独立于我们的长者之"长"[根据(q2)],而是我们待人为长的这种"对待";而这种对待,并不是[不同于(q1)]通过认识独立于我们的事实就能够判断为正确的东西,那么,在这种考虑下,告子就无法说明"义外"。

但退一步讲,即使(q1)在对人方面是不正确的,告子依然可以说:

(r1) 正是根据长者的"年长性(old-person-ness)"(即:使其成为长者的那种性质),我们认识到我们待其为长的正当性。

(r2) 人的"年长性"是独立于我们的。

孟子对(q1)的反驳,不再适用于反驳(r1),因为"年长性"只存在于长者,在马中是没有的。为了建构一个对(r1)类似的反驳,孟子将需要:

(r3)′ 待长者为长的方式,与待另一位长者为长的方式是不一样的。

第四章 义(propriety)与心(heart/mind) *155*

但是在 d3,告子否认了(r3)′,而认为:

> (r3)待长者为长的方式,与待另一位长者为长的方式是一样的。

这样,(r3)就为(r1)提供了支持,因为(r1)能够解释(r3)为什么是正确的。也就是说,如果正是根据长者的"年长性",我们认识到我们待其为长的正当性;那么,既然一位长者的"年长性"与另一位的"年长性"是相似的,那么(r3)就顺理成章了。告子把"年长性"的情形与"兄弟之情"的情形作比较,强化了他对(r1)的论证。d1 段说,在对"兄弟之情"上,我们的爱只限于对待自己的弟弟;d3 段则说,在对"年长性"时,如果没有把同样的敬扩展到所有长者,我们就会觉得不正确。由此,除非承认(r1)是正确的,不然似乎没有别的可能解释。进一步,如果(r1)(r2)都正确的话,那么,正是根据某种独立于我们的东西,我们认识到"待长者以长"这一行为的正当性。而采用 d2 与 d4 的翻译(iii)或(iv),刚才考虑的这种解释,就能够使 d2 与 d4 有意义。这种解释认为,d2、d4 强调的是要认识到"待长者以长"的正当性,推动我们的或者说明此认识的,只能是长者之"长",它是外在于我们的。这与我们对弟弟的爱不同,因为解释它的或者使我们如此做的,是源于我们的内在。

在 e1、e2 中,孟子的回应认为,要解释告子在 d1、d3 中的观察并非必需(r1)。不管这炙肉是属于我们的还是别人的,我们都会喜好它;但是我们这样的喜好,并不是因为我们根据外在于我们的炙肉自身的属性,而认为可以正当地喜好炙肉。所以,孟子说在嗜炙上并没有外在性,就表达了上述观念,而它会使得另外两种解释面临困难。实际上,告子也可能同意,嗜炙可以由我们普遍具有的口味来解释,无须考虑炙肉是属于我们的还是别人的。类似地,在"待长者以长"时,我们认识到没有把同样的敬扩展到所有长者是不正确的,是因为我们已经普遍倾向于"待长者以长",不管他们是自己家族的还是其他家族的。因此,我们确实不需要(r1)来解释告子在 d1、d3 中的观察。

下面让我们转到 6A:5。依现在这种对义的内在的解释,一个人认识到某些行为是正确的,是依据心的某种特性而来的。对此内心特性,孟子给出的一个典型例子就是"敬长"(7A:15)。所以,6A:5a2 段就可以这样解释:"义内"是由此说明的,即人们之所以认识到对长者的尊敬行为是"义",是因为这是出于自己的尊敬而倾向于去做的事情。这种主张可以被下面两种观察中任一种所反驳:

(i) 不是所有的对长者尊敬的行为,都是从"敬"而来的。

(ii) 即使它们是,敬长也不是人们已经普遍具有的某种东西,而是人们根据独立于他们的外在环境,从而认为是正当的某种东西。

孟季子在 b 段就是运用了第一个论证,在 d 段则运用了第二个论证。

在 b 段,孟季子试图说服公都子:有些情况下,人们尊敬他的哥哥更多;但在酌酒时,为表示对别的长者更尊敬,即给他先酌酒才是正确的行为。而如果这是正确的,先酌长者的行为就不能从我们内在的"敬"而获得正当性。基于此,孟季子得出结论:因为"义"并不是从心的特性而得来的某种东西,所以"义"是依赖于外在的。从而,他在 b4 中说,"义"是"在外,非由内"。这种观察对第二种关于"义内"的解释,即 6A:5a2 提出了挑战。

为了反对孟季子的论证,辩护"义内",人们必须表明,在先酌长者时,对此长者确实有更多的尊敬。这是孟子试图在 c 段所做的工作。正常的话,一个人更尊敬他的叔叔而不是弟弟。但在某些礼仪过程,比如,弟弟在做祖先之尸的情况下,他应该更多地尊敬弟弟,因为实际他是在尊敬弟弟所拟化的祖先。类似地,正常情形下,人们更多地尊敬自己的兄长,而不是乡人的长者。但在某些礼仪过程,比如他在集会中负责酌酒,他就要更多地尊敬乡人的长者。所以,不同于孟季子的观点,孟子认为先酌乡人的正当性,可以很好地从人们内在的"更尊敬"而引申出来。

在回应中,孟子利用了一个事实,即人们更尊敬的对象是随着环境而变化的。而环境本身不依赖于我们的尊敬,这就让孟季子有可能转向第二个论证。在 d 段,他认为既然我们更尊敬的对象是随着不依赖于我们的环境而变化的,那么,决定我们更尊敬谁,是由外在环境本身所决定的。这样,正是从这些外在环境,我们得到了更尊敬某些人的正当性。所以,正当性看起来确实取决于外部。

公都子在 e 段的回应方法是给出了一个例子,说明虽然我们的偏好对象是随着环境而变化的,但我们不是根据环境而认为这种变化是正确的。在他看来,我们喜欢在冬日喝热水、在夏日喝冷水,尽管能表明我们的偏好是随着环境变化的,但这是口味的问题,而不是一种根据外在环境就认为正确的偏好。对此,注释者已经指出了这一类比并不适用。①不像孟子在6A:4里的嗜炙喻,公都子的例子可以被看作:所涉及的偏好确实就是对外在环境的回应。不过,公都子拿这个例子来证明,即使我们更尊敬的对象可能随着环境而变化,但这并不意味着我们的"更尊敬",是根据这些外在环境才被当作正当地具有的。相反,这些变化可能是构成我们自身的那种方式所形成的结果,因此,孟季子的论证并不能说明正当性是取决于外部的。

根据以上的讨论可见,第三种解释能够让我们讲通6A:4-5的所有步骤。而且,它还展现了6A:4的论证与6A:5的论证,是如何以一种有趣的方式关联起来的。在6A:4,告子辩护"义外",是通过指出:在相似的外部环境下就要有相似的正当行为,比如,如果两个人同样年长,那么就正当地要求我们同样地尊敬对待。在6A:5,孟季子辩护"义外",是通过指出:随着外在环境的变化就要求正当行为的变化,比如,尽管正常来说,我应更尊敬叔叔,但在祭祀时,弟弟所处的位置使我正当地更尊敬弟弟。这两个论证互为补充,显示了解释正当性的东西取决于外在环境,而这是不依赖于我们的。这样,就显示了我们是根据外在环境而认

---

① 参看,比如被焦循引用的毛奇龄;牟宗三:《圆善论》,p.19;杨祖汉:《儒家的心学传统》,p.19。

第四章 义(propriety)与心(heart/mind) *159*

识到什么是正确的。

在回应中,孟子和公都子所举出的例子,也同样具有在主体行为与外在环境之间的那种联系。但是,根据这些例子,却很难声称:我们是根据外在环境而认识到行为是正当的。两人都用口味的例子来说明其观点,有人已经注意到,既然告子自己在6A:4a1段同意食是"性"的一部分,口味的例子就特别合适,因为告子不得不同意这种口味本就是"性"的一部分,也就不能仅仅是对外在环境的回应。[①] 但对这些例子的选取理由,还是没有一个完全满意的解释。在与孟季子的辩论中,公都子用口味作为例子,但孟季子根本没有提到任何关于"性"的观点。而且,即使告子同意食是"性"的部分,并不意味着他会同意:对食物或者特定类型饮料的偏好,也是"性"的部分。

对这些例子中的选取理由,另一种可选的解释是:它们帮助说明了孟子自己的立场。在6A:7,孟子自己用口味的例子来表明他的观点。他认为,正是根据我们所具有的口味,我们能告诉某种类型的食物和饮料是可口的;相似地,正是根据心的禀赋,我们才能知道某种形式的行为是正当的。此外,这些例子还帮助解释了这样的观点:对"义"的看法可以与一些观察相兼容,即类似的外在环境所要求的回应也是类似的(6A:4e段),以及变化的外在环境所要求的反应也是变化的(6A:5e段)。也就是说,即使上述观察到的关联性是正确的,也没有影响到这一判断:正是根据

---

① 这种看法由朱熹《四书集注·告子上》第四章里引用的林氏所提出;也参看刘殿爵,*Method of Analogy*,p.19。

我们自己的口味,我们认为某种类型的食物或饮料是可口的。与之类似,义是内在的观点,也可以与这些关联性观察相兼容,因为这些观察也可以被如此解释:从心的相关禀赋所引发出的种种回应,本身就是敏感于外在环境的。①

五、进一步的评论

为了辩护第三种解释,我的策略是表明它能够讲通 6A:4-5 中辩论的所有步骤,而别的解释则不能。但是,我明显不可能考虑到所有的解释,所以我选择集中于三种常见的。而据我所知,在现有文献中,没有其他的解释能够同样讲通辩论的所有步骤,比如,可以考察朱熹提供的其他两种类型的解释。他有时候认为:把义当作外(内)是因为缺乏(具有)对义的关切(MTCC 2A:2, YL 1264)。作为一种对孟子如何理解此辩论的解释,这不大可能是正确的,因为很难看到它如何能讲通在 6A:4-5 的讨论。② 实际上,朱熹认为告子缺乏对义的关切,并没有基于 6A:4-5 的文本,而是基于对 2A:2 中告子格言有争议的解释而得来的,对于后者我会在本书第四章第四节详细考察。

另外,朱熹在别的地方还提出了一种不同的解释:

> 若只以义为宜,则义有在外意。须如程子言"处物为义",则是处物者在心,而非外也。……盖物之宜虽在外,而

---

① 这种观点是唐君毅注意到的,参看《原道篇》,pp.224-225。
② 黄宗羲,2/57b.1-58b.6,看起来反对朱熹的解释。

第四章 义(propriety)与心(heart/mind) *161*

所以处之使得其宜者,则在内也。(YL 1219)

这里,朱熹引用了对"义"的传统解释:宜。他认为主张义是内在的,是说"义"并不是指外在的可以称为"宜"的事物或者义行的对象(参看 MTCC 6A:5a2),而是正确的行为,后者是内在的,也就是说是来源于心的。相似的解释也被赵岐(CC 6A:4)以及其他注解者提出。①

这种解释,确实有一些文本的支持。朱熹(YL 1378)把 6A:4c3 段看作解释"义内"的关键句子,在此段[采用翻译(ii)],孟子看起来坚持认为,"义"指的是"待长者以长"这一正确行为,而不是外在的东西,比如"长"这一属性。而且,公都子在 6A:5a2 解释"义内"时,所用的语词是"行吾敬"。朱熹认为这句话是说:义是内在的,就是说义指的是行吾心中的"敬",而不是在所敬对象中的"敬"。

但是,尽管这能够讲通 6A:4-5 的部分内容,但要解释孟子在相关辩论中所持有的观点,就面临三个问题:第一,孟子有时候好像用"义"来指行为或关系的可取属性,而不是义行,比如,当他说"义"是言与行的标准时(M 4B:11),或者是在治人者与治于人者之关系中的一种性质时(M 3A:4),于是孟子就不太可能否认"义"指的是外在事物的正当性。第二,依照这种解释,"义内/义外"主要考虑的是"义"这个词用法的不同。但是孟子在 2A:2 说到,告子认为义是外在的,会对伦理发展造成严重后果。但是,

---

① 比如,王礼卿。

如果只是支持一个语词用法不同的主张，很难有如此严重的后果。最后，要想讲通 6A:4－5 中辩论的所有步骤，这种解释也面临一些问题，比如，当告子在 6A:4b 段、孟季子在 6A:5b 段辩护"义外"时，两人都援用一些对"对待长者以长"这一范例性义行的观察。但如果说他们所辩护的是"义是指事的，而不是行的"这种主张，就很难讲通上述两段话。

  总体来说，除了上述的第三种解释，我没有看到别的解释能够讲通辩论中的所有步骤。这样我就支持第三种解释，并且相信孟子持这样的观点：对义的认知，是从心的某种特性而来的。依照这种解释，孟子认为在 6A:4 他与告子的不同在于：认为我们对义的认知，是从不依赖于我们的外在环境而来的，而是从吾心的禀赋而来的。既然孟子认为，仿佛告子也知道待长者以长是正当的，不仅仅是从对"长"这一属性的认知来说的；那么孟子可能认为告子对义行有关切，比如在敬长者的例子中。像我们在本书第四章第二节中看到的，在 6A:1 他对告子的回应也显示，他相信告子对仁义有关切。

  一个有趣的问题是，朱熹对告子观点的另一种解释，即"义外"表明了对"义"缺乏关注，是否有可能在某种意义上是正确的。如果我们悬搁争论中孟子的说法，而集中于告子自己对其立场的表述，就可以讨论此问题。就我所知，告子自己的看法中会对朱熹解释造成困难的仅有两处，在 b1 段，告子提到把年长的人当作年长者对待；在 d3 段，同等对待楚人的长者与自家的长者。既然对长者的尊敬对待是范例性义行，而且告子好像也支持这种行

111

为,那么文中的这两部分就表现了对"义"的关切。

为了避免上述困难,有人可能基于告子把"待长者以长"比作"待白者以白",从而认为告子只是在认识"长"这个意义上去说"待长者以长",并没有涉及尊敬的行为,而孟子把尊敬看作"义"反应中的一部分。① 尽管这是有意思的解释,但我还是不倾向于接受。因为在早期文献中,我没有看到这样的例子:即将仅仅知道对象的某种性质,来当作义行的特征。而且,当孟季子辩护"义外"时,他提到为某些人先酌酒作为待这些人为长的例子:表明待人以长,不仅仅知道"长"。虽然我们不知道孟季子和告子是什么关系,也确实有可能,他们对什么是待某人以长有不同的构想;但是,考虑到告子在 6A:4 的辩论,与孟季子在 6A:5 的辩论相互补充,似乎两人至少对义行的理解是相同的。这样,即使我们悬搁孟子的回应,也有理由认为告子确实有可能对"义"有关切。当我们在本书第四章第四节中考察告子的学派归属时,这一观察将起到作用。现在,我转向 2A:2,考察在此处孟子对告子立场的评论。

第四节　孟子对告子格言的反驳

一、告子的格言

在 2A:2,孟子回答公孙丑,说他四十不动心。然后,孟子又说,告子在他之前或者比他年轻的时候达到了不动心。当被问到他的不

---

① 参看,比如陈大齐:《浅见集》,pp.286-290。

动心与告子的不动心有什么不同时，孟子引用了如下的告子格言：

不得于言（not de in yan），勿求于心（don't seek in heart/mink）；

不得于心（not de in heart/mind），勿求于气（don't seek in vital energies）。

孟子同意了后半部分，而不同意前半部分。他继续讨论了"志"（心的方向）与"气"的关系，以及修身的方法。在这个过程，他声称他"知言"，并批评告子"未尝知义"，因为告子认为义是外在的。

注释者对告子格言有不同的解释。对这句话解释的关键是"言""得"这两个字，我在上面引用时没有翻译它们，而采用汉语拼音。大部分注释者认为"言"是指文字或者言语，但对"得"有不同的解释，分别看作"得到""做好"或者"理解"。既然这一节中只有孟子对这一格言的评论，而没有告子自己的，我就先专注于解读孟子对这句话的解释。下文我将解释为什么拒绝了在文献中发现的几种解释，而支持这样的解释：按照孟子的想法，他与告子的分歧，是与他们对义与心关系的不同观点有关的。更具体来说，孟子支持这种立场：人对义的认知源于心的确定特征，而告子反对这一立场。

二、反驳三种解释

赵岐解释"得"为"得到"，而"不得于言""不得于心"意思是一

第四章　义（propriety）与心（heart/mind）　　　　　　　　　　　　165

个人没能从他人的"言"与"心"中,得到对自己的好回应。而且,他认为"气"是"辞气"的省略,意思是一个人说话时的表情和语调。在他的解释下,告子的格言是:

> 人有不善之言加于己,不复取其心有善也,直怒之矣。……告子知人之有恶心,虽以善辞气来加己,亦直怒之矣。

孙奭基本上依从赵岐的解释,另外加上:如果他人有不善之言(或者心),那么他们就会有不善之心(或者表情与语调),复求他们善心(或者善良的表情与语调)也是没有意义的。① 焦循也依从赵岐的解释,但是认为"得"应该是"得中",就像"不得于君"(对君这方面没有做好)。这样,"不得于言""不得于心"是指在他人之言、他人之心方面,一个人没有做好;也就是说,没有从他人的言和心那里,得到好的评价。依照这类解释,孟子与告子对此格言前半部分的不同看法,就在于考虑:如果他人对我说不善之言时,在他心中是否可能对我存有善意。

朱熹(MTCC、YL 1235)提供了一种不同的解释:如果我的言是错的,我不去管它或者不在我心中寻找正确的东西;而如果我的心有所不安,我也不会求助于气(朱熹的原话是"于言有所不达,则舍置其言,而不必反求其理于心;于心有所不安,则当力制其心,而不必更求其助于气。")。可能地,朱熹解释"得"为"做好",

---

① 苏辙的解释虽然没有足够细节,但可能与孙奭相近。

这样，"不得于言""不得于心"意思是我没有做好我之言（它们是错的）、我之心（它是不安的）。不像赵岐，朱熹把"言""心"当作我之言与我之心，而不是他人之言与他人之心。张栻有相似的解释。按照这类解释，孟子与告子的不同，就在于考虑：是否一个人应该关心他的言语的正确性。在朱熹看来（MTCC 6A：4），告子在 6A：1－4 中与孟子的辩论过程中，不断变换立场。这显示了告子关心的只是赢得辩论，而不是所说言论的正确性。

还有一种不同的解释，出现在刘殿爵对此格言的翻译。刘先生解释"得"为"理解"，翻译此格言为：如果你没有理解言语，在你心中也不必担忧它；如果在你心中你没有理解，也不需要在你的气上寻求满足（原文为：未解言语，莫忧于心；若忧于心，莫解于气）。在服部宇之吉和内野熊一郎那里，也可看到相似的解释。这样，孟子与告子的不同，就在于考虑：一个人是否应该担忧他没能理解的东西。所以，刘殿爵与朱熹的解释，都把告子看作对理解言语不关心，或不关心自己言论的正确性。王夫之、徐复观、劳思光等人提供了类似的解释。[①]

看起来，上述三种解释认为，告子格言的前半部分表达了一个很冷漠的立场，认为言论的不善就意味着心的不善，或者反映了对待理解或言论缺乏严肃性。如果是这样，这些解释将不可能是正确的，因为有理由认为告子格言有更复杂的含义。考虑到告子在 6A：1－4 对自己的辩护，而且孟子跟他进行了繁复的辩论，

---

① 王夫之，pp.529－531；徐复观：《中国思想史论集》，pp.143,147－148；劳思光，pp.105－106。

都说明了告子是一个严肃的思想者。而对于此格言,孟子既然感觉不需要加以说明,就意味着这可能是告子的一个广为人知的主张。① 而且,孟子在解释他与告子在不动心上的差别时,先引用了告子这种主张,接着就继续讨论修身。这显示他们对格言前半部分的不同判断,与他们对修身的目标与方法的不同看法相关,而不仅仅是语词用法不同。② 不过,并不能明确地表明,这三种解释在分析告子格言时没有意义。举例来说,认为此格言前半部分反映了缺乏对理解中或者言论中的正确性的关注,对此,可以认为这种不关心是从一种严肃的根源性思考而来,比如,与道家倾向有关联。实际上,王夫之、徐复观都明确把告子对"言"的态度与道家立场相比较。

但是,我认为还是有两个方面需要考虑,来反对把这三种解释当作孟子对此格言的真实看法。第一,在孟子接下来对他与告子不同的详细阐述中,提到告子的观点是"义外",并声称这解释了为什么告子不知"义"。这显示了,告子格言的前半部分与他的"义外"观点是有联系的。对上述三种解释的一个反对就是:很难看到他们如何能说明此种联系。朱熹看到了有必要解释这两者的关系,而且他对"义外"的解释,正是在基于他对告子格言的理解而得出的。所以,朱熹把格言前半部分解释为一个人缺乏对自己言语正确性的关切,接着还将"义外"解释为对"义"的不关心(MTCC 2A:2,6A:4;YL 1264)。但是,正如在本书第四章第三

---

① 参看倪德卫,"Philosophical Voluntarism",pp.7 - 8。
② 倪德卫,"Philosophical Voluntarism",pp.9 - 10。

节中讨论的那样,以此来解释孟子对"义内/义外"的看法似乎是不可行的,因为它不能讲通 6A:4-5 中辩论的所有步骤。

第二,这些解释难以将此格言后半部分,与孟子接下来对"志"与"气"关系的讨论关联起来。这个讨论被安排在紧接着他对告子格言的评论之后,显示它说明了孟子的立场。而且,既然"志"是某种与心有关系的东西,孟子的讨论大概就是想要解释告子主张的第二部分,此部分考察了"心"与"气"的关系。依照上述的三种解释,此格言的后半部分被认为是说,我们应该愤怒于他人的不善之心,即使他们用好的表情与语调来表达。那么,我们就不要试图在"气"的帮助下缓解我们的不满之心;或者,如果我们的心没能理解,也不应该在"气"上寻求满足。但要是按照这样的解释,就很难看到对"志""气"的讨论如何能够解释格言的后半部分。

三、所支持的一种替代解释

上述三种解释都认为"言"是指文字或者言语。但是,像我们在本书第二章第二节中看到的那样,在《论语》《墨子》中,"言"有时候被用来指理论或学说。在《孟子》中,它也被用来指杨朱、墨子(3B:9)与告子(6A:1)的学说。而且,倪德卫和唐君毅已经各自观察到,可能 2A:2 中的"言"也是在这个意义上来用的。[①] 当

[①] 倪德卫,"On Translating *Mencius*",p.106;同前作者,"Philosophical Voluntarism",pp.13-15;唐君毅:《原道篇》,pp.249-252;同时参看王安国,pp.430-440;岑溢成:《孟子"知言"初探》;李明辉:《〈孟子〉知言养气章的义理结构》。在传统注释者,类似于此章对"言"的解释,在黄宗羲那里可以看到,1/14b.8。另外,对什么是"知言"的一种有趣的、但不同的入路,参看杨儒宾:《知言、践形与圣人》。

被问到怎样超越告子时,孟子说他"知言"。在下文中,孟子对此作了解释,说自己能够分辨"诐辞淫辞邪辞遁辞"的错误,而且描述了它们对政治的严重后果。在3B:9有相似的观点,在那里孟子讨论了杨朱之言与墨子之言。这显示在这些语境中,"言"与"辞"可能是指伦理学说,而"知言"就是能够区分正确的与不正确的伦理学说。"知言"之所以重要,有两个原因:第一,错误的言论会导致灾难性的后果,告子之言被说成"带灾祸于仁义"或"引导人们把仁义当成灾祸"(6A:1),而杨朱之言与墨子之言,被说成充塞仁义之道(3B:9)。"知言"就是能够让人辨别"言"中的错误,从而有助于反对错误的言论;第二,一个人的"言"反映了他的心。比如说,《左传》注意到,在政治环境中,人们心的方向决定了他/她的"言"的方向(TC 624/18)。因此,通过知道一个人之"言",就能去认识这个人(参考 LY 20.3)。

考虑到在本书第二章第二节已经注意到的"言"与"义"之间的联系,在2A:2的语境中,"言"很可能也与伦理中的"义"有关,而"义"是关于伦理学说的。还有一个事实可以提供对上述观察的支持,即孟子说他优于告子是在"知言"方面,紧接着孟子就批评了告子不知义。这样,在2A:2的语境中,孟子用"言"来指关于义的学说,那么,至少从孟子的观点来看,告子格言中的"言"可能也是指关于义的学说。

至于"得",在《孟子》中的几个段落,它都与"求"结合来使用。而上述三种解释提到的关于"得"的三种意思,在这些段落中都能找到。第一,在6A:6和7A:3中的"求则得之","得"是"得到"的意思。在别的段落也是这样来使用,意思都是得到一个人所寻求的(2B:4,3B:6,5B:7,7B:30)。① 第二,"得"有"得中"的意思,比如在5A:1中的"不得于君"(参看4A:28,7B:14)。至于"求",则在"要求于"的意义上是"寻求"的意思,就像在7B:32中所用的那样,关联到一个人对他人的要求。在4A:4中,这两个字一起使用是这个意思:当一个人在自己行为上没有做好时,应该转回来而求之于自身。② 第三,当在1A:7中用到时,"得"有"理解"的意思,即说到用羊替换牛时,宣王说:"夫我乃行之,反而求之,不得吾心。""得"的这三种意思是关联的,因为后两者同样是一种得到,即得到想要的回应或者得到对事物的正确理解。

尽管我更倾向于第一种对"得"和"求"的解释,因为在《孟子》中,更多地依此来使用这两个字,但似乎并没有足够的文本证据来评判这三种解释。不过,一旦我们接受了"言"是与"义"的学说相关,那么这三种解释之间,可能并没有太大的不同。在这些解释中,格言的前半部分是说:如果一个人没有从学说中得到"义",或者不理解或没有很好理解与"义"有关的学说,他就不应该在心中寻求义或者在心中要求"义"。所以,依照这三种解释,告子的观点都是:如果一个人没有从学说中找到义,那么,也不能从心中获得义。③

---

① 倪德卫,"Philosophical Voluntarism",pp.10-13,以这种方式解释告子格言中的"得""求"。
② 李明辉:《〈孟子〉知言养气章的义理结构》,以这种方式解释告子格言中的"得""求"。我感激李明辉让我注意到这样的解释是可能的。
③ 李明辉(同上,p.8)提出有趣的观察,说"不……,无……"的结构也可有这样的含义:某物已经出现后,人继续做其他的事情。如果这是正确的,格言的前半部分就有此含义:从教导中学到义,人会继续在心中寻求或者有求于心。这可能是从"把义植根于心的意义"来说的。这将反过来显示,告子确实对义有关切。

第四章 义(propriety)与心(heart/mind)

既然孟子反对格言的前半部分,由此可知,他认为"义"是源于心的某种东西。

至于格言的后半部分,因为告子在 6A:4 说的仁内义外,可能暗示格言的前半部分考察了"义",而后半部分考察的就是"仁"。①依这种讲法,此格言的前后两部分共同表达了这样的观点:"仁"是内在于心的,而"义"是外在于心的。但是,孟子在解释格言后半部分之后,继续讨论"义",这表明了后半部分可能也是关于"义"的。认为格言前后两部分讲的是同一问题,可以从《庄子》中的一段话得到支持,我将在下一节考察这段话。这句话认为,既不要用耳朵、也不要用心去听,而要用气去听(CT 4/26 - 28)。在这一引文中,讲到耳朵、心、气时的连续性,说明了讨论的主题是同一件事;那么,告子格言中概念的平行轮转,也能说明格言前后两部分中所讲的是同一件事。因此,格言的后半部分可能是说:如果一个人没有从心中获得"义",那么也不应该从气中或者求之于气来寻找"义"。② 不过,我讨论的主要目的是孟子的观点,他认为义是从心中而来的某种东西;这种观点只需根据上述的对"孟子如何反驳格言前半部分"的解释即可说明,并不依赖于对后半部分的解释。

与"本书对孟子如何理解告子格言的解释"相类似的解释,已

---

① 这是被倪德卫,"Philosophical Voluntarism",pp.10 - 12 和伊若泊,p.260n56 所考虑的一种可能性。倪德卫倾向于把格言后半部分看作关于"义"的,其依据是:孟子在解释格言后半部分时,接着讨论了义。
② 如果李明辉对"不……,无……"结构的观察是正确的,有一种附带的意涵,即从心中获得义之后,人会继续在气中寻求。这可能是说依据心的导向而形成了气,这时候气就与义相合,从而可以从气中寻求义。

经被黄宗羲(1/14b.7 – 15b.1；参看 2/55a.1 – 5)、倪德卫、唐君毅提出过。一位不知名的学者也向朱熹建议过(MTHW 3/2a.9 – 3a.10)，但朱熹未予理会。① 本书提供的这种解释有四个好处。

第一，它显示告子格言表达了实质性的关于伦理生活的立场：在前半部分考虑如何知道"义"，在后半部分考虑如何形成与"义"一致的动力。这样，能够公正地作出此观察：告子是一位严肃的思想家，而且解释了为什么孟子认为他与告子在此处的分歧，会导致他们对修身的方法有不同看法。

第二，这种解释还能够符合于孟子所理解的他与告子在"义内/义外"上的不同。在孟子看来，告子"义外"的观点，就是反对"义"能够从心中而来，这样就表明了，在格言前半部分告子为什么反对从心中求"义"。而孟子反驳格言的前半部分，显示他相信"义"能够从心中得来，即他通过"义内"而表达的一种立场。

第三，这种解释说明了：格言后半部分如何可以关联到孟子接下来的讨论，即对心的方向与气之间的关系的讨论。依照这种解释，告子相信，如果一个人从伦理学说中知道了义，他/她对义的认知就帮助他/她设定了心的方向。进一步讲，这些方向能引导"气"，从而成就符合伦理方向的"气"。我们已经看到，这也正是孟子讨论心的方向与气之间的关系时的方式。不过，孟子认为如果心不知"义"，那么，在"气"中寻求"义"是无意义的。因为"气"

---

① 倪德卫，"Philosophical Voluntarism"和唐君毅：《原道篇》，pp.249 – 252。对于这种解释，最早是唐先生的著作启发我的，但我更多依赖倪德卫的文章来作出对这种解释的辩论。

本身没有伦理方向,他们只是动机强度的源头,而需要心之引导。

最后,这种解释使我们能够理解孟子为什么说尽管告子达到了不动心,但他并不知义。告子的做法是先从伦理学说中获得"义",再强加于心,并让它引导"气"。也就是说,通过严格坚持确定的学说,并相应地形成动力,告子做到了不动心——这种不动是指他严格遵守他所认可的学说。① 孟子说自己的长处(大概是与告子比较)是能知言、善于养气时,暗示了告子不知义(这是"言"所相关的)、不善于养气。告子不知义,是因为他把"义"当作外在的,从而也不知其来源。而他不善于养气,是因为他强加一个从外而来的、错误的"义"观念来帮助养气。孟子认为如果"气"没有与道、义结合,"气"将馁矣,这意味着孟子可能认为告子的不动心,不能持续下去,因为这并没有植根于正确的"义"观念上。

到此为止,基于孟子的评论,我已经考察了孟子如何理解告子格言。我也辩护了本书提供的解释,因为与其他解释相比较,它能够更好地说明孟子关于此格言的讲法。但是,如果我们悬搁孟子的评论,而关注于该格言本身,就无法在不同的解释之间作出判断。所以,我反对其他解释,是反对把它们作为孟子对告子格言的解释。不过,依然有这样的可能:某个其他的解释,能够很好地表述告子自己对此格言的理解。

上面已经讨论了《孟子》中涉及告子的段落,现在我将转到告子学派归属的问题上来。但首先,我试图通过考察《管子·戒》

---

① 参看唐君毅:《原道篇》,p.250。

篇、《管子·内业》篇(还有《心术下》篇),以及《庄子》的某些部分,在公元前4世纪到公元前3世纪早期的知识场域中来理解告子思想的定位。

四、告子及其学派归属

我接受葛瑞汉和李又安的说法,认为《管子·戒》篇的时间可能在公元前4世纪或者公元前3世纪早期。① 这一篇大致是儒家的论调,其基本主旨是,正确的治理有赖于能任命好品性、有能力的官员。此种观点同时在此篇与论语(12.22)中表达出来,也就是"知人"这一概念。而对适当官员的任命,使得国君不需要直接参入治理;这在《管子·戒》篇中以"不动"、在《论语》(15.5)中以"无为"而表达出来。而且,《管子·戒》篇还有这样的观点:要想让"善"能够引生百姓的信服,只有以"善"滋养百姓而不是压制百姓,才可以实现。相似的观点,在孟子(4B:16)中也可以找到。②而且,篇中的"仁",是以儒家的孝、弟、忠、信等观念来解释的。

除了这些儒家观点外,这一篇还用滋味动静、六情(这与六气有关)来描述"生";从而表明了可能有生物意义上的"生"的概念。葛瑞汉已经观察到,《管子·戒》篇中说的"生",实际上也就是"性";这一篇之所以用"生"而不是"性",是因为这里所说的"性"是以生物学方式理解的,所以可以用"生"来替代。③ 这一观察,

---

① 葛瑞汉,"Background", pp.22-26;李又安,*Guanzi*, pp.376-377。
② 因为"善"在上下文中(KT 2/18.11)与"恶"对立,所以我把"善"翻译为"goodness"而不是"skill",与李又安,*Guanzi* 中的翻译不同, p.383。
③ 葛瑞汉,"Background", pp.25-26。

可以从此篇对"生"的描述与告子对"性"的描述的照应得到支撑。也就是说,《管子·戒》篇把"生"描述为有源但无方向,很类似于告子将"性"比作湍水,即有能量但没有方向。

在两者之间,还存在其他相似性。比如,《管子·戒》篇提倡心不动的状态(KT 2/16.8-9),而告子据说达到了不动心(*Mencius*, 2A:2)。而且《管子·戒》篇说"仁从中出,义从外作"(KT 2/16.2),看起来也类似于告子"仁内义外"的观点(6A:4)。很可能,到了公元前4世纪或者公元前3世纪早期,有一种思潮认为,"性""生"有其源头,但没有方向,"义"则是被施加于其上的。这种"性/生"的概念,很像杨朱以生物倾向或者生命力量来解释"性/生"的观念,但与杨朱不同的是,它宣扬要将义施加于"性/生"中。

下面,让我们考察《管子·内业》篇。《管子·心术下》篇可以作为补充,因为它在内容上与《管子·内业》篇有些相似。我再一次接受葛瑞汉和李又安的看法,把《管子·内业》篇的时间定位于公元前4世纪或者公元前3世纪早期。[①] 这一篇讨论了情感扰乱心的各种方式,并宣扬要静心去保养"气"、给予"气"以秩序(KT 2/99.8-14.2/100.6),同时也不要让事情干扰情感以及相应的心(KT 2/101.7-8)。这些都是通过儒家的诗、乐、礼、敬等实践而达到的,其目的则在于天之"仁"与地之"义"(KT 2/101.6)。相似的观点也出现在《管子·心术下》篇,比如不要让事情干扰情感以及相应的心(KT 2/66.9),用儒家实践来静心(KT 2/68.5-6)。

---

① 葛瑞汉,*Disputers*, p.100;李又安,*Guanzi*, p.155。

基于这两篇的一致性,我认为它们表达了相似的思想倾向。①《管子·心术下》篇中有这样的观点:"气"充斥身体,而除非这种充斥是好的,否则心将不能"得"[得到、做好、理解(KT 2/66.10‐11),原文为"气者心之充也,充不美则心不得"]。由此可见,此思潮的某部分,认为心之得依赖于"气"的条件。而且,这种潮流反对"言",认为"道"与声音不同,是某种不能言、不能视、不能听的东西(KT 2/100.8‐9)。这反映了一种与告子、孟子都不同的立场:它反对"言"(与孟子类似,但出于不同的原因);并主张如果一个人没有得之于心,他应该求之于"气"(与告子、孟子都不同)。

最后,让我们转到《庄子》。《庄子》也不强调"言",这从文中所说的"不言之教(CT 5/2)",以及"知者不言,言者不知(CT 22/7)"可以看到。而"言者所以在意,得意而忘言(CT 26/48‐49)",也表达了此意思。很理想地,一个人不应该被文字之教引导,而且,心应该保持虚待,即不去主动导向,这样它能够自然地回应环境。《庄子》中将心比作镜子(CT 7/31‐33),或者止水(CT 5/9‐10),以及射术的隐喻,就表达了这样的观点。我们在本书第三章第三节中看到,在早期文献中,射箭时的瞄准,有时候被当作"志"(心之所向)的一个类比。而在《庄子》中,很多段落表达了理想之人应该不被"志"的引导所拘束的观点,比如说"不射之射(CT 21/57‐59)",或者"射者非前期而中谓之善射(CT 24/39)"。

《人间世》篇中有段话,对我们的讨论目的很重要。这段话中,

---

① 参看李又安,*Guanzi*,p.155.

孔子与颜回讨论了心斋的观念，并随之给出了此观念的详细说明："若一志，无听之以耳而听之以心；无听之以心而听之以气……气也者，虚而待物者也。（CT 4/26‐28）"这段话反对人们去引导"气"：一个人既不应该从心之外（无听之耳）获取引导，也不应该从心中获取引导；而应该让"气"自己去回应，不被"志"的引导所拘束。这看起来很像告子格言的倒转：既不求之于言，也不求之于心，而求之于气。①

根据这一讨论，我们可以重构公元前4世纪到公元前3世纪早期的部分知识场域。首先，杨朱突出了"性/生"的概念，将其看作主要由生物性的生命构成，而且是人发展的自然过程。从此之后，很多思潮出现了。一种是《管子·戒》篇所表达的，它保留了"生"是由生命力量构成的这个含义，但认为"生"并没有方向。所以，它根据从心之外学来的"义"，而给出一个方向——可能是一种以儒家方式理解的方向。另一种思潮是《管子·内业》篇、《管子·心术下》篇所表达的。它认为"气"本身已经有伦理方向了——这也可能是一种以儒家方式理解的方向。而要实现这种方向，只需要通过儒家实践而达到静心，并让"气"自由地回应。而且它还反对"言"，因为"道"不能用"言"来把握。注释者已经注意到，这种思想倾向是对儒家与道家典型观念的某种融合。②《管子·内业》篇、《管子·心术下》篇表达的思想倾向，与《庄子》所表达的有

---

① 这段话与告子格言的关联，是倪德卫首先使我注意到的，"Philosophical Voluntarism"，pp.16‐19。
② 葛瑞汉，*Disputers*，p.100；徐复观：《中国人性论史》，pp.16‐19。

一定的相似性,只是后者更加强调要通过静心而让"气"自由地回应,并把"道"看作不能用"言"表达。但是,与《管子·内业》篇、《管子·心术下》篇不同,《庄子》认为"气"自由回应时,并没有一种儒家式的方向。

　　回到告子,关于其学派归属,至少有五种不同的观点。第一,有人认为他是儒者。比如,史华慈便为这种解释辩护,其根据是告子和孟子对正当行为的内容的看法没有不同。① 陈大齐认为,孔子讲"性相近也,习相远也",那么告子所持的性无善无恶就很接近于孔子的立场。② 伊若泊认为,告子对仁与义的考察表明了他或者是墨者,或者是儒者;而6A:4中关于爱吾弟、但不爱秦人之弟的描述,显示了他不接受墨家兼爱的理论,所以他是个儒者。③

　　第二,有人认为告子是道家学者。比如,王夫之(529-31,540-41;参看544)把2A:2中的告子格言解释为宣扬以道家方式去清心;把"义外"解释为主张我们不应该强加"义"于心中,以避免扰乱心。徐复观也把告子看作道家学者。他认为6A:4中告子对"性"的解释近于杨朱的观念;把"义外"解释为人不应该关心"义";认为6A:1中的杞柳喻,显示了告子把"义"看作对"性"的戕贼。④ 第三,有人认为告子是墨者。比如,倪德卫考察了《孟

---

① 史华慈,p.263;参看p.275。
② 陈大齐:《浅见续集》,pp.195-199;陈先生还有一个辩论,强调认识"义"是在一定智力基础上的,但我认为这个解释,对于论证告子与孔子相似的结论,没有多少作用(pp.199-204)。
③ 伊若泊,pp.54,114,以及p.259n54。
④ 徐复观:《中国人性论史》,pp.186-188;参看,p.196;以及同前作者《中国思想史论集》,pp.147-148。

第四章　义(propriety)与心(heart/mind)

子》中提到的告子与《墨子》中提到的告子是同一人的可能性,认为告子可能是一个改宗的墨家信徒,且其所生活的时代早于孟子。① 第四,有人认为他既是儒者,又是墨者。比如,赵岐(C 6A)认为告子对墨家和儒家理论都有研究,而且跟顺孟子学习。第五,有人认为他是墨家与道家的结合。比如,唐君毅注意到:告子在把"义"当作外在时,像墨家;在解释"性"时,像道家——虽然并不是严格的道家,因为他还关注"义"。②

就我所知,没有证据支持赵岐所说的告子尝学于孟子。而且看起来也不可能,因为在 6A:1-4 的对话中,告子陈述并辩护他的立场来反对孟子的批判,而不是向孟子提问题;而后者才是一个弟子所应该有的样子。③ 至于倪德卫的观点,即《孟子》中提到的告子与《墨子》中提到的告子的关系,确实可能是一个人。④ 在《墨子》中,三处提到告子(MT 48/81-87)。第一处是告子批评墨子没有实践他自己的"义"学说。第二处是墨子对告子行"仁"方式的批评,认为不能长久,就像一个人踮起脚尖来提升身高,或扩展胸膛来增加宽度一样。第三处是墨子批评告子自己都没有实现他自己所宣扬的观念。这三处都涉及实践自己学说的困难,而对告子的第二种批评,与孟子用强助事物成长来批评告子的方式很相似。⑤ 但是,即使两个文本所指的告子是同一人,也不能

---

① 倪德卫,"Philosophical Voluntarism",pp.7-8,19.
② 唐君毅:《原道篇》,pp.15-20。
③ 这是陈大齐注意到的观点,《孟子的名理思想及其辩说实况》,pp.128-129;更详细的讨论,参看同前作者:《浅见集》,pp.275-285。
④ 不像倪德卫,陈大齐(《浅见集》,pp.273-275)辩说这两点是不同的。
⑤ 参看倪德卫,"Philosophical Voluntarism",pp.22-23。

清晰表明告子是墨子的门徒，而不是其思想上的反对者。

让我们转而考虑告子作为儒者、墨者或者道家的可能性。因为告子关于"性"的观念，与主要为儒家论调的《管子·戒》篇中关于"性"的观念有相似之处，似乎表明告子是一位儒者。但是，这个结论并不能如此直接得出。比如，尽管《庄子》显示了与《管子·内业》篇、《管子·心术下》篇有明显的相似性，而后者有儒家的论调，但《庄子》本身还是宣扬一种不同于儒家的理想。基于相似的原因，即使我们同意陈大齐所说的孔子相信"性"是中立（这是有争议的），但仅就此点的相似性，并不能表明告子是一位儒者，因为告子可能并不认同儒家追求的理想。

按照孟子的观点，告子可能宣扬强加"义"于"性"中，而这个"性"主要是以生物学方式来理解的。这就呈现了与《管子·内业》篇、《管子·心术下》篇所表达的那种思潮相反的立场。与此潮流相反，告子（孟子理解下的）认为如果一个人没有从心中找到正确的方向，那么在"气"上寻求帮助是没有意义的，因为"气"是没有方向的。而且，与《管子·心术下》篇反对"言"不同，告子认为正是从"言"中，一个人得到了正确的导向。但是，如果我们悬搁孟子对告子立场的评论，只有一段话表明了告子可能对"义"有关切。实际上，在 6A:1-3 以及 2A:2，告子对自己立场的表述，却可能推出他对"义"并没有关切。只有在 6A:4 中，有一个证据支持告子对义有关切，在那里，告子似乎认同义行。

但即使我们基于 6A:4 同意告子确实对"义"有关切，也不能确切地说告子是一位儒者。史华慈根据告子与孟子对"义"的内容

第四章 义（propriety）与心（heart/mind）

并无不同看法,支持告子是儒者。但是,两人没有就"义"的内容发生争论,并不意味着他们就是一致的,而很可能是因为他们更关注别的问题,比如"性"的内容与"义"的来源。伊若泊则认为,告子关于爱弟的言论,直接反对墨家兼爱他人的理想,表明告子已经是一位儒者了。但是,也可以认为告子的说法是就现实的人之性情而说的,这并没有反对兼爱,因为后者是就理想的人之性情而说的。所以,告子反而可能是一位墨者。因为他相信既然人们不能预先倾向于去兼爱,他们就需要从外面学习,而所谓"义",就是这样来做,并根据"义"来重塑他们的动机。还有另一种看法,有人会认为告子的评论直接反对兼爱学说,因为很像巫马子的类似评论(MT 46/52-60)。即使如此,这也不能表明告子是位儒者,正像巫马子的评论不能表明他是位儒者一样。告子说秦人之弟则不爱,这并非一位儒者会作出的评论;而且仍不清楚,告子持何种类型的理想。因此,没有明显的证据表明告子是一位儒者。

至于告子是墨者的讲法,似乎也没有证据表明告子宣扬一种与墨家理想类似的生活方式。假设我们承认告子对"义"有关切,并像孟子所理解的一样,把他看作宣扬从"言"中找到"义",并施加于心的人,这就与墨家不同。但对于"义"的来源,他的立场则显示了与墨子立场的相似性(我们在本书第二章第二节讨论过这一点)。但即使是这样,也并不能说告子是以墨家的方式来看待"义"的内容。因为,从外面而施加"义"的观点也可以在《管子·戒》篇中发现,但我们已看到,《管子·戒》篇大体上是儒家的论调。而且,在当时还有一种由《管子·内业》篇、《管子·心术下》

篇呈现出的思想倾向,它反对"言";这样,考察"义"是否从"言"得来,在当时可能是很普遍的问题。所以,认为"义"是从"言"而来的观点,可能也并不专属于墨家学派。进一步讲,告子"仁内义外"的观点,以及他对"性"的想法,并不是纯粹的墨家学说,而是可能有其他来源。因此,没有明显的证据表明告子是一位墨者。

最后,让我们考察告子是不是道家。王夫之和徐复观持有这样的看法,其根据是:告子格言以及他认为"义"是外在的,显示了告子对"义"缺乏关切。如果我们悬搁孟子的评论,这确实可以是一种对告子的解释;但是,并没有明确证据表明告子的立场就应该如此解释。孟子就把告子看作对"义"有关切,也能够与告子对其立场的表述相兼容。告子把"性"看作没有伦理方向,可能从一个方面表明他的思想近于道家;但说远于道家也是可能的,因为他愿意把"义"施加于"性"中。而且,像以前所分析的,他在6A:4辩论过程中的表述,可能提供一些证据,从而把他描述为对"义"有正面的态度。进一步讲,2A:2中的告子格言,似乎反对《管子·内业》篇中的两个观点,而这两个都有道家思潮的典型特点:格言前半部分似乎表明对"言"的正面态度,不像《管子·内业》篇那样反对"言";后半部分似乎反对《管子·内业》篇中的心之得依赖于"气"的观点。因此,没有明显的证据表明告子是一位道家学者。

基于现有证据,我认为不可能去断定告子的学派归属,不管是属于儒家、墨家还是道家。我们对他的生平知之甚少,而且我尝试表明,他的思想内容并没有表现出任何确定的方向。实际上,既然不同思想流派的区分是我们回溯性地作出的,那么,在当

第四章 义(propriety)与心(heart/mind) 183

时很有可能他们并没有被清晰地区别开，告子的思想也对不同的思潮都有所借鉴。如果是这样，就可以很好地解释，为什么他的思想难以被划归到我们的标准分类中。

第五节　孟子对墨者夷之的批评

一、文本

为了加深对孟子思想的理解，让我们转向在 3A:5 中孟子与墨者夷之的辩论。这一辩论通过中介者进行，开始于孟子对夷之厚葬父母的批判，因为这与墨家学说冲突。夷之辩护说：

> 儒者之道，古之人"若保赤子"，此言何谓也？之则以为爱无差等，施由亲始。

对此，孟子回应道：

> 夫夷子，信以为人之亲其兄之子为若亲其邻之赤子乎？彼有取尔也。赤子匍匐将入井，非赤子之罪也。且天之生物也，使之一本，而夷子二本故也。盖上世尝有不葬其亲者。其亲死，则举而委之于壑。他日过之，狐狸食之，蝇蚋姑嘬之。其颡有泚，睨而不视。夫泚也，非为人泚，中心达于面目。盖归反蔂梩而掩之。掩之诚是也，则孝子仁人之掩其亲，亦必有道矣。

夷之的回应是针对孟子一开始对他厚葬父母的批评,而孟子的答复是针对他所认为的夷之回应中的错误。孟子的答复有两部分,一是回应夷之所用的与赤子将入井类似的事例;二是说夷之将本应是"一本"的事情当作有"二本"。孟子指出了夷之把事物当作有"二本",就认为说明了夷之的错误;这可以从紧接着"二本"之后,"故"的使用看出来。至于"一本"的观念,可以通过说明古人为什么埋葬父母来展示出来。因此,要对此段有充分解释,必须去说明夷之的回应是如何能应对了孟子一开始的批评,以及孟子答复的两部分是如何互相补充,而成为对他所认为的夷之错误的诊断。

二、传统的注解

让我们先回顾一下传统的评论对于此段话是如何解释的。就我所考察过的来说,没有一个能够解释明白:夷之的回应如何能应对孟子开始时的批评。比如,赵岐以及接受其解释的孙奭,认为夷之强调对其父母的厚葬与墨家兼爱学说一致,而且他从父母开始来实行兼爱学说是正当的。但是,依照这种解释,夷之的回应并没有说明他为什么背离了墨家薄葬的学说,而这确实是需要去回应孟子批评的地方。黄宗羲(1/40b.2 - 6)和张栻,则明确承认夷之并没能应对这一批评。黄宗羲认为,夷之并没有回应这种批评,他试图简单地缓和批评的力度,所以说他厚葬父母只是对墨家学说的轻微调整,还是与兼爱的学说相兼容的。张栻则认为,夷之根本不回应这种批评,他转而评判儒家的学说,称墨家的兼爱学说已隐含在儒家关于对待他人"如保赤子"的说法中。

至于孟子答复的前半部分,注解者大都同意,孟子讲到赤子将入井,是针对夷之认为墨家的兼爱观念已经隐含于儒家学说中而说的。依照赵岐、张栻、孙奭,孟子这样认为:夷之会有这样的信念,是因为他认为墨家学说呈现于一个事实,即人都会对赤子有同情,不管这是自己兄长的孩子还是邻居的孩子。这正是孟子自己强调的。

最后,考察孟子答复的后半部分。注解者大都同意,孟子解释古人为什么决定埋葬父母,是一种对夷之的批评。常见的讲法,由赵岐、朱熹和张栻提出,认为这种解释指出了葬礼活动某种意义上起源于心中的某种反应。孟子的这个观察,就被认为是对夷之的批评。对于"一本"的观点,有两种常见的解释。第一种,赵岐把"本"(我翻译为root)看作人的生理来源;这样,我们有唯一的生理源头意义的"本",也就是我们的父母。这种解释被孙奭接受,有时也被朱熹(MTCC 3A:5;MTHW 5/4b.11-12)采用,在多布森的翻译中也能看到。第二种,朱熹(YL 1313)有时候似乎又有别的解释,这也是张栻所支持的。他认为"本"是基础的意思,根据"本"就能够培养我们对人们的正确情感形式。依照孟子,我们应该从爱父母开始,并将我们的情感扩展到他人以及所有生物。这个过程序列中,我们对他者的感情有一个等级。而且,此扩展过程正是因为有爱父母这个根基,才有了唯一的出发点。

尽管我发现传统注解很有用,但还是相信有很多东西可以补充,或者说改进他们对此段话的解释。第一,考察夷之的回应。

既然夷之的回应是针对孟子最初的批评，而孟子的答复又是针对此回应的，那么，我们需要一种方法来解释此回应，使得此回应能够应对孟子的批评，并揭示出其中隐含的被孟子再次回应攻击的种种假定，还要与夷之的整个墨家立场相符合。我相信能够有这样的对夷之回应的解释，这与传统注解不同；因为后者实际上已经放弃此种尝试，即要把夷之的回应讲清楚，从而使其确实能应对孟子开始的批评。

第二，考察孟子答复的前半部分。我并不反对传统注解对它的处理，只是对于它如何与此章其他部分一致，我相信还可以更详细地加以解释。赤子的例子在 2A:6 也有，在那里，孟子将一个人对赤子的同情描述为修身的出发点。可以看到，孟子在 2A:6 中描述的人看到赤子将入井的反应，与 3A:5 中答复后半部分所描述的古之人看到野兽吃父母躯体后的反应是很相似的。这暗示了孟子答复的前后两部分之间有密切的联系。

第三，考察孟子答复的后半部分，无论赵岐还是朱熹的解释，都不是完全令人满意的。按照赵岐的解释，孟子把"本"当作生物来源，认为夷之提倡兼爱，就是对待他人也好像是自己的父母一样，这样此人就有两个本源了。但这种解释无法清楚说明，"一本"观念如何通过解释葬礼活动而展现出来；至于孟子说夷之没能"一本"地看待事物，似乎也不能视为指出了夷之的错误，而仅仅是以修辞的方式表达了对兼爱的否定。进一步讲，还不清楚在什么意义上，夷之把物看作有"二本"。如果说"本"的数量就是生物来源的数量，而兼爱似乎会导致对待任何人都像父母一样，从

第四章 义（propriety）与心（heart/mind）

而自己就有无数"本"(参看朱熹，YL 1313 – 1314)。或者，从另一种方式考察，兼爱导致对待自己父母，仿佛他们与路人并无不同，这就使自己没有"本"了。无论哪种方式，都是难以讲通文中所讲的"二本"的。实际上，如果"本"只是生物来源的话，依照3B:9 中孟子所说的墨家把人看作无父，我们就可以认为他把夷之描述成：把物看作无本的人。

朱熹还有一种解释：把"本"当作根基，由此来培养对人们的恰当情感。依照这种解释，孟子是说：为了知道对他人的适当情感，我们应该从爱父母开始；在此过程中，就会看到我们关心他者时，有一个等级。某种意义上，这种解释与我所支持的是相似的，但还有几个问题它没有回答，即没有讲清楚："一本"观念如何能通过对葬礼活动起源的解释而呈现出来。而且，这种解释认为孟子对夷之的批评，是说夷之不认为爱父母在确立对他者的适当情感过程中有相当的作用。但这样就无法讲清楚，为什么通过说夷之把物看作"二本"就能彰显出孟子的批评目的。

在其他文献中，还可以发现另外对"一本"的解释。比如，有人把"一本"当作一种行为原则。① 而夷之宣扬兼爱，但又特别对待其父母，这就采用了两个不一致的行为原则，所以把物看作"二本"。但是，这种解释还是没有说明，对葬礼活动起源的特别解释，如何被认为呈现了"一本"的观点。而且，如果"本"是行为原则，那么说夷之把物看作"二本"，并不能提供对夷之错误的诊断，

---

① 比如，陈大齐：《孟子待解录》，pp.136 – 140；葛瑞汉，*Disputers*，p.43；刘殿爵，*Mencius*，p.105n3。也参看金谷治的翻译和王恩洋的注解。

而仅仅是以修辞的方式表达了对兼爱的否定。还有,文中讲到"天之生物也,使之一本",如果"一本"只是指人要有一致的行为原则,那么这句话似乎过于沉重了。① 但我并不想对文献中提供对此段的解释进行穷举讨论,而是希望辩护另外一种解释,它是从倪德卫的著作中借鉴来的。②

三、所支持的一种替代解释

参照前文讲到的墨子思想的困难,夷之的回应就比较容易理解。在本书第二章第二节我们看到,墨子并不相信人类普遍具有可以做到兼爱的那种倾向。而如果缺乏这种倾向,实行兼爱就有了困难;但墨子似乎也没能很好回应对手所提出的兼爱不切实际的批评。尽管有可能通过调整自己的情感与动机,从而把墨子的理念付诸实践,但这需要长期的修养功夫,对此问题,墨子并没有处理。

夷之对孟子批评的回应,就可以看作处理这种困难的一种方式。要实践墨子的理念,一个人必须从培养对人们的喜爱开始,即与这些人经常互动,尤其是与最近的家庭成员。接下来,在墨子学说引导下,他/她就可以把他/她的爱,从对家庭成员扩展到对其他人,包括那些以前与他/她并无往来的人。为了培养对最近的家庭成员的爱,他/她要按照"有这种爱的人所会做的"那样

---

① 陈大齐(《孟子待解录》,pp.139-140)认识到,要调和作为行为准则的"一本",以及与"天"联系起来的"一本",是非常困难的。
② 倪德卫,"Two Roots or One",以及同前作者,"Philosophical Voluntarism"。

第四章 义(propriety)与心(heart/mind)

去做。而这些活动还会反过来影响其情感与态度,从而推动此种爱的发展。厚葬父母就是这种类型的活动,因为它能够促进人们对其他还活着的家庭成员的情感,以及对故去父母的追忆。这样,因为有利于实行兼爱这个作用,厚葬父母就有了自己的合理性。

在我看来,这就是夷之回应孟子批评的实质。尽管他支持厚葬父母,与墨子简葬的教导不同,但与墨子思想的精神并无不同。墨子批评厚葬,是基于其有损于公众利益的观察。夷之支持厚葬,也是根据"把公众利益作为判断行为的标准"这个原则而来的。因为,虽然它没有直接有利于公众,但通过促进兼爱的施行而间接做到了;后者是直接有利于公众的。

除了辩护自己以反对孟子批评他厚葬父母与墨子学说冲突,夷之还对孟子进行了反击。他引用儒家格言,即古人对待他人"若保赤子",主张这种说法表现了墨家兼爱学说。也就是说,如果我们像关心婴儿一样关心每一个人,那么,似乎我们就应该对所有人有同等的爱。这样,儒家"爱有差等"的观念就与儒家格言有冲突。

接下来看孟子的答复。与墨子不同,孟子相信人类普遍具有某种禀赋,这决定了对他人的适当的情感关切。这些禀赋有两类:一类是针对那些不需要与自己有任何特殊关系的人,比如在婴儿的例子中所展现的同情反应。因此,当这类反应扩展到其他人时,自己的喜爱在程度上和性质上并无不同;另外一类则是针对与自己有特殊关系的人们,比如对父母之爱。当把这种爱扩展到其他人时,自己的喜爱在程度上和性质上都有所不同。因此,基于扩展这两种禀赋而得来的"仁",与墨家的兼爱理念并不相同。

按照这种观点,一个人要想提倡兼爱,那么他就至少会犯下面两个错误中的一个:只注意于第一类的禀赋而排除了第二种,或者没有认识到对他人的适当情感是由普遍具有的禀赋决定的。这两种批评分别在孟子答复前后两部分被凸显出来。在前半部分,孟子反驳了夷之的主张,即兼爱学说隐含在儒家待他人"若保赤子"的格言里面。在孟子看来,真实情况是这样的:儒家认为同情爬向井口的婴儿,确实会影响到对人的适当情感;而且,扩展这种情感反应时,也没有什么等级。夷之所做的,正是用儒家学说的这一方面,来批评儒家另一方面的"爱有差等"观念。

但是,在孟子看来,这一批评失败了。因为儒家还把另一种禀赋,即专门指向直系亲属的那种,也看作会影响到对人的适当情感。一个例子是,一个人对兄长家孩子的情感,与对邻居家孩子的情感并不相同。另一个例子是孟子答复的后半部分所描述的,即古人看到野兽吃他们父母躯体时的反应。这种反应,与2A:6所描述的对婴儿的同情有多方面相似:两者都被描述为心的反应;都是自发的,不是因为其他动机,比如获得他人赞誉;都涉及一种无法克制的情感;都使人倾向于做某些行为。但是,在这两者之间也有一个重要的区别。婴儿的例子强调的是,其情感反应不依赖于任何与对象之间的特别关系。而野兽吃父母躯体的例子强调的是,他/她只对直系亲属才有的情感反应。像朱熹已经注意到的那样(MTCC),如果那些躯体是陌生人的,就不会有如此大的反应。比如说,此人可能感到恶心,会赶快远离这些

第四章 义(propriety)与心(heart/mind) *191*

躯体,而不是因这些躯体的遭遇而责备自己,并赶快埋葬他们。

不过,批评夷之没有考虑到专门指向直系亲属的普遍禀赋,只是对夷之试图从儒家学说读出墨家观念的回应,还不是对夷之自身立场的批评。在夷之的回应中,显示了其墨家预设,即人能够形成对他人的适当感情的观念,无须根基于心的任何情感性的禀赋。基于这种预设,夷之能够既允许存在对最近家庭成员的特别情感,又坚持这并无影响到人所应该培养的那些适当情感。孟子在其答复的后半部分,就对墨家这种预设提出挑战。在解释古人为何埋葬父母时,孟子并不是仅仅想思索葬礼活动的起源。他继而主张,这显示了为什么在埋葬父母中有"道"。因此,这表明孟子还想通过这种解释来呈现其不同的立场,即适当情感本身就是由心的某种情感禀赋显露出来的,这就不同于夷之的墨家预设。

探究孟子对葬礼起源的推测性解释,目的在于显示埋葬父母是正确的,这可以从另外两个文本得到支持。第一,《墨子》中批评混淆"俗"与"义"的文本中,有讲到对待去世父母的躯体的不同方式(MT 25、75-81)。既然孟子是在与一位墨者的辩论中提出了这种解释,那么,有可能这就是对墨家的回应。也就是说,认为埋葬父母不仅仅是"俗",而且是"义",因为它能够在孟子所描述的反应中找到其基础。第二,在《吕氏春秋》中,有相似的对葬礼活动起源的说明(LSCC 10/5a.1-5)。这个说明之后,还说按照此解释,"故有葬死之义"。这显示在早期中国思想中,并非不知道可以根据情感反应来辩护葬礼活动的正当性。而且,《吕氏春秋》的解释,强调这种反应指向他所爱、所尊重的人,确证了上述的观察,即如果是一位陌生人的尸体,他可能并不会有如此反应。

这种对孟子答复后半部分的解释,可以提供另外一种对"一本"观念的解释,这要归功于倪德卫。① 按照夷之所认同的墨家立场,要想适当地生活,涉及两件事情。第一是要有适当生活方式的概念;为了达于此,并不需要考虑心的任何情感禀赋。第二是通过培养此种生活所要求的情感倾向,来实践此种构想;而为了达于此,需要利用与调整心的情感资源。这样,适当生活有两个源头,一是从某种不依赖于心之情感资源的外在东西而发源的适当生活方式,二是此种生活方式所要求的从心而来的情感资源。与墨家立场不同,孟子认为适当生活的内容,本身就显现于心的确定情感禀赋中。而实践适当生活,需要做的则是按照这些禀赋所指示的方向,来经营与发展这些禀赋。这样,对孟子来说,适当生活的正当性与实践此生活所需要的情感资源,有同一个在相关禀赋中的本源。

这种对 3A:5 的解释,相比于传统解释有很多益处。第一,它揭示了夷之的回应如何能够应对孟子开始的批评。它是这样说明的:这个回应能够适合夷之整体的墨家立场,也显示出了他的预设,而这又被接下来的孟子答复质疑。依这种解释,夷之的回应认为,厚葬父母能够在实践墨家兼爱学说时起到作用,从而辩护了这一行为。第二,这种解释告诉我们,孟子答复的前后两部分如何能够一致。答复的前半部分指出了:夷之认为墨家的

---

① 倪德卫,"Two Roots or One", p.742。

兼爱学说隐含于儒家教导中，但儒家认为要培养对人的适当情感，有两种作为基础的内在禀赋，而夷之只注意到一种而已。孟子答复的后半部分，就给出了另一种禀赋的例子，进一步补充前半部分的对夷之的批评。也由此，它质疑了夷之的预设，即认为对人们的适当情感能由不依赖于心之禀赋的外在东西而确定。第三，这种解释使我们能够理解孟子与夷之分别把事物看作"一本""二本"所描述的含义；并看到"一本"的观念怎样由葬礼活动的例子而获得理解。"一本"与"二本"的不同，就在于这样的问题：适当生活的正当性与实践此生活所需要的情感资源，有一个源头还是有两个源头。孟子认为这两者，在心的某种情感禀赋中有一个共同的源头，并以葬礼活动的例子表明之。按照这种解释，3A:5就在前文讨论的6A:1-5和2A:2之外，提供了进一步的证据，说明了孟子把"义"当作某种从心而来的东西。

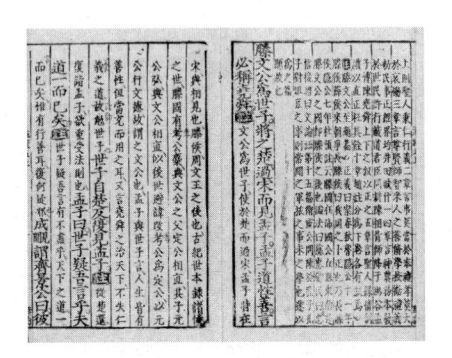

第五章

修身

第一节　心的伦理禀赋

一、伦理禀赋

　　前几章的讨论表明,孟子相信人心有某种禀赋,而且它已经指向了伦理理想。这种观点也反映在《孟子》一书的其他部分,比如,6A:6描述了仁、义、礼、智的伦理品质已经在人之中,而不是外界赋予的。6A:17观察到,每个人在他/她自身已经有"良贵"了,这里的"良贵"可能就是指伦理特征,参看6A:16。而且,孟子认为一个人成为有道德的还是不道德的,就在于他/她保存了还是失去了心中某物。比如,6A:10描述了贤者是能够不丧失人人本有之心的人,6A:8和6A:11描述了成为不道德是亡其心,学习则是一种求放心的事情。① 4B:19段,描述了君子能够保存把人与禽兽区分开的几希因素,而庶民则丢掉了它。4B:28说:"君子所以异于人者,以其存心也。"② 4B:12描述了大人是"不失其赤子之心者也",对此看法的一种可能解释是:伦理理想就是心中已有禀赋的实现。③

---

① 朱熹(YL 1406-7,1409)把"放失"解释为变得懒散和不留心,但在6A:8中出现的"放其良心"和6A:11中鸡犬放的描述,说明了"放"意思是"丢失"。
② 张栻把4B:28中的"存心"解释为保护心。但是赵岐(C)、朱熹(MTCC;YL 1355)、孙奭则把"存心"解释为保持某物(仁义)于心中。赵岐可能是基于4B:28的其他辩论了君子总是在心中保持仁义的部分。但是4B:19中与"人异于禽兽者几希"相关联的"存"的用法,以及7A:1中"存心"与"尽心"的并列用法,且"尽心"可能是指完全实现心,从而使得"存心"很可能与"保护心"有关。
③ 对4B:12还有一种可能的解释。朱熹(MTCC)、黄宗羲(2/27b.4-28a.6)和张栻把"赤子之心"看作指人生而有的心,而赵岐(C;CC)和焦循则理解为:保护、关切普通人,仿佛他们是新生儿一样。只有基于第一种解释——对此赵岐已经注意到,但没有接受,这段才意味着:心已经有了伦理方向的禀赋。

第五章　修身

伦理理想是根植于心之禀赋的那些确定方向的一种实现,这一观念体现在《孟子》的两个类比中。第一个是有关味觉的类比,这在讨论6A:4-5时已经考察过。6A:7段同样用味觉类比来说明:就像人们的味觉普遍具有对食物的相同口味那样,他们的心也普遍具有某种相同的东西。此段中的"心之所同然者",可以被解读为"所有心都共有的东西"(参看刘殿爵)。也有另一个可能,如果我们把"然"当作动词,"同然"的意思就是"同意",这是根据此段中同然、同嗜、同听、同美的平行性而来的。那么,这句话是说所有的心所一致赞同的东西[参看理雅各、赵岐、朱熹(MTCC,YL 1390-1391)、戴震(第4条)]。不管哪一种解释,孟子接下来说"理义之悦我心,犹刍豢之悦我口",显示了孟子把"义"看作某种心能在其中得到快乐的东西。① 而且,2A:2段既说明了,浩然之气如果不配于"义"就会馁,也说明行如果有不慊于"心"也会馁,这显示与"义"冲突的东西是不能满足于心的。

这些段落显示孟子相信任何人都会在"义"中得到快乐,而且对与"义"相冲突的东西不满。最保守来说,这意味着人们会对自己的行为作判断,如果合于"义"就会快乐,如果与"义"冲突就会不满。朱熹(YL 1391)认为,孟子还相信任何人都会一致赞成合乎义的人类行为,而反对不合乎义的情况。戴震(第4条)也类似地认为,对"义"的敏感,不仅是关切于自己的行为,而且也关切于他人的行为。这种解读与6A:7一致,而且符合作为四端之一的

---

① 葛瑞汉("Background",p.37)注意到,孟子这种观察是对LSCC 4/11b.7-12a.1中子华子的观察的一种回应。

羞恶之心。上文已经讨论过,所谓"羞"(认为自己是卑下的),是由与自己有特别关系的事情导致的,而"恶"(厌恶),则可能由自己的行为导致,也可能由他人的行为导致。

孟子用的另一个类比是植物比喻,他把伦理发展比作植物的生长。比如,2A:2观察到:没有致力于伦理发展就像不耘苗,而强助于伦理发展就像揠苗。6A:7和6A:8段,把伦理发展比作麰麦与牛山之木的发展;6A:9把伦理发展缺乏持续性,比作植物缺乏充足的营养;6A:19以五谷的成熟来描述仁的形成。植物比喻意味着,人类的伦理发展类似于从萌芽到成熟植物的发展。这种观点也符合2A:6所讲的作为伦理发展出发点的四端(端这个字的右部分,就是有根的发芽植物的图像)。如果萌芽没有受伤,萌芽发展的方向是内在于萌芽的构成中的,那么这个类比意味着,人发展的特定方向是内在于心的某种禀赋中的。

孟子所诉诸的伦理禀赋,在其思想中扮演了两个角色。第一,他经常引用这些禀赋来显示人有能力(能)成为有道德的人。人有四端,那么就不应该把自己看作不能成为有道德的(2A:6);齐宣王对牛的同情,就显示出他对百姓的漠然,是不去做的问题而不是不能去做(1A:7);而人们具有的对父母之爱、对兄长之敬,也显示了他们有特定的能力(7A:15)。

正如我们在本书第二章第二节看到的,对墨子常见的挑战来自那些怀疑人们是否有能力去实行兼爱的人。巫马子就认为他自己缺乏适当的情感倾向去实行兼爱,从而质疑这一主张(MT 46/52‑60)。孟子诉诸心的禀赋来证明人有成善的能力,意味着他可能意识到对墨家的这种挑战。这种看法可以从此事实得到支持：他把挟山越河作为真正不能的例子（1A:7），而这个例子在《墨子》也出现了（15/29-31,16/46-48）。① 在强调人们心中有与儒家理想方向一致的禀赋时，孟子在某种程度上试图显示人类有能力去实行儒家理想。因此，儒家理想不像墨家的那样，容易受到同类型的反驳。

第二，孟子强调心的伦理禀赋，以此作为捍卫儒家理想的一部分。他所回应的墨家主要面对的挑战，并非有关人实现伦理理想能力，因为与儒家一样，这个问题对墨家来说同样存在。实际上，墨家攻击儒家所支持的那种实践活动，并诉诸"利"作为"义"的基础。像我们在前一章中看到的那样，孟子回应了这类挑战，认为我们对"义"的认识，是源于心的某种特性；更具体地说，是从心所拥有的已经指向伦理理想的禀赋而来的。

伦理禀赋扮演的这两个角色是相关的：如果伦理理想是已经建构于禀赋中的那种方向的一种实现，那么反过来，这种禀赋也就是使人们能够实现伦理理想的东西。因为存在一个现实问题，即需要激发人们来实现理想，所以就要对所说服的对象形成更直接的吸引；那么，我们可以认为孟子有时是这样考虑的：除了指出伦理禀赋，以说服听众相信他们自己有能力实现伦理理想；在孟子与统治者对话时，他还试图说这样做会有某种政治益处，从而激发统治者行仁，同时呼吁人心之禀赋，以证明统治者有能力行仁政。所以，孟子诉诸政治益处，可能只是因为实际需要，

---

① 这个观点在倪德卫"Philosophical Voluntarism"中被注意到，p.21。

但是,这并不能显示他认为心的伦理禀赋对伦理理想不起作用。由于诉诸政治益处,只对那些处于特定的政治位置、有特定的抱负的听众产生影响才有作用,而且,孟子试图在更广泛的听众面前反驳墨家以及其他反对者,那么,政治好处不太可能是他认为唯一有利于辩护儒家理想的东西。更可能的是,诉诸人们普遍拥有的心的伦理禀赋,不仅显示人们有能力为善,在辩护儒家理想的过程中它也起到了一定的作用。①

二、伦理禀赋与伦理方向

接下来要问,这些伦理禀赋如何指引伦理方向呢?对此,要考虑到孟子强调的自发反应,比如齐宣王对牛的不忍(1A:7),看到孺子将入井会有怵惕(2A:6),看到去世的父母躯体被野兽吞食的反应(3A:5),对嗟来之食的不屑(6A:10)。当一个人突然面对自己未预期到的情境,这些反应就会出现;虽然在 2A:6,明确提到这种突然,但是在其他三种情况下,主体面对的是某种可预期的东西。② 不像由预先存在的目标来决定的连续活动,比如齐宣王压迫人民(1A:7),或者有人接受不义的万钟谷物(6A:10),这样的反应泄露了某种内心深处的东西,显示出这些人的真实想法。③

---

① 关于这些问题,我受益于与万百安的讨论。
② 许谦在关联于 6A:10 的例子中强调了这种观点。
③ 朱熹把 7B:11 解释为相似的观点。在他看来(MTCC;MTHW;YL 1458),7B:11 表达了这样的观点:当一个人是所有人注意的焦点,而且想要求名,他能放弃一个国家;但如果他并不是真的那种能放弃东西给予他人的人,在无意中就会不愿去付出小如箪食豆羹的东西,这样就泄露了他实际是什么样的人。这种解释不同于赵岐、张栻和孙奭,后者认为此段后半部分考虑了不同的人,即不想去求名的人。就我所知,没有足够的文本证据来裁定这两种解释。

因为这是在毫无防备的情况下作出的反应,即不是被未来的动机所激发,而是直接从心中发出来。这种不是未来的动机,在2A:6、3A:5被清楚描述,可能也隐含于6A:10(一个人放弃生命,而这是常规目标中最重要的)、1A:7(齐宣王赦免牛让人觉得他吝啬,而这个行为可能没有任何目的性)。而且,这个反应被认为是所有人都会有的,一个人能意识到它,并不是通过对人们经验的归纳,而是通过反思自己的心。所以,在2A:6、3A:5、6A:10中描述的反应,都是假说性情境,显示孟子让我们想象,当处于这些情境时我们会如何反应。即使其中1A:7是实际发生的情境,但在此段孟子还是引导齐宣王去审察自己的心。

那么这种反应显露了什么？这个问题取决于这种反应涉及什么。正如注释者已经注意到的那样(朱熹,MTCC,张栻),6A:10中的例子也同样出现在《礼记》(LC 3/18a.5 - b.2)中,证明了四端之一的羞恶。在此段,"恶"被明确提到,而"羞"的态度,也隐含于文中所说的乞者不屑接受嗟来之食的例子中。这种反应让人拒绝食物,有可能就是因为将接受食物视为不义。在这个意义上,3A:5中反应是类似的：让一个人埋葬死去父母的躯体,也是因为看到如此行为的正确性。当然,尽管3A:5中的反应,与2A:6中不忍人的反应在某些方面相似(都直接从心而来,都不能忍受特定事物),但前者同时有羞恶反应,因为它使得人们去纠正导致此反应的那种状况。

这种反应,不仅引导人们懂得在当下活动情境下什么是正确的,而且引导其未来的行为,或者其他情境下的行为。比如,3A:

5中的反应,会让人以后也意识到埋葬家族成员的正确性。在6A:10的反应,似乎会引导人们对政治情境下的行为形成某种看法。与接受嗟来之食对比时所说的接受万种谷物的例子就是参照,即某人接受了一个当权者提供的俸禄,而此权贵是没有按照礼来对待人的。① 至于3A:5,似乎也适于去引导听众看到:接受这种俸禄是不正确的,就像接受嗟来之食那样,从而激发听众在政治情境中不要这样做。也就是说,接受嗟来之食会获得生命,这比接受万钟谷物而获得外在财富更重要;但既然人们在前一种情况下可以因尊重"义"而放弃生命,那么,在后一种情况下却违背"义"而接受万钟的谷物,就是没有弄清楚两者中哪种更重要。

认为心的自发反应能引导行为,这在1A:7中可以找到进一步的证据。在这段开始,齐宣王先问孟子齐桓公、晋文公之事,孟子却引导齐宣王去讨论怎样可以成为真正的王者。根据孟子,成为真正的王者在于关心、保护百姓。为了显示齐宣王有能力去这样做,孟子提起他以前的一件事:他出于不忍之心赦免一头要被杀掉用来衅钟的牛。这个故事表明齐宣王有能力去保民,从而成为真正的王。然后孟子问为什么齐宣王的慷慨不能及于百姓,并敦促齐宣王去度量自己的心。齐宣王用所言的大欲来回应,而孟子将其大欲等同于武力扩张。接着孟子就论证:要实现扩张的抱负,需要去保民、实行仁政。

---

① 所说的万钟谷物,出现在2B:10,与给予孟子的一个可能俸禄有关。

对此段的解释是个有争议的话题。孟子某种程度上试图表明齐宣王有能力去保民,这比较清楚,因为孟子反复提到齐宣王的能力。但不甚清楚的是,孟子是否同时试图激发齐宣王去实行保民;而如果是,应该如何实现。一个可能的意见是,齐宣王开始时也想保民,但他认为自己不能做到,所以孟子唯一的目的就是显示齐宣王有这个能力。但是,对话的过程表明可能还发生了更多的事。尽管齐宣王确实问到他是否能够保民,但实际上,他对"保民"并不感兴趣,而是希望由此实现真正的王的政治地位。

但在 3A:5 后面部分,孟子似乎期望齐宣王改变对百姓的态度。孟子问齐宣王为什么没有推恩于百姓,就是以某种方式暗示,齐宣王自己应该发现他未能如此就产生矛盾。因此,文中确实有些内容在激发齐宣王更关心百姓。进一步讲,既然齐宣王诉诸政治抱负来解释他为什么没有保民,那么,激发齐宣王的东西,就与政治目的不同。所以,至少从孟子的观点来看,对话过程中确实发生了什么,这促进了齐宣王照顾百姓的动机。

但是,很难判断这种转变如何发生的。一个有争议的问题是:齐宣王获得的进一步动机,是否只是他与孟子对话的偶然结果,或者说,这是否依赖于他以特定方式去看待事物,比如获得了那种"按照孟子观点而更好地认识自己"的那种方式。另一个有争议的问题是:在孟子看来,对话开始时齐宣王对百姓的态度是什么?以及在试图提高齐宣王动机的过程中,孟子运用的是什么?为了便于呈现不同的可能性,我先描述针对第二个问题的一些讲法,再对这些讲法中的每一个,以两种不同的精辟方式来分别阐明,而这两种方式是与对第一个争议问题的两种不同立场相对应的。

一个极端的说法是：齐宣王开始时根本不关心其百姓。为了试图激发齐宣王更关心百姓，孟子指出百姓与那头牛之间处境的相似性。既然齐宣王对牛的反应，是对牛无辜而就死的回应，而他也知道百姓无辜而受苦，齐宣王就被激发出对百姓的同情心，并免除他们的苦难。这种意见可以从两方面加以阐述：一方面是把意识到的相似性看作在产生新动机过程中只有偶然的作用，即并不把齐宣王对此相似性的意识，当作他同情百姓的基础；另一方面则认为，齐宣王把此种相似性，当作他同情百姓的基础，正是因为如此看待事物，才产生了新的动机。[1]

另一个极端的说法是：甚至在与孟子对话之前，齐宣王已经具备对百姓产生同情的成熟形式。但因为特定政治抱负的扭曲影响，它还没有显露自身。通过提起齐宣王对牛的同情，孟子帮他促进了他对百姓同情的显露。这种提法同样有两种解释，一种是把动机上的变化当作仅仅偶然的过程，并不依赖于齐宣王意识到他开始已经有对百姓的同情；另一种，则认为齐宣王确实是由于意识到在牛这件事上反映出来的东西，才被引导同情百姓，而这种意识转而又产生新的动机。[2]

这两种意见代表了两个极端，后者认为齐宣王对百姓的充分

---

[1] 在倪德卫那里能看到类似于这种讲法的东西，"Two Roots or One"，pp.746,754–756,以及其"Mencius and Motivation"，pp.421–422；我自己在以前写作中，对这种讲法的第二个变种有详细讨论。范班安（"Mencian Philosophic Psychology"，第三章）指出了这个讲法的两个变种的区分。
[2] 在后世儒家学者对此段的注释中，能看到与这种建议类似的解释，比如朱熹（MTCC 1A:7; YL 1223–1224）和张栻。

关心是一开始就出现了,而前者则允许齐宣王开始时可以没有对百姓的关心。在这两个极端之间还有别的意见,认为齐宣王有某种程度上的对百姓的关心。比如,一种意见是:通过引导齐宣王看到,其臣民的困境就如同那头牛的困境一样,孟子帮助齐宣王具体化了他对百姓的关心,从而激发他免除百姓的苦难。① 也就是说,通过引导齐宣王更留意其臣民的困境,得到对其苦难的更生动认识,孟子触发了齐宣王对百姓的关心,并提高了他对百姓苦难的认识,而不再是冷漠的状态。②

这一段没有包含足够的细节,能够为上述任一解释提供决定性的证据。此段中一些部分,反对了第一种极端的解释。比如,齐宣王对牛的同情,被说成他看待牛仿佛是无罪之人被置于死地。这意味着齐宣王开始就有某种对百姓的关心,孟子就是尝试帮助把这种关心付诸行动。就像王夫之(513-14,516)所注意到的,孟子主要是敦促齐宣王推展其行为,而不是敦促他对人民有与牛同样的关心。实际上,齐宣王关心牛,并看待此牛似乎是无罪之人,意味着他可能对人比别的动物有更多的关心。

这种观察,还可以由孟子的一个类比得到支持。孟子把齐宣王与牛的关系,和与人的关系作比较,前者就像举百钧之重物、察秋毫之末,而后者就像举一羽、见舆薪。这个类比显示了,孟子认为对齐宣王来说,同情人民比同情牛更容易。这种对比的判断,大概

---

① 在类似于这种建议的东西在王大卫那里可以看到,"Reason and Emotion",尤其 pp.38-40。倪德卫在"Problems: Part II", pp.9-10 和"Motivation and Moral Action", pp.26-27 似乎提出一种相似的图景。
② 关于这些观点,我受益于与乔尔·考普曼的通信。

不是基于齐宣王的身体层面的能力。如果是那样,齐宣王在发布命令去赦免一头牛,与发布命令来赦免人民时,只需要同样的身体活动。但是通过本书第二章第二节的观察,伦理文本中的"能",经常被看作依赖于正确的情感倾向。那么,这种对比判断可能根基于这种预设:齐宣王在某种意义上,对人比对动物有更多的关心。

尽管可能齐宣王对人有更多的关心,但并不表明,它一开始就是以成熟的形态出现的。它需要依赖于齐宣王是否先具有看待百姓的正确方式,从而才有可能使关心具体化或被激活;而且,提到齐宣王对牛的同情,就出于此目的。但就我所知,此段没有足够的证据去辩护任何特定解读,即齐宣王开始时的关心是什么形式?孟子究竟希望这段对话如何推动齐宣王将其关心付诸行动?

6A:10 和 1A:7 的讨论能帮助我们理解 7A:17[①]。这段提出了为善就是"无为其所不为,无欲其所不欲"而已。赵岐(C,CC)认为这段涉及不同的个体:他人以及自己;也就是说,不要让他人去为、去欲自己不会去为、去欲的东西。相应地,他把这段看作己所不欲勿施于人,并把它关联到《论语》中所讲的恕道。[②] 魏鲁男翻译 7A:17 成不去为(欲)你自己不为(欲)的东西,可能就基于这种解释。有些翻译者,则把此段看作关于自己以及他人,比如,刘殿爵译为:不要为(欲)他人不会选择去为(欲)的东西,赖发洛译为:不为(希望)那种他人不为(希望)的东西。但是与 7B:31 比较,此段说"仁""义"是因一个人扩展他所不忍、不为,到那

---

① 对此段的更精细讨论,参看倪德卫,"Problems: Part II"。
② 赵岐(CC)也把 7A:15 看作关于"恕"的。

第五章　修身　　207

些他所忍、所为的东西,那么,7A:17 就不可能是关于不同的个体。将 7A:17 理解为关于相同的个体,这在翟楚与翟文伯、多布森、理雅各的解释中有所反映:它是关于一个人不为、不欲他自己所不为、不欲的东西。翟楚与翟文伯、多布森把"所不为""所不欲"看作关于人们不应该去为、去欲。理雅各则认为它们是说,一个人的良知告诉他不去为、不去欲,因此形成这样的看法:在自身中有某种东西,告诉自己不要去为、去欲。

既然孟子认为心具有指向某种伦理方向的伦理禀赋,那么 7A:17 就可能指出了由这些禀赋所显露的方向。① 7B:31 中提到心无欲害人,意味着人所不欲的东西是害人,而 6A:10 和 1A:7,则分别提供了人不做某种事情与人无欲害人的例子。因此,7A:17 的观点可能就是:尽管有些东西是人类事实上去为、去欲的,比如接受违反义的万钟谷物(6A:10),或者想要压榨臣民而达到自己的政治抱负(1A:7);但心的伦理禀赋中的某种东西,显示了人确实不想"为"或"欲"这些事情。这反过来提供了对 7B:31 中"充"、2A:6 中"扩充"的解释,它们指的是在心的伦理禀赋所指示的方向下,发展自身的过程。

为了完成对"伦理禀赋如何能指示伦理方向"的讨论,我们需要考虑孟子如何辩护爱有差等的理想,从而回应了墨家的挑战。孟子把专门指向家族成员的某种反应和态度,当作伦理发展的出

---

① 这里对"禀赋如何指示一方向"的问题留有余地。后来的儒者,比如朱熹(MTCC7A:17)和张栻(7A:17;参看 7B:31)就把这段解释为:人本来不倾向于去做或者想要某些事,尽管被自私欲望遮蔽会导致人去做这些事。

发点。3A:5所描述的反应,是由于去世父母的躯体而引发;这段还暗示,人对自己兄长的孩子比对陌生人的孩子有更多的爱。7A:15段把爱父母、敬兄长,描述为培养仁义的出发点。4A:27把事亲、从兄,分别描述为仁之实、义之实,其中的"实",被解释为仁义的真正实质(与名相对)的、具体方面(与虚、或抽象的相对)的果实(与华或开花的相对)。① 这些专门指向家族成员的反应和态度,可能在孟子辩护爱有差等时发挥了作用。

在7A:15,孟子把仁义描述为人们将自己对父母的爱和对兄长的敬,推广至天下所有人的结果。胡炳文精化了朱熹(MTCC)的解释,认为这是说,人们不应该把这样的"爱"与"敬"限制于自己,而应该使所有人都知道,他们也应该有这样的爱与敬。依照这种解释,扩展的是爱与敬的主体:这个过程始于一个人有这样的爱与敬,成于他人也对其父母、兄长有爱与敬。赵岐(CC)把7A:15关联到恕,这意味着一种相似的解释:一个人帮助他人获得他所有的东西,即爱父母、敬兄长。但在别处,赵岐(C)把它扩充描述为一个人践行对他人的爱与敬。这意味着,这种解释把扩展的东西看作爱与敬的对象:这个过程开始于一个人对父母、兄长有爱与敬,结束于他对任何人都有爱与敬。

有三个理由表明为什么第二种解释是更可信的。第一,把某种态度的对象,从家族成员扩展到他人,这种观点在别的段落可以找到。比如,1A:7讲到把开始只对自己家族长者的"待长者以

---

① 参看本书第五章第二节。

长",扩展到其他的长者。第二,7A:15出现的"达",在别的段落被用来指一个人态度所指对象的扩展。比如,7B:31说把人所不忍、所不为的东西,扩展到他所忍、所为的东西;像我们以前看到的,这就是说把人们开始时针对某些对象的那种态度,扩展于别的对象。① 第三,7A:15宣称,任何人都是如此,孩提时爱父母,及其长就敬兄长。这样,7A:15就不可能是说:敦促一个人,去引导他人也有这样的爱与敬。

可以认为,尽管人们扩展了爱与敬的对象,但依然对自己家族的成员保持特别的态度。7A:45段讲到用对待父母的方式对待父母(亲亲),这是一种不会指向别人的态度。3A:5中暗含着,把自己的爱从家族扩展到外部,应该有一定的差等。② 6A:5段隐含着,一个人应该对其兄长比年长的同村人要更尊敬,即使村人更年长一岁。那么,孟子是如何辩护人们的这种在态度上的差等呢?就我所知,《孟子》中没有足够的细节,能够重构出孟子对此问题的立场。我所能做的只是描述一种可能的辩护差等的方法,但并没有明确将其归属于孟子。这是在王大卫的著作中借鉴来的,也与孟子辩护儒家理想所诉诸的普遍具有的心之禀赋相一致。③

首先考虑对他人的情感关切,这是"仁"所强调的。因为存在着既定的社会结构,正是在家族中,人第一次发展出这种关切。进一步,对人们来说一个无可争辩的事实是,人们是在家族中被

---

① 这一点被倪德卫注意到("On Translating *Mencius*",p.115),他考察了注释者和翻译者对7A:15的不同解释。
② 参看倪德卫,"On Translating *Mencius*",p.116。
③ 王大卫,"Universalism Versus Love with Distinctions"。

养育的；那么，他们自然对爱护、支持他们的人产生依恋——这些人一般是他们的父母。随着年龄增长，这种依恋观念会更明确。孩童会把依恋的对象看作父母，开始想要亲近他们；孩童会懂得什么构成了父母的安乐，并被推动去为了父母的安乐而行动。随着时间的推移，他们还会更多地思考自己与父母的关系：会了解父母如何实质性地支持了自己，以及父母如何塑造自己成为现在这样的人。[1] 结果，他们可能就会因为父母为他所做的，而认为自己对父母的追慕与关切是合情合理的。另外，人们还可能把这种追慕与关切，看作部分是因为自己的生命是由父母赋予的，也就是说，这种生物联系本身就被看作一个十分相关的考虑因素。在这一点上，人们的爱慕与关切，不只是一个偶然的事实，而是一种由爱慕与关切对象的某种特性所保证的明确事实。

接下来设想，人们反思了这种自己与父母理应具备的关系。这里有两种考虑因素，为保持上文所说的特殊爱慕与关切提供了基础。第一，认识到这是关于人类心理的一个事实，即自己被父母养大，那么就会有这样特殊的爱慕与关切。这深深根植于人们的动机中，而伦理生活应该接受这种实际的人类动机。第二，人们也认为这种依恋与关切之情是合理的，因为父母在过去为我们付出了很多，比如提供了物质的支持和为培养我们的品质所做的努力，抑或是因为他们是我们生命的起源。尽管人们并非直接基于这些而有爱慕与关切，但考虑到爱慕与关切的现实存在，依然

---

[1] 王大卫，"Universalism Versus Love with Distinctions"，pp.258-260。

可以看作因为这些基础，而得到爱慕与关切的正当性。① 因为这两个考虑，把特别的爱慕与关切父母看作伦理生活的合理部分，就有了根据。

类似的解释也可以适用于对其他人的情感，比如朋友与配偶，人们与之在稍后的生活中发展了类似的关系。这些人会以另外的方式来爱护他/她，帮助他/她的生活。尽管他/她对这些人的爱慕和关切，是作为一个自然就如此的状态而出现，而没有根基于什么，但他还是能把这种爱慕与关切视为合理的。这不仅由于这些人帮助了他的生活，而且由于这种爱慕与关切反映了深植于人类动机中的某种可敬的东西。因为相互的活动历史有很大不同，人们对朋友的关切，确实不能跟对父母的关切相比。但这种差等自身能够被辩护，不仅因为父母对他/她的生活有更大的付出，而且，特别关切有唯一关系的父母，是人类动机中的一种可敬事实。按照这样的解释，关切他人过程中有所差等，就能被看作伦理生活中合理的部分。

相似的看法还能够用来解释对长者的尊敬，这是培养"义"品质的出发点。"义"涉及认同什么是正确，这是由人应该遵从的某种伦理标准所定义的。同样地，考虑到既有的家庭结构，人们通常先从家庭中培养出恭敬的态度。小时候，人们只是学习如何依

---

① 王大卫（"Universalism Versus Love with Distinctions"）在发展此方面的解释时，引用了《论语》17.21。这一段能以两种方式来读，第一，认为这段是说：人们对照料、抚养自己的人，有一种实际就如此的，而不是经过反思的爱。第二，认为这段是说：因为人们认识到父母如何照料了、抚养了自己，他们就感到有责任报答父母。这段可能更强调第一种观点，而《孟子》7A:15 所描说的依然在环抱中的孩提之童对父母的爱慕，也强调了人在生命早期的那种对父母的无须反思的爱慕。

照家族中长者的指导而做事；其态度是顺从长者以及尊敬长者，这是一种用心于长者、在长者前放低自己的状态。随着年龄的增长，就发现这样的态度确实是正确的，因为长者比自己更有智慧、更有经验；而且，因为长者有与自己相处的经历，他们还比别人更知道自己的需要与兴趣。当他/她越明确尊敬长者的观念，他就越认识到这是对"自己曾经学习于长者以及长者的更多经验与智慧"的正确回应。更多的反思还让我们看到，对家族中长者有特别态度，是伦理生活中合理的部分，其原因与对父母的关切相似。具有这样的特别态度，是人类动机中的一个可敬的、有深切根基的事实；而且，因为从长者学到东西以及长者的能力还会持续提供正确的引导，这也支持了人们的特别态度。

当人们的交际活动圈扩展后，还会对他人采取相似的态度，比如对老师与上级。但他/她依然保持对家族长者的特别尊重，因为他/她与长者有更广的交互经历。这是人类动机中的可敬事实，伦理生活应该容纳之。而且，还由此事实而得到支持：在过去他/她从这些人那里学到了更多，而且这些人更好地知道他/她的具体情况，所以更有资格来继续提供指导。在这个意义上，人们对他人的尊敬中有差等，就能被看作伦理生活中合理的部分。

第二节　自我反思与修身

一、自我反思与"思"

在前一节，我们考虑了在多种方式下，心的伦理禀赋都会指示一个伦理方向。有时候,像3A:5所描述的例子,在某些情境下,人们基于对伦理禀赋的自发反应来判断什么是正确的;有时候,像1A:7与6A:10所描述的例子,在某些情境下,人们通过反思在别的情境下会如何反应,而了解到什么是正确的。虽然人们形成伦理方向的过程有不同的形式,但为便利起见,我把这个过程都看作自我反思。虽然按照其性质,实际上其中一些会有对自身伦理禀赋的反思,而另外一些并没有。对于伦理品质,尽管孟子把它与依照心的伦理禀赋所指示的方向来修身联系起来,但并不意味着这些品质是终点。所谓终点,意味着其内容能够细致地说出,而且在修身过程中直接能引导人们。① 实际上,伦理品质更多是描述由自我反思而显露出的伦理方向的不同侧面,比如,"仁"强调有情感关切的方面,"义"强调对正当有认同的方面。

作为讨论自我反思的基础,让我们先考察"思"的概念。孟子经常用"弗思"来解释伦理失败(6A:6,6A:13,6A:17)。在6A:15他观察到,人们如果"思",则得之,如果不思则不得之。在这里,得到了什么并不清楚。翟理斯、赖发洛没有指出"得"的对象,翟楚与翟文伯认为是"获得善的东西",多布森认为"接受被传来的东西",刘殿爵认为"将发现答案",理雅各认为"得到事物的正确观点"。② 与6A:6说的"求则得之,舍则失之"比较(参看7A:3),因

---

① 尽管同意安乐哲的观察:孟子没有把伦理发展设想为可以被确定的、特定的目标所引导("Mencius Conception", p.159),我依然倾向于认为这种发展方向很少有可变性。
② 在刘殿爵 *Mencius* 的导言中,刘先生把"思"看作去思考道德责任、规范,等等,显示了他把"思"看作去发现关于这类型问题的答案。

为那里的语境是说仁义礼智等伦理禀赋,从而显示了一个人通过"思"得到的东西,是某种关于伦理理想的东西。注释者也大都同意这一点,比如朱熹(MTCC)认为由"思"得到的是"理",张栻认为是居于心中的天理;王夫之则认为是义(696 - 97)。但很不清楚,"思"涉及什么? 其对象是什么?

"思"在《诗经》中频繁出现,经常作为一个及物动词,意思是反思某物或在心中考虑一个对象。在很多例子中,这个对象是指某种人对之有赞赏态度的东西,比如,一个人可能思考、思虑一个他所仰慕的人(SC 27/3 - 4,28/4,38/3,87/1 - 2),挂念或关心这样的人(SC 44/1 - 2,62/3 - 4,66/1)。另外,"思"还可能是回想、记起某种东西,与忘记相对(SC 201/3),也可能是考虑、思考某种没有赞赏倾向的东西(SC 26/4 - 5,109/2,114/1 - 3)。基于"思"的这些用法,阿瑟·韦利可能是正确的,认为"思"的主要意思是用心于某物,这是一种更近似于具体观察、而不是精心思虑的过程。① 在《孟子》中,是在想起某物的意义上来使用"思"(2A:2,2A:9,4B:24,4B:249,5A:7,5B:1),这里想起的东西可能是人们有赞赏倾向的某种东西(7B:37),或某种他/她想去做的东西(3A:5,4B:20,6A:9)。而且,"思"被描述为某种属于心的东西,它可以被耗尽(4A:1)。

既然"思"被认为是达到伦理理想所必需的,那么"思"的对象就可能与伦理理想有关。一些注释者就以这样的方式解释"思"

---

① 阿瑟·韦利,"Analect",pp.44 - 46。

的对象,比如,赵岐(C)认为其对象是善。我们已经看到,"思"某物包括注意某物、反思某物,而且此物经常是人们有赞赏倾向的东西。像倪德卫所注意到的,6A:7 观察到心悦"理义",就如同感官悦其喜好对象,这意味着"思"的对象可能是"理义"。① 这种看法可以由此来获得支持:"思"与"求"时常被并列地使用(6A:15,6A:6,7A:3),而我们在本书第四章第四节看到,告子格言中"求"的对象很可能就是"义"。进一步讲,就像倪德卫也注意到的,"思"与"求"被并列地使用,意味着"思"也有一种"求"。② 所以,对孟子来说,"思"可能是指:引导注意于、并且去寻求心的适当对象,即"义"。

在别的早期文本中,"思"也把义当作对象(例如,LY 14.12,16.10,19.1;TC 627/14,736/9),并认为导向善或义的"思",对人们的为善是很关键的,这一点在下面所引的《国语》的一段被表达出:

> 夫民劳则思,思则善心生;逸则淫,淫则忘善,忘善则恶心生。……瘠土之民莫不向义,劳也。(KY 5/8a.11‑8b.2)

此段中"思"与忘善的对比,显示了"思"与引导去注意善有关,并保持于心。进一步讲,既然民劳被认为引向"思",而且人

---

① 倪德卫,"Philosophical Voluntarism",p.13;参看同前作者,"Motivation and Moral Action",pp.47‑48。
② 倪德卫,"Weakness of Will",p.14。

民引导自己向义,那么"思"也是一种引导自己向义的东西。因此,这段就表达了类似的观点,导向善或义的"思",对人们的为善是很关键的。

返回到 6A:15,这一段比较了心与感官,声称前者思而后者不思。感官被描述为"不思而蔽于物,物交物,则引之而已矣"。注释者大都认为,蔽于物是说：在喜好对象方面,感官就是蔽;物交物是说：这样的喜好对象接触到感官;引之是说：前者引动后者。[①] 对蔽的解释是有争议的,朱熹(YL 1415)认为是"被掩盖""遮蔽",王夫之(705-6)认为是"限于一体之中"(参看 LY 2.2),即感官活动完全依赖于他们与感官对象的关系。

我们需要解决的问题是心与感官的不同,这在 6A:15 用思与不思的不同来描述。一种看法是把这种对比看作心与感官以不同的方式使人行动。感官的活动是自发的,当他们面对喜好对象时,他们被推动着追求其对象,而没有进行思虑。心的活动可能也有这种自发性,因为 2A:6 与 3A:5 等描述的心的反应,在这种意义上也是自发的。但是,感官的活动同时还是自动的,因为一旦被触动,它们就引导人去追求喜好对象,除非心从中介入。心的活动则不是这样的。即使心因同情而自发反应,也不会主动引导行动。反之,必须经过深思熟虑,并决定基于反应采取行动,将决定付诸实践。这样,感官将引导人们做某事,不需要他/她做任何事来使之可能;而心要引导人们做某事,只有在他/她已经主

[①] 也有一些例外。比如,裴学海认为"物交物"中的两个物,都是指外在对象(感官的对象),"交"是指一个外在对象接着另一个去作用于感官。

动做了某些事情,即思虑了、决定了之后,才会去做。①

　　这种讲法有某种可信性,但它还需要被验证。比如,需要考虑 1A:7 所描述的那种属于心的同情反应。尽管有了对牛的同情反应,但齐宣王在主动赦免牛之前,并没有进行深思熟虑。相反,他立即赦免牛,只是顺着同情的反应;至于需要衅钟的想法是后起的,使得他要用羊来代替牛。同样地,从 6A:10 拒绝食物的例子中,可以得到这样的印象:认为接受嗟来之食是自轻自贱的时候,他立即就去拒绝食物,而并没有思虑是否应该按照反应去做。这样,心的反应似乎与感官一样,也可能是主动的。那么,两者的不同只能在别处。

　　两者的不同可能是:感官接触到喜好对象,就被对象引走,既没有能力反思这种活动的正确性,也没有能力拒绝被引走,即使其追求是不正当的。被接触到的喜好对象引走,是感官唯一的活动方式,这提供了对"物交物,则引之而已矣"的解释。这样,感觉"不思"意即它们缺乏反思什么是正确的能力,而且,它们被外在事物所遮蔽了,或者说,它们的活动完全依赖于它们与外在事物的关系(蔽于物),因为当面对喜好对象时,它们完全被这些对象引走,而没有更多的反思。

　　作为对比,尽管心也有自发反应,会自动引导行为而无需进一步的思虑,但它有干预的能力。它能反思什么是正确的,当它认为自己的反应所引发的活动是不正确的,它有能力终止这个活

---

① 在倪德卫那里,可以发现类似于这种提法的解释,"Two Roots or One", pp.744‑745;以及同前作者,"Weakness of Will", p.11。

动。因此,心与感官的一个重要不同,在于前者有能力反思什么是正确的,并相应地规范一个人的行为。另一个不同,涉及心、感官与它们喜好对象的关系。当接触到喜好对象,感官会被引走,以此来获取其对象;与感官不同,心要获得其喜好对象"义",只需要通过"思","思"会实际引导人们去关注义、寻求义。

这种对心与感官不同的解释,符合前面提出的主张:"思"是引导人们去关注义、寻求义的一种活动,这是心的一种特别能力,感官并不具有。那么,一个人以何种方式来引导人们去关注义、寻求义呢?我们已经看到"思"被关联于"求",在本书第四章第四节还看到孟子不同意告子格言的前半部分,意味着"义"是求之于心的。如果这是正确的,那么,"思"可能与前面所说的自我反思过程有关,这是一个由心的伦理禀赋所引导的过程。不过,因为在《孟子》中相当少地提到"思",不可能为"思"的这种解释提供更多的有说服力的论证,即使它符合于孟子其他部分的思想。

二、自我修养的过程

虽然已经通过自我反思发现了转化的方向,一个人依然需要去做事,从而在此方向下转化自己。在《孟子》中,这种修身过程的描述不是很多,但至少有两个相关的段落。一个是 2A:2 的部分,描述养浩然之气的方式,另一个是 4A:27,考虑了在仁义发展中"乐"的作用。

在 2A:2,孟子认为如果"气"没有正确地关联于"义",如果人的行为有不慊于心或不符合其标准,"气"就会"馁"。因此,修身就涉及按照"义"来做事;而且,考虑到孟子"理义悦心"的观点,那么,修身也就是以满足于心的方式来做事。① 另外,孟子还描述"气"是"集义"而生,而不是因"义袭"而为正确的。

关于"集义"与"义袭"的对立,至少有三种常见的解释。第一种认为,这种对立是区分"义"是从心而来的,还是从不依赖于心的源头而获得"义"。第二种认为,这种对立是区分根据"义"来做事是完全倾向于如此做,还是强迫自己抗拒个人偏好而根据"义"做事。第三种认为,这种对立是区分规律地、持续地根据"义"来做事,还是偶然地根据"义"来做事。很多注释者,包括赵岐(C)、张栻、黄宗羲(1/16a.6 - b.7,1/18a)、孙奭、王夫之(540),把这种对立,与将"义"看作内在/外在的区分关联起来,但从解释中经常看不清楚他们支持第一种解释还是第二种。另一方面,朱熹(MTCC,YL 1259 - 63)提出了第三种解释,徐复观支持他的解释,几位译者,包括翟楚与翟文伯、多布森、翟理斯、刘殿爵、理雅各、赖发洛也支持朱熹的解释。② 另外也有不太常见的解释,比如,俞樾把这种对立,看作"气"被"义"引导与"义"系属于"气"的不同。不过,就我所知,没有足够的文本证据,能够对此问题的各种解释进行评判。

在2A:2的讨论中,孟子继续描述了修身的过程,他说:"必有事焉而勿正心勿忘勿助长。"接下来,还讲了宋国的农夫拔苗助

---

① 6B:2段也表达了这一点,一个人成为圣人,就是以圣人做事的方式去做事。
② 徐复观:《中国思想史论集》,p.143。

长的故事,并批评那些放弃修身的人以及助之长的人。"必有事焉"被大多数注家,包括朱熹(MTCC)、张栻、许谦在内,看作人们应该经常致力于实践"义"。① "勿正"或"勿正心",这取决于断句,被一些人,比如黄宗羲引述程明道的话(1/17a.8 - b.3),解释为不要有意识地追求所期望的结果。之所以这样解释,可能是因为如此做会削弱人们的努力。其他人,比如朱熹(MTCC;MTHW 3/5a.6 - 12),将其理解为不要期望结果快速到来,否则一个人要么因为期望结果自行到来而不付出努力;或者付出一点努力,但结果没有立即到来,就放弃了努力或强求此进程实现。②

对于"正",可能是指某种过分的渴望,而这削弱了人们的努力。在这句话中,"必有事"看起来与"勿忘"对应,"勿正(心)"看起来与"勿助长"对应。既然"助长"是由宋国农夫的故事说明的,而故事中认为过于热切损害了农夫的努力,那么,"正"也可能是指这种过于热切。对于"心勿忘"或"勿忘"(这取决于断句),一般被看作心中时时保持,不让其努力退步(例如,朱熹,MTCC),"勿助长"被看作不要过于热切地强迫其过程来达到期望的结果(例如,黄宗羲,1/17a.3)。

2A:2强调需要把伦理发展的目标保持于心中并坚持努力,在别的段落也可以看到。比如,6A:9批判统治者缺乏付出与坚

---

① 大部分翻译者也类似地解读"必有事焉";但翟理斯和赖发洛认为"事"的意思是困难,这个短句是说:困难将不可避免地出现。
② 大部分翻译者采取这两种解释中的前一个或者后一个。但也有例外,翟楚与翟文伯认为"正"是"停止"(可能把"正"修改为"止"),翟理斯则看作"澄清",刘殿爵则把"正心"修改为"忘"。

第五章 修身 221

持,7B:21观察到缺乏毅力会阻碍一个人的发展。至于过于热切的危险,2A:2没有清楚表述,热切如何会削弱人们的努力。朱熹认为,当期望的结果没有立即到来时,过于热切的人就会放弃努力。他可能是从6A:18章的意思中引出这种看法,那里说:"仁之胜不仁也,犹水胜火。今之为仁者,犹以一杯水,救一车薪之火也;不熄,则谓之水不胜火。"对于"仁之胜不仁"的意思,有不同的解释。它可能是说,人们实践"仁"从而克服自己所缺乏的"仁",黄宗羲(2/69a.3－7)就如此理解。它也可能是说,统治者实践仁,从而胜过别的缺乏仁的统治者。无论我们采取哪种解释,这段都强调实践"仁"需要坚持;而当期望的结果没有立即到来时,对结果过于热切会导致人们放弃努力。

但是,尽管朱熹的解释符合6A:18,却不是很符合2A:2中宋国农夫故事中的观点,在这个故事中,产生有害结果是因为过度做事,而不是缺乏坚持。对过于热切的有害影响,有另外一种解释,认为这是刻意地要达成目的,从而影响了其努力。比如,一个有抱负的钢琴家可以把其整体追求目标放在心中,但当练习的时候有意识地追求此目标,会分散其注意力,从而阻碍了其发展。相似地,人们进行修身,要把伦理提高这个整体目标放在心中。但在具体待人时,有意识地追求此目标,可能阻碍他/她真正地关切他人,而关切他人正是目标的一部分。对过于热切的有害影响,还有一种解释,可以从宋国农夫的故事得到暗示。在故事中,禾苗因农夫强迫其生长而被戕害,这意味着此种可能:即使在修身中,也必须逐步地进入期望的生活方式,进展太快则会有不利的影响。① 不过，尽管这两种解释更符合于孟子整体的思想，但没有足够的文本证据来评判这三种不同的解释。

再来看4A:27段，它把事亲、从兄，描述为仁之实、义之实。有人解释"实"为"果实"，就像"花实"中与花连用的那样（朱熹，MTHW；YL 1333；孙奭）。别人解释为"真的实质"，与名相对（焦循），或是"具体的"，与虚相对（黄宗羲，2/20a.7 – 21a.1）。智之实、礼之实，被解释为：知而弗去、节文斯二者。"二者"可能指仁、义，或事亲、从兄。后一个解释被大多数注释者接受，包括赵岐（C）、焦循、朱熹（MTCC）、王夫之（616），这很可能是根据此种对应：4A:27中引述了"斯二者"，7A:15中则引述了知爱其亲、敬其兄。

这段继续以"乐斯二者"解释了乐之实："乐则生矣，生则恶可已也，恶可已则……"，"乐则生矣"被一些翻译者（例如，刘殿爵、杨伯峻）和注释者（例如，王夫之，616）看作"乐出现了"；他们可能把乐当作生的主语。但是，在后面两个短句中出现的"则"，翻译者也都注意到，有"如果/当……那么"的意思，那么，这就支持把在"乐则生矣"中的"则"也可以这样理解。进一步讲，"生则恶可已也"中的"生"可能是指"乐则生矣"中的"生"，后者可能是动词用法。这支持把"乐则生矣"中的"乐"当作动词，指人从"斯二者"得到快乐。因此，我倾向于把"乐则生矣"解释为：当人们从"斯二者"得到快乐，二者就会生长（参看朱熹，MTCC）；进一步讲，当

---

① 这种提议在倪德卫的写作中找到，而我在稍后的讨论还将返回到这个问题上。

第五章 修身

它们生长,它们就无法被抑止。

在前面,我说明了把"斯二者"看作事亲、从兄的理由。而事亲、从兄被看作两种生长的事情,这可以由此得到支持:两者是仁义之实,而 7B:31 把"实"当作某种被扩充或发展的东西。但是,无论"斯二者"是什么,这段都意味着,当人在修身过程中得到"乐",就会更加趋向于仁义,且无法抑止。① 而认为人将在修身过程中得到乐,这符合于孟子的信念。孟子认为人类本来就有在"义"中得到快乐的倾向;而一个人得到了快乐,至少就涉及恰当地倾向于做这些事,而不再需要强迫自己才能做这些事。②

也有人认为,孟子相信:当一个人没有适当情感,而需要强迫自己去按照义做事,那么,就会有损于修身。对于这种关联,可以引用多个考虑因素来说明。第一,孟子在 2A:2 说人的行为不慊于心,"气"就会馁,这可能被解释为:逆着人的倾向做事,会有害于修身。③ 第二,4A:27 可能被解释为:只有那些感到快乐的行为,才对修身有贡献。第三,孟子反对强迫性的修身、反对助长式行为,可能是表达了这样的观点:逆着人的倾向,即使做方向正确的事,也会对其过程有不利的影响。④ 第四,孟子反对把"义"看作外,可能被解释为:反对去做"即使是正确的但与人的倾向相反"的事情。⑤ 最后,4B:19 所说的由仁义行与行仁义的不

---

① 倪德卫在"Mencius and Motivation",p.427 与"Two Roots or One",p.745 中讨论了修身过程的这一方面。
② 朱熹(MTCC;YL 1333)和黄宗羲(2/19b.1-3),认为"乐"有这样的含义。
③ 比如倪德卫,"Motivation and Moral Action",p.46;葛瑞汉,"Background",p.31。
④ 比如倪德卫,"Mencius and Motivation",p.427。
⑤ 这是在本书第四章第三节所描述的对"义内/义外"的多种解释中的一种。

同,可能被解释为：是去做正确的且本身就想这样做的事情,还是强迫自己去做正确的事情呢？而孟子是反对后者的。①

这是个很有趣的建议,尽管我认为文本证据无法提供决定性判断。对第一种考虑,2A:2所说的行不慊于心会导致气馁,可以被解释为不正确的行为,而不是与人的倾向相反的正确行为,对修身有害。② 这种不同的解释,从同段中孟子所说的如果"气"不正确地关联于"义"就会馁,而得到支持。至于第二种考虑,在4A:27并非很明确地包含它所说的那种意涵。实际上,这段可能被解释为：虽然人们开始要强迫自己做正确的事,但通过经常这样做,就会在这些事中感到快乐；当这种情况出现了,如此做事的倾向就会发展,且不可抑止。③ 至于第三种考虑,前面我们已经看到,在2A:2没有足够的细节,能够评判对"修身中过于热切会伤害其进程"的各种不同解释。第四种考虑提出了一种对"义内/义外"的解释,而我在本书第四章第三节说明了拒绝这种解释的理由。第五种解释是关于4B:19,我将在下文进一步讨论。对于这种解释,因为4B:19的语境是关于圣王舜的,我们至少能说,孟子宣扬由仁义行而反对行仁义,可能指的是孟子的这种看法,即关于人们应该怎样才是完善自己的行止,而不是人们在修身过程中应该如何行动。因为文本证据无法作出评判,对于上述观点：虽然按照义,但没有适当情感支持的行为会有害处,我避免把它描述为

---

① 比如倪德卫,"Mencius and Motivation",pp.422–423,427。
② 参看赵岐(C)与朱熹(YL 1254)。
③ 参看朱熹(YL 1335–1336)。

第五章 修身

孟子的观点;不过,同时留有余地,即孟子确实可能有这样的观点。

三、修身中的"气"与"身"

在讨论 2A:2 中养气的观念时,我们看到孟子认为修身不仅影响"心",而且影响"气"。有证据表明,他还认为修身也影响身体。[1] 比如,4A:15 段讲到"听其言也,观其眸子,人焉廋哉",注释者(例如,赵岐,C;朱熹,MTCC)一致把"廋"当作"隐藏"(参看 LY2.10),把这段看作:当别人听其言,观察其眼中的瞳孔时,此人的心灵状况无法被隐藏。朱熹(MTCC)和张栻还有附加的观点:尽管人们的言语可能有欺骗性,但眼中的瞳孔不能作假。

7A:21 章也讲到伦理品质如何在人的身体形态上表现出来:"仁义礼智根于心,其生色也,睟然见于面,盎于背,施于四体,四体不言而喻。"注释者都认为所说的四体,是指人的外在行为;但对于"不言而喻"的含义,则有不同意见。赵岐(C)认为是说,即使一个人不说话,但别人看到其行为举止,也会通过四体形态了解他。朱熹(MTCC,YL 1444)认为是说,人们的四体能够理解其意图,即使他们没有说话,也没有发布命令于四体。俞樾(MTPI)反对朱熹的解释,他认为朱熹解释的"不言而喻",对任何人都是正确的,而与道德品性无关。他也反对替代的讲法:别人能理解一个人的四体,不需要四体说话,这是因为四体不能说话。他自己的提议是修改文本,从而避免说到四体。但是,俞樾反对朱熹

---

[1] 这种观点被陈大齐:《浅见集》,pp.226-234;黄俊杰:《孟学思想史论》,pp.22-23,61-63;杨儒宾:《论孟子的践形观》;袁保新,pp.74-79 等注意到。

的理据，可能并无力量。因为朱熹的观点，可能很好地考虑到：一些有伦理品质的人，其伦理行为是无需努力的（四体不需其努力就能正确地活动），这正是张栻解释此段的方式。不过，赵岐的解释也是可能的，而似乎没有足够的文本证据去评判这些解释。同样地，无论我们接受哪种解释，这段都蕴含着：伦理品质在人们的身体上显示出来。

孟子认为修身影响身体的观点，在 7A：36 中也可以看到，那里他说"居移气，养移体"。还说到"居天下之广居"，这里"广居"可能指仁，因为 3B：2 就在伦理语境下说"广居"，在 4A：10、7A：33（参看 2A：7）中，还提到人居于仁。再一次，这一段关注了人们的伦理品质不仅影响"心"，而且影响"气"与"体"。[①] 既然 2A：2 描述"气"是体之充的东西，并当作某种被"志"引导、支持"志"的东西，而"志"是心的方向；那么，"气"可能作为人的一部分，处于"心"与"体"之间。[②]

那么，在哪种方式下，修身会对"气"与"体"有所不同？在最近的写作中，杨儒宾提出一个有趣的讲法：就像修身涉及人们认识到心中隐含的发展方向一样，它也涉及人们认识到"气"与"体"中隐含的发展方向。[③] 为了支持这一看法，杨先生指出，6A：8 中孟子对"气"的观点与对"心"的观点是呼应的，并提到 7A：38

[①] 这一点符合于本书第二章第一节中的观察：作为修身对象的自我，不是内在的或私有的实体，而是人之整体。
[②] 参看杨儒宾，"论孟子的践形观"，pp.96,111；以及同前作者，"支离与践形"，pp.431-432。
[③] 杨儒宾，"论孟子的践形观"；参看同前作者，"支离与践形"。

中所说的"惟圣人能践形"。为了评价这一看法,我依次考察这两个段落。

6A:8 段观察平旦时人之气,其好恶与人相近也者几希;而在晚上不能保存"气",就会让他/她违禽兽不远了。讲到早晨时的"气"与夜晚时的"气",可能是强调在没有日常人类行为影响时,"气"是什么样子的;这就像 2A:6 提到的一个人突然看到孺子将入井,是强调在没有这些影响时,"心"是什么样子的。同样地,讲到与人之气相近的"几希",谁丢失的话就会近于禽兽;类似于 4B:19 所说的能区分人与禽兽的"几希",君子就在于能够保存它。对孟子来说,这些类似表明,人之气与人之心是相似的:人之心有某些伦理禀赋,当人们免于日常人类行为的影响,且去保存之、养育之,这些禀赋会是非常明显的;那么人之气也具有这些禀赋,当免于日常人类行为的影响,且去保存之、养育之,这也是非常明显的。① 因为,确实有证据支持杨先生的观察,即修身确实与"在已经内在的方向引导下发展气"有关;另外,从孟子在 2A:2,6A:8 讨论"气"之长时所用的植物比喻来看,这种观察也能得到支持。

回到 7A:38,赵岐(C)把"践"看作"居住于",把"践形"看作伦理品质寓于人的身体形态中。另一方面,朱熹(MTCC;MTHW;YL 1451-52)则拒绝了赵岐的读法,把"践"看作"完成",就像"践言"中的一样;朱熹引用并认同程颐的解读,后者把"践形"看

---

① 实际上,这些平衡是很相近的,以至于黄宗羲(2/64b.2-3)甚至把凌晨的气等同于良心,即 6A:8 所讲到的那样。

作人通过尽其"理",而充实其身体形态。张栻的解释类似于朱熹,他理解"践形"为顺着并尽其身体形态之"理"。杨儒宾先生正确地指出:赵岐的解释,是把人的身体形态当作"伦理中立的、伦理品质只是居于其中"的东西;这与朱熹的解释不同,朱熹认为人的身体形态有伦理维度,其实现依赖于伦理品质。除了不认同朱熹关于"理"的解释,杨儒宾先生支持后一种解释,即人的身体形态有伦理维度,其实现依赖于伦理品质。

这两种解释也可以在别的注释者和翻译者中看到。有人解释"践形"为使之完成或者实现人的身体形态。比如,戴震(第29条)把"践形"中的"践"释为"实现"。刘殿爵翻译"践形"为"让他的身体完成其实现",赖发洛译为"获得他的完全形态"。有人解释"践形"为达到或满足于身体形态的设计。比如,翟楚与翟文伯翻译"践形"为"与其身体材质一致",理雅各译为"满意于其身体结构",魏鲁男译为"达到该有的身体材质"。既然这些注释者、翻译者把伦理品质当作完成人的身体形态或实现其设计所必要的,可能他们也认为身体形态有一个伦理维度。作为对比,别的注释者、翻译者认为身体形态是中立的,尽管在修身中要用到它。比如,王恩洋把"践形"看作居于或使用人的身体形态去实行道。陈荣捷翻译为"把他的身体形态完全运用",多布森译为"正确地操作(身体之功能)"。

只考察"践"的用法自身,并不足以判定这个问题。《说文》解释"践"为"履",而"履"是脚所踏之处。因为走路时可能有,也可能没有一种脚所跟顺的方向或设计,那么"践"的解释也就是开放的,无法确定"践形"是否与跟随某个发展方向有关，或符合于人的身体形态的设计。在早期文本中，"践"以两种方式使用。有时候，人践行不需要有一个依顺的方向，或符合的设计，就像"践"特定的地方（KY 19/10b.2），或者马蹄可以践雪这一事实（CT 9/1）。有时候，"践"某物则涉及依顺确定的方向，或符合特定的设计；这样的例子包括践行其诺言（LC 1/2a.4－5）、践德（KY 3/2a.1）、践迹（LY 11.20）。而有时候，尽管人践行可能有特定的方向，但践行这件事本身不需要依顺确定的方向，或符合特定的设计。比如，"践"一个政府职位，就是说他拥有了一个给定职责的职位，但并不必然表示：他完成了这些职责（例如，TC 159/14；KY 17/2b.1）。《孟子》5A:5 就是这样使用"践"，那里讲到了舜"践"天子位。这样，就"践"这个字的用法本身来说，它不能对 7A:38 的某一种解释有多过其他种解释的支持。

但有趣的是，5A:5 中的一个平行结构，能够使 7A:38 更容易理解。5A:5 说：尧去世后，只有百姓以某种方式回应了舜，他才能够占据天子之位。这样的语境暗含着：在某人"践"天子位这件事获取其正当性之前，需要满足特定条件，即使这并不意味着这个人实际完成了与该职位相关的职责。现在，7A:38 说，只有一个人已经成为圣人了，才能践其身体形态。像我将在本书第六章第三节讲到的那样，关联于"践形"的"可以"，也暗含着特定条件需要满足，从而使得一个人践其身体形态是可能的或适当的。

这些观察显示孟子很可能把身体形态看作有某种伦理维度；

尽管，我们如何阐明这种伦理维度，这些段落还是留有余地的，即是否身体形态中确实有与圣人相符的特定设计或圣人所认识到的发展方向。比如，在本书第二章第一节，我们讨论了与《论语》政治思想有关的两个观念。一个是"知人"的观念，即评价一个人的品性，并在此基础上任用人。① 另一个是说，有修养的人有能力吸引他人、转化他人，而理想情况下这种力量应该成为治理的基础。这两个观念，都关联于这样的看法：人的道德品质不可避免地在身体形态中显现；也就是说，正因为它们是如此显明，才能被别人看见，并会有转化他人的效果。而既然有修养的人有这样的转化效果，这就意味着，修身的效果扩展到自己之外了。

这样的观点也可以在《孟子》一些段落中发现。比如，2A：2说人修养的浩然之气至大至刚，塞于天地之间，这意味着修身的效果超出人本身，达到了宇宙秩序。② 可能，就像赵岐（C）和许谦已经注意到的，"塞于天地之间"部分地涉及修身效果在自己之外的扩展，它包括了有修养的人处理任何事情的方式。另外，我们在本书第三章第三节看到，在早期文本中，"气"被看作这样的东西：其平衡会同时关联于人类的秩序与自然界的秩序。这种对"气"的看法，可能在2A：2段中也有效。在7A：13和7B：25章，同样描述了有德之人的转化力量，7A：13则观察到君子"与天地同流"。另外，4A：12说修身是政治秩序的基础，而且，"诚"有一种

---

① 在"Some Ancient Roots"，墨子刻讨论了早期儒家关于人们能力的乐观主义，或者至少有教养的人所有的"识人"的能力。
② 陈大齐（《浅见集》，pp.231－232）作了有趣的观察，浩然之气是指它充满了天与地之间的空间，不屈是指它不被贫困、财富、强力所改易。

第五章　修身

转化力量,"诚"被描述为天之道,"思诚"则是人之道(参看 7A:4)。可能,有德之人的转化力量被比作天的作用:像天一样,他/她的运作方式是精微的、不测的(参看 7A:13),他/她的影响能达到任何东西,使任何东西被滋养、转化(参看赵岐,C;朱熹,MTCC;张栻,在 7A:13)。为了更好地理解孟子思想的这个方面,接下来我转而讨论他的政治思想。

第三节　自我教化与政治秩序

与孔子一样,孟子把有德之人的转化力量看作治理的理想基础。如果管理者是正直的,那么其他人都会正直,人类社会也会有秩序(4A:20;参看 7A:19,4A:4)。而且,与《论语》一样,《孟子》虽然强调转化的力量,但也讨论了政府治理的细节。① 这样的例子有:任用可敬且有能力的官员(1B:7,2A:4-5)、重视农业以提供百姓的需求(1A:3,1A:7,3A:3,7A:14,参看 7A:20,40)、强调教育的重要(1A:5,2A:5,3B:8)以及提出使用土地的规范(1B:5,3A:3)。所谓的仁政或不忍百姓之苦的政府政策,正是仁心或不忍百姓之苦的心的呈现。但是,不仅仁心是重要的,而且从自古以来的仁政中获得的引导也是重要的;另一方面,正确地评判这些政策,也同时需要仁心和能力这两方面(4A:1,参看 7B:5)。

---

① 参看徐复观:《中国思想史论集》,pp.138-140;袁保新,pp.117-124。

除了这些在本书第二章第一节讨论《论语》时已经讨论过的观念,孟子还强调了三种观念。第一,他更明确地阐明了:社会秩序有赖于家族内部具有的正确态度,进一步取决于自我修养。7B:32 段把修身关联于天下的平安,4A:11 和 4A:28 把家族内的适当态度关联于平安与秩序(参看 LY1.2,8.2)。4A:5 段描述了人作为家的基础,家族作为国的基础,国作为天下的基础;这与4A:12 的进展过程相似,尽管有些不同。

第二,孟子强调获得人心是合理治理的基础。4B:16 段有这样的观点,要成为真正的王,取决于是否得到百姓真心的拥护,而反过来这又取决于是否善待百姓。4A:9 强调只有通过行仁政而得民心,一个人才能成为真正的王(参看 7A:14,7B:14)。相应地,也正是百姓的回应,显示了此人获得了从天而来的权威,从而能够顺受天子的地位(5A:5-6)。

第三,孟子还认为,若是百姓被吸引到仁君那里,仁君就能够统一天下,带给社会平安与秩序,而且这是无敌的或不可战胜的。"仁者无敌"在《孟子》中出现过数次(2A:5,3B:5,4A:7,7B:3-4)。陈大齐已经注意到,无敌可能是说这样的统治者没有敌人,也可能是说不存在能对抗这样统治者的敌人。[①] 孟子有时候观察到因为获得百姓的拥护,仁君就不会遇到敌对,在此意义上成为无敌(例如,1A:5)。但有时候,他也讲到如果仁君被迫战争,为什么必然会胜利(例如,2B:1)。在他看来,没人能抵抗拥有百

[①] 陈大齐:《孟子待解录》,pp.129-135;我对此段的讨论,是从陈先生的讨论引出。

姓拥护的仁君(1A:6-7,2A:1),而当仁君征伐不仁的统治者时,无需费力就能赢得胜利(7B:3)。所以,孟子可能是从这两方面来提出仁者无敌的。一方面,仁君享有百姓的拥护,且在理想情况下无可匹敌,在此意义上是无敌的。另一方面,腐朽的统治者很少会试图反对仁君,因为仁君有百姓的拥护,将很容易击败这些反对者,从而是无敌的。

在孟子尝试推动统治者去行仁政时,他经常诉诸此观点,即行仁将使君主成为无敌的或不可战胜的,从而成为真正的王。考虑到孟子时代的政治状况,这是可以理解的,即他所描述的仁政效果正是统治者们想要的。他还把"仁"关联于"荣",而缺乏"仁"就是"辱"或"耻"(例如,2A:4,2A:7,4A:7,4A:9)。之所以这样,可能是因为"仁"能够获得别人的拥戴,这是"荣"的处境,而缺乏"仁"导致附属于别人,这是"辱"或"耻"的处境。另外,为了推动统治者行仁政,孟子还指出百姓将报答统治者对他们的善待。也就是说,百姓将用爱与敬,来回应统治者对他们的爱与敬;而且,如果统治者与他们同乐,他们也将乐君之所乐(1B:4,4B:28)。反过来,如果统治者暴虐地对待下属和百姓,后者就会把他当作寇雠(4B:3,7B:7)。[1]

关于仁政的政治益处,在 1A:1 与 6B:4 也出现过,在文中孟子对比了"仁义"与"利"。在这两章,孟子分别对梁惠王与宋牼说:治理国家时关注"利"会导致国家的灾难性后果,而关注"仁

---

[1] 陈大齐(《孟子待解录》,pp.190-191)注意到孟子的这些观察,与墨子的类似,即墨子基于关心和利于他人会引导别人同样去对待自己,从而辩护兼爱。

义"则会有理想的结果。这两章的某些部分还可能意味着,孟子在宣扬用"仁义"而不是"利"来作为政治口号。在1A:1,他敦促梁惠王谈论"仁义"而不是"利",在6B:4,他同样敦促宋牼不要和秦楚的国君讨论"利"。这使得一些注释者,比如赵岐(C 1A:1;CC 1A:1,6B:4)、焦循(1A:1)、孙奭(1A:1),认为孟子主要关心的,只是在政治中使用哪种口号?

不过,尽管在1A:1开始,孟子描述了自统治者而下所有人都在谈论"利",但他接着讨论了,当所有人都求利时会引发的严重后果。类似地,在6B:4,他讨论了所有人感到愉悦于"仁义"或被(悦)仁义所推动的效果,以此来反对"利"。① 所以孟子关心的可能不只是口号,更是政治的具体实践。他敦促梁惠王、宋牼不要讨论"利",可能是因为他认为言论会产生严重后果,在3B:9和6A:1,就提到了杨朱、墨子、告子的错误教导的灾难性后果。在上述这两段中,孟子可能认为梁惠王强调"利",将导致他下面的人为"利"所困;而宋牼讨论"利",将导致秦楚的国君唯"利"是图。

这看起来可能令人困惑,既然孟子把政治益处归功于仁政,他应该反对关注"利"。特别是经常引用儒家观点的《左传》和《国语》这两本书,都把"义"描述为产生"利"的基础(例如,TC 200/12,339/10,391/1,437/6,627/14;KY 2/1b.9 – 11,7/5b.9 – 10,8/7b.9 – 11,10/8b.5;参看 KY 3/3a.1 – 2,3/3b.2)。要解释这种

166

---

① 参看本书第四章第三节,对于"悦",有解释为"被感动"的可能性。

困惑,不能简单地说儒家总是在贬义上使用"利"这个字。因为在《论语》和《孟子》中,有时候将它与使百姓受益联系起来,这就是在积极意义上使用。①

对此问题,有很多可能的回答。第一种建议是,尽管孟子可能在便利百姓的正面意义上宣扬"利",但他倾向于在贬义上使用这个字(例如,M 7A:25)。因为孔子的看法,经常是反对"利"的(例如,LY 4.16,14.12);而且,孟子需要使自己远离墨家,而后者是宣扬"利"的。第二种建议是,尽管孟子不反对与"义"一致的"利",但只要人们关注"义",伴随"义"的"利"就会随之到来,因此,人们没有必要关注"利"。②

第三种建议是,根据赵岐(C 1A:1)、朱熹(MTCC 1A:1)所述,在政治环境中,"利"经常是指军事上的强盛、获取土地与财富之类,孟子就是如此理解梁惠王所讲的"利"。既然孟子认为统治者不应该被这类成就所迷住,他在政治语境中就避免使用"利"。王充(100/1-5)批评孟子,因为他以这样的方式而不是以百姓安危的方式,不正确地解释了梁惠王所讲的"利"。但是,根据6B:9等章节,对那个时代的统治者来说,构成"利"的东西,可能确实就是这类政治成就(参看余允文,MTHP 1/1a.3-2a.2;胡毓寰,1A:1)。

最后还有一种与第三种相关的意见,在政治语境下宣扬

---

① 在《孟子》7B:10,"利"与"德"是呼应的,但这里"利"不可能被用作正面的意义;赵岐(C;CC)和焦循都认为,这里的"利"是指牺牲了"义"而只考虑他们自己利益的情况。
② 参看陈大齐:《孟子待解录》,pp.64-68。

"利",会较容易地引导统治者以及政府官员去求利。这种求利,一定程度上是在使国、家、自己都获利的意义上说的。① 这可以从1A:1看到,梁惠王明确地说"利吾国";而孟子则认为统治者的关注,应该是引导下面的人去关心他们家族与他们自己的利益。1A:1的这一方面,甚至可能是对墨家宣扬"利"的一个隐性批评;也就是说,在政治语境下说到"利",不可避免地会在一定程度上关注个体的"利",而墨子却把这种"利"当作混乱之源。

尽管仁政有政治益处,但孟子还是反对关注"利",上述就是几种可能的解释。但还有另一种解释,因为它考虑了早期文本中有时会出现的两种义利关系观之间的紧张,所以被凸显出来。比如,在《吕氏春秋》中,尽管"利"有时候被呈现为从"义"而来(例如,LSCC 4/10b.7,19/11b.4‐5,22/4b.1‐2;参看13/10b.5‐7),但有时候也被看作某种与"义"冲突的东西(例如,LSCC 11/9b.9‐10)。对这种明显的紧张,一个可能的解决方案是:会与"义"冲突的"利",关心的是人们的个别利益;而从"义"而来的"利",关心的是普惠公众之"利"。② 但是另一种可能,也暗含于《吕氏春秋》的观察中:小人以利为目的,结果得不到"利";而恰是以不利为目的,才会得到"利"(LSCC 22/1a.8‐1b.1)。这个观察意味着,即使在利于自己的意义上来说"利",求利本身也会有害于"利"的获得。这样,反对关切"利",可能并不是因为任何一种不受欢迎的"利",

---

① 参看墨子刻,pp.260‐262;王恩洋:《孟子疏义》,1A:1。
② 对于这种与孔子、孟子思想有关的明显紧张,冯友兰(《新原道》,pp.17‐18)提出了此解决方式。

而是因为这种关切会伤害到目标的获得。这种观点在道家文本中很常见,它遍及于《老子》,在《淮南子》(例如,HNT 14/8a.2)、《列子》(例如,LiT 8/7a.6 - 8)等其他文本中也可以明显看到。

  回到孟子,虽然他反对盘算这些政治益处,因为它迷住了那时的统治者,但他似乎不认为这种考虑在根本上是不可取的。在他与统治者的对话中,他指出如果统治者行仁政,这样的目标就能够被获得(1A:1);而且,获得财富这样的东西并无问题,只要统治者与百姓同享财富的快乐(1B:5)。这样,在敦促统治者不要关注"利"时,孟子不是说"利"本身有什么问题,而是指出只有在行仁义,而不是以利为目的时,"利"才能被获得。有多位注释者,包括朱熹(MTCC;MTHW 1/2a.5 - 2b.5;YL 1218 - 19)、张栻、许谦、苏辙,在评论 1A:1 时已经注意到,孟子的观点是:统治者所关心的目标,只有当他行仁政,而且没有刻意追求政治收益时,才能被实现。

  实行仁政所成就的东西,可能就是某种接近于、但不完全等同于统治者开始所想要的东西。比如,统治者可能开始想要无敌,这是在拥有更强的军事力量意义上说的,但仁政所达到的,是在不遇到或只有最少敌对的意义上达到无敌。不过,仁政所达到的,依然是统治者想要的东西;进一步,还可能是某种比他原来关心的目标更让统治者满足的东西。① 因此,认为只有在行仁政时没有刻意追求其结果,这种结果才会因为行仁政而

---

① 关于 1B:1 中的喜爱音乐,孟子表达此观点:对王来说,与人分享他对音乐的喜爱,比自己喜爱音乐有更多的满足。

获得,这样的信念对于探讨孟子为什么反对关心"利",提供了一种附加解释。

有别的段落也隐含着:仁政的后果会在没有刻意追求此结果时出现。比如,4A:9就指出,一位好仁的统治者不会不成为王,即使他没有想要成王。别的段落更强烈地主张,仁的结果取决于不去意图于此结果,比如3B:5描述了百姓尊敬汤,是因为认识到他不是期望拥有天下才去征伐别的国家。另外,3B:16和6A:16也有此观点的陈述;至于2A:3和4B:19,也能用这种观点来解释。

6A:16段不仅考虑了统治者寻求成为王,还考虑了人们寻求政府中的官爵。尽管只要人修天爵(伦理品质),其人爵就会到来,但那些为了谋求人爵而修天爵的人,将不可避免地失败。多位注释者,比如朱熹(MTHW 11/10a.1－5;参看 MTCC)、张栻、许谦,已经注意到,孟子的观点是:人爵会顺着人们修养天爵而来,但只有在人们"不是以修后者以作为达成前者的手段"时,人爵才会顺之而来。

4B:16段观察到那些借助"善"来获得他人拥护的人(以善服人),不能真的获得他人的拥护;但那些借助"善"来养护他人的人(以善养人),将获得天下的拥护,从而成为真正的王。这种对比,可能是指这样两种人的对比,即那些利用"善"以谋求他人拥护的人,与那些真正善良,而且养护他人但不刻意追求他人拥护自己的人作对比;而只有后者,才能成功得到他人的拥护(参看张栻)。所以,依然是这样的观点:只有不带着获取结果这样的目标心态去做事,"善"才会有特定的政治结果。①

真正行仁义与为了政治益处而行仁义,这两者之间的对比,提供了对 2A:3 一种可能的解释。这段描述了霸主依赖力量而利用仁或假装行仁(以力假仁);这与真正的王者不同,王者依靠"德"而真正的行仁(以德行仁)。前者可能会行仁,甚至是假装行仁以谋求获得政治利益,但他们不能真正得到他人的拥护。后者有"德",行仁时也没有意图政治利益,结果却能真正获得他人的拥护。这种对比也提供了对 4B:19 中观察的可能的解释,那里说舜"由仁义行",而不是仅仅行仁义。朱熹(MTHW 1/5a.4 - 9)的解释,认为它强调了舜是真正的仁义,且由此而行;不像霸主那样,是利用仁义以谋求获得政治利益。但是,也有另外的同样可行的解释。比如,通过对两者进行对比来解释:那些真仁义的人,与那些必须强迫自己行仁义来修养自身的人(例如,朱熹,MTCC;YL 1349);或者,那些行仁义但没有以这样概念去想的人,与那些有仁义的概念并寻求付诸实施的人(例如,黄宗羲,2/32b.1 - 3);抑或,那些完全发展自己的伦理禀赋而成就仁义的人,与那些从外面强加仁义于自己的人(例如,焦循;参看孙奭)。

孟子为什么反对为了政治利益而行仁似乎已经很清楚了。但有一段,似乎与这种解释相冲突。根据 7A:30 中"假之"与

---

① 4B:16 段看起来与 2A:3 段冲突,后者比较了依靠"力"来获得他人拥戴的人,与依靠德"来"获得他人拥戴的人,而只有后者被认为是成功的。两段的冲突是这样的,在 4B:16 中说以"善"服人会失败,而在 2A:3 中则说以"德"服人会成功。一种解决方式是说,2A:3 更多地强调了"力"与"德"的对立;而且以"德"服人,并不一定含有:以谋求他人拥戴为目的,才来实践仁。

2A:3中"假仁"的对应,可以把7A:30中的"之"当作"仁",我们再次看到,文中把五霸描述为利用仁或假装行仁。但这段继续说,如果人利用仁或假装行仁的时间长了,就无法知道他本来是并没有"仁"的。赵岐(C),以及接受他的张栻、焦循、孙奭、余允文(YMP 1/15b.8 - 16b.1;TMHP 2/1b.8 - 2a.3),都认为上面的评价是说:如果一个人利用仁或假装行仁的时间长了,他就会真的有"仁"。这种读法被很多翻译者接受,包括刘殿爵、魏鲁男、杨伯峻,赖发洛也可能如此。张栻、焦循、余允文还加了限制,认为五霸利用仁或假装行仁的时间不能持续很长,所以不能真正成为"仁";余允文还认为,孟子作此评论是为了鼓励统治者坚持行仁。但是,即使有这些限制,认为一个为了政治利益利用仁或假装行仁的人,将会有"仁",还是会与别的段落冲突;在这些段落中,认为如果一个人为了政治利益而行仁,就不可能达到其目的。

但是,并不能明确说7A:30中的这个看法,就应该如此解释。朱熹(MTCC;参看YL 1449)就反对这种解释,认为这个看法是说,如果一个人利用仁或假装行仁的时间长了,他自己或者别人将不会意识到他并不是本来就有仁。这种解释也被很多注释者接受,包括许谦和黄宗羲(2/83b.8 - 84a.5)。不过,就我所知,这段文本自身并未偏向某种解释;尽管孟子在别的章节中反对为了政治目标而行仁,为朱熹的解释提供了一定的支持。

为了完成对孟子政治思想的讨论,让我们转向他对一些批评的回应,即那些对他在政治环境中的个人活动所进行的批评。《孟子》中有数个他拒绝见统治者或某权贵的例子,因为他们没有按照"礼"来对待孟子。这导致了批评：如果孟子愿意会见那些权贵，尽管违反了"礼"，但他可能能实现他所期望的政治变革，从而帮助百姓。我们在本书第三章的第二、三节看到，孟子自己承认，"礼"有时候会被别的考虑所压倒。在5B:1中批评伊尹、柳下惠、伯夷时，他也反对政治活动中的呆滞死板。但在政治领域中，他自己坚持符合"礼"，把"礼"看作高于百姓的福祉，似乎他自己也过于僵化。这一批评在3B:1也看到，在那里陈代质疑孟子为什么不愿意委屈自己一点，而成就所期望的政治变革。在4A:17也有，在那里淳于髡用援嫂子以手的例子来指出，如果忽视对"礼"的违反，孟子可能已经救济天下了。

孟子在3B:1的回应是说，陈代提出在政治场合应该"枉尺而直寻"，这是根据"利"得出的看法；而如果"利"是主要考虑因素，人也可以"枉寻直尺"。孟子说"枉寻直尺"会引致"利"，这似乎是令人迷惑的。因为，如果人们可以为了较少意义的东西，而放弃更有意义的东西，这样来说"利"是很古怪的。有人已建议这是孟子的一个滑转。[①] 但也有另一种可能，孟子指的是某种特定类型的收获，而那种放弃的东西尽管有更大意义，但并不能有助于得到这种类型的收获。

我们看到，在1A:1和6B:4中孟子反对逐"利"的时候，"利"是以政治益处而被理解的，比如获得土地、财富、军事力量。考虑到3B:1中的政治语境，孟子可能认为，陈代说"枉尺而直寻"时，

---

① 比如，陈大齐：《孟子待解录》，p.86。

就是在说类似的政治益处。如果这样，孟子所讲的"利"，就是指这样的政治益处。这种解释可能从同一段中的御者例子来获得支持。这个例子是说，人们委屈自己去使别人得到"获禽"这样的物质收获。按照这种建议，"枉尺"是指自己接受羞辱性的待遇，相对来说，这比"直寻"所指的政治益处更值得重视。既然"利"是关于政治益处，而自己所接受的羞辱性待遇不会因为政治益处（如果这真的会得到）而减少，那么，就不会再对孟子由"枉尺而直寻"来说"利"，感到有什么困惑了。

但是，问题依然存在。也就是说，如果孟子的对手是正确的，即认为他去做的话可能已经带来重要的政治成就，那么，为什么孟子不委屈自己一点？对孟子来说，回答可能是：利于百姓的唯一方式是引导统治者行仁政，而不是帮助他们获得土地、财富和军事力量。但在 3B:1 的结尾，孟子指出"枉己"而能"直人"是不可能的。相似的观点在《论语》中也可以发现，是这样表达的：正己以正人（LY 13.13；参看 12.17），举直错诸枉（LY 2.19，12.22）；而且，正（LY 1.14）、直（LY 18.2）的观念都关联于"道"。孟子认为，他的任务是正人之心（例如，3B:9），而他说"正"他人或者"直"他人，显示了他在政治领域的目标是"正"统治者，而不是帮助达成统治者所关心的政治成就。在孟子看来，如果人们委屈自己，就不能"正"那些权贵。这可能是因为他将成为一个坏的榜样，也可能是因为委屈自己将导致缺乏转化的力量，而这是转变别人时所需要的。

相似的观点，在 4A:17 中也可以看到。在本书第三章第一节中关于嫂子溺水的例子,我们考察了用权的问题。淳于髡提到这个例子时,批评了孟子在政治环境下固守"礼"。这种批评是说,如果孟子愿意忽视对"礼"的违反,去会见那些权贵,他可能已经获得他们的信任,从而拯救天下。不过,依照《孟子》,在嫂子溺水的例子中,"权"能让人忽视"礼"而援手以救嫂子;这种情况下,救嫂子的方法是援手,而违反"礼"并不会影响到这种方法。但在政治环境下,人们救天下是用"道",忽视对"礼"的冒犯却会伤害这种方法。因此,这也解释了孟子何以用反问来结束 4A:17:是否有人会认为用手就可以救天下呢? 其中隐含的可能预设是:在政治环境下,如果孟子忽视自己在被对待时违反"礼",将不能与"道"一致。这一观点在 3B:1 的结尾也可看到,孟子把"枉己"关联于"枉道"。也就是说,既然"枉己"或"枉道"的人,不能"直"他人,那么这样的人也就不能转变那些权贵,从而也就不能救天下。[①]

第四节 伦理的失败

上文已经考察了修身的性质及其与政治秩序的关系,让我们转向讨论人们不能为善的情况。《孟子》中有几种对伦理失败的笼统描述。比如,它被描述为人放弃或丢失其心的情况(6A:8,6A:10,6A:11);或者丢失了均衡感,让不太重要的东西伤害更重

[①] 参看刘殿爵在"Method of Analogy"中对 4A:17 的讨论,p.245。刘先生讲了有趣的一点:要挽救帝国,涉及引导帝国去获得"道",而这不能以妥协"道"的方式来实现。

要的东西——心(6A:15,参看6A:14)。① 如果只是强调伦理失败是不能存心、养心,这样的笼统描述,并不能告诉我们多少关于失败根源的信息。

当然,还有对伦理失败更为具体的描述,这可以分为三种。第一,有些人完全不能被引向伦理理想。4A:10段描述了有些人的"言"与礼义相反,这就是所谓的自暴;可能这些人已经认识到礼义的观念,但是有意识地反对之。从这段中,看不清楚孟子所批评的对象是谁,但可能包括那些明确反对儒家理想的思想对手,以及那些被别的显然与礼义冲突的追求所迷住,因而反对礼义的人。梁惠王就是后一种情况,他被"利"迷住了,这种"利"可能是强大其国家(5A:5)、增加其人口(1A:3);另外,那些被孟子严辞谴责的人(7B:1)以及那些杀人以政(1A:4)的人,也是这种情况。

第二,有些人某种程度上被引向伦理理想,但很少或者没有致力于此方向。人们可能是因为关注于别的追求而不努力,但是,还是会有一种对自己不去努力的合理化论证。这可能就是这类人的情况,即宣称缺乏"能"去为善;孟子在数个场合提到过这类人。比如,2A:2描述不去修身的人,因为他们认为这没有效果;2A:6和4A:10把那些认为自己缺乏"能"去为善的人看作戕贼自己或"自弃"。一个实际的例子是齐宣王,他已经问到了自己是否"可以"照顾百姓;而他把失败归咎于他自己特定的政治抱负(1A:7)或者混乱的欲望(疾;1B:3,1B:5)。另外,还有那些做了

---

① 6A:14是否指向心,这并不清楚,尽管赵岐(C)和朱熹(MTCC)这样解释此段;而参照6A:15,也能够支持这种解释。

第五章 修身 245

一些但不够努力的人,因为他们缺乏投入或者因为他们期望立竿见影的结果,当结果没有马上到来时,他们就放弃了。前者是6A:9中所描述的统治者情况,后者是在本书第五章第二节中讨论的现象。①

第三,还有一些被伦理理想所吸引,实际上也投身其中的人,尽管如此,但他们却失败了。这可以归因于他们把这个过程推动得太急了,或者是因为错误的理由而被伦理理想所吸引。前一种现象在本书第五章第二节讨论过,后一种则在本书第五章第三节中,涉及那些渴求仁以获取某种政治利益的人。

上面的讨论,显示了伦理失败可以有不同的来源,比如错误的教导、被别的欲望充斥、缺乏热爱与坚持、过于急躁。在这些因素中,孟子特别强调了错误的教导和扭曲的欲望。2A:2段和3B:9段,描述了错误的"言"(教导)如何会导致错误的政策以及有灾难性的后果,3B:9和6A:1指出了墨子、杨朱和告子的"言"会产生的灾难性后果。孟子所反对的"言",既包括思想对手的教导,还可能包括给予统治者的建议。比如,6B:4描述了宋牼以"利"来游说秦王、楚王,会怎样给国家带来灾难性结果;3B:9和6A:9则观察到王需要在那些善良且能提供合理建议的人的陪伴下才能有所进步。②

---

① 在6A:9中,把"一人专志于学棋与一人分神去想着射雁"这两者作比较,是很有趣的。因为在早期文本中,立志有时候被比作射箭时的瞄准;但这里说想去射雁,强调的却是一种意志的分散。
② 依照赵岐(C)和张栻,我把6A:9所提到的那些让王暴露在寒中的人,解释为就是那些提供坏建议的人。

对于扭曲的欲望,在 1A:7 讲到,齐宣王说他的大欲是扩展土地,统治中国;另外,在 1B:3 和 1B:5,齐宣王说其"疾"在于好勇、好货、好色。"疾"可能意味着病(LY 2.6)、对某物的厌恶(LY 8.10,14.32,15.20)、快速(M 6B:2)或者热切投入于某物(MT 13/56,25/37,35/37,36/23)。它还能指向一种内在的无序,比如,《墨子》(14/2)和《国语》(14/10a.11 - 10b.1)都把个人的"疾"与政府的无序相比。在 1B:3 和 1B:5 的语境中,"疾"可能是指自身一种强烈的、极端形式的恣意妄为。"疾"被齐宣王提出来作为他实行仁政的障碍,可能是因为:当齐宣王结束与孟子的谈话而回到政府的实际事务时,他的"疾"会导致他去做违反孟子建议的行为,甚至会看不到孟子建议的价值。孟子在 7B:35 宣扬寡欲时,可能已经意识到了欲望的这种扭曲影响。① 同样,他强调常人的"恒心"依赖于"恒产",可以为这一事实提供解释:如果基本的需要没有满足,人们会以一种阻碍他们的伦理发展的方式来专注于他们的生计(1A:7,3A:3)。但是,过度奢华的生活同样会有危险,因为会变得过度放纵,而不致力于伦理追求(6A:7)。

孟子对这些伦理失败源头的看法,会对理解 6A:15 中所讲的伦理失败图景造成困难。在这一段,伦理失败被解释为跟从自己的小体(感官),而不是跟从大体(心);而且,只要心去思,伦理理想就会被获得。从这一段看来,孟子似乎把伦理失败的源头完

---

① 参照其他段落的"存心"(比如 4B:28,6A:8),有利于把 7B:35 中的"存"解释为是指保存心。朱熹(MTCC)采取了此种解释,但赵岐(C)则把这个"存"看作保存人的生命。

全归于感官。但如果这样，此观点就很难与上面描述的对伦理失败源头的解释相协调。

这里的困难，并不是由于感官无法脱离心官，而能够自己活动。因为即使是这样，依然可以把感官当作伦理失败的首要源头；也就是说，心独自的活动不会导致伦理失败，但与心之活动一起的感官运动则会导致伦理失败。① 同样，困难也不是孟子在其他章节所描述的，伦理失败是因为人们"放失其心"，即把伦理失败看作关于心的事情。因为即使伦理失败涉及"放失其心"，这种"放失"也可能主要是由于感官活动。而且，困难也不是王夫之(695)所提出的那样，认为既然孟子把伦理失败描述为一种跟从人之小体的事情(6A:15)，或者为了小体而伤害了大体的事情(6A:14)；那么就必须有一个主体，它跟从小体，并因此而伤害大体。依照王夫之，这个主体就是"心"，那么伦理失败依然要溯源到"心"。但是，并不能完全明确地认为这个主体肯定是"心"，它完全可以是整体的人。不过，即使这个观察是正确的，依然能够把感官当作伦理失败的主要源头，其原因在于，总是因为感官的倾向，而导致心去顺从小体。

实际上，考虑到伦理失败可能发生的不同方式，真正的困难在于：不像 6A:15 所暗示的那样，似乎伦理失败的主要源头有时候却是在"心"上。比如，同意错误的学说，完全可以主要溯源于心的功能的错误，而不是感官的活动。而且，也不能清楚表明，所

---

① "感官运动涉及心"这种观点在早期文本中可以看到(例如，LSCC 5/9b.6 - 10a.1)，在后世儒者比如王阳明(例如，201 条)那里也有强调。

有导致伦理失败的扭曲欲望都可以溯源到感官活动。比如,尽管一个国王专注于扩展领土,可能源于他对感官满足的渴望,但这也可能是为了提高其权力的欲望,这就不必然关联到感官满足。王夫之以"思"的概念明确阐述了一个相关的问题:6A:15观察到人们如果"思",就获得伦理理想;但是,如果"思"可以是任何种类的反思,那么似乎"思"也可能是错误的。王夫之(701)对此问题提供的一个解释,认为孟子在6A:15中提到的这类"思"不是泛泛的反思,而是指向义的那种"思"。这种提法,与本书第五章第二节中所描述的对"思"的解释相通,即认为"思"是反思义、寻求义。但是,依然可以这样认为:不道德的行为可能因为心的特定活动而导致,即使这类活动不是6A:15中所提到的那种"思"的情况。

至于矫正伦理失败的这两种主要源头,对于错误的教导,治疗需要显露它们的错误;而这也正是孟子所说的他为何去辩论的原因(3B:9)。对于扭曲的欲望,它们可能导致人排斥伦理理想;或者即使人们一定程度上被引向伦理理想,在实行时欲望依然能使其不再看到伦理理想,或以缺乏能力的名义而使其不努力合理化。一种矫正方式,是说服那些在欲望影响下的人,使他们相信为善恰恰会引生他们所欲望的东西,而不是与之冲突。孟子就经常采用这样的策略。比如,他对梁惠王说,实行仁义将会有很好的政治效果;对齐宣王说,仁政以及与百姓共享对物的爱,符合甚至有助于其"大欲"目标的实现(1A:7,1B:1,1B:5)。

使用这种策略可能导致此种印象,孟子宣扬仁义,是因为他们会带来个人益处。顾立雅甚至根据这些段落,认为孟子是在宣扬一种"开明的自利"。① 尽管这可能部分地描述了孟子在与梁惠王、齐宣王对话中讲到的东西,但并没有完全把握住孟子的观点。在与统治者对话中,孟子确实诉诸政治益处;但我们看到孟子同时还辩护了儒家理想,即这个过程同时实现了那种已经蕴含于心的伦理禀赋中的发展方向。所以,尽管诉诸政治益处有助于刺激那些沉迷这些政治益处的统治者,但如果只是这样理解,可能并没有抓住孟子对于实行仁义的根基的主要观点。②

为了完成关于伦理失败的讨论,让我们考察孟子对于"善"的某些伪装的看法。依照《孟子》,尽管行仁义,可能获得别人的赞成以及一个好名誉,但为了这样目的而行仁义的人,并不是真的"善",而只是获取某种伪装。在 6A:17 中,孟子描述了好的名誉是自身有仁义的一个结果,而且,在 2A:6 和 3A:5 描述心的自发反应时,他强调了这种反应不是去谋求他人的赞成。对于 7B:11 章,有一种解释认为它描述了意图求名的人会有怎样的行为,比如他能放弃千乘之国,但在无意中还会表露真实的自己,这从"放弃小如箪食豆羹的东西还很勉强"中可以看到。不过,这不是对 7B:11 段唯一可能的解释,赵岐(C)、张栻、孙奭就解释为,这段描述了两种不同的个体,一种试图为自己求名的人,一种则不是。

---

① 顾立雅,*Chinese Thought*, pp.86 - 87。作为比较,蔡信安(《从当代西方伦理学观点论孟子伦理学》, pp.406 - 408;《道德抉择理论》, pp.150 - 154)认为孟子是在辩护行仁义,因为这是有利于公众的。
② 参看李明辉:《儒家与康德》, pp.148 - 152, 183 - 194;袁保新:《孟子三辨之学的历史省察与现代诠释》, pp.138 - 139, 146 - 150。

对于那些谋求他人赞成,只是伪装"善"的人,最精确的说明是7B:37中对乡愿的描述。这段引用了《论语》多个观点(LY 13.21,17.13,17.18,参看 13.24),其中孟子详细阐述了孔子所说的"不得中道而与之,必也狂狷乎"。① 狂者被界定为一种勇猛向前,非常喜欢古人的人;狷者被界定为一种不去做某些事情的人。这种不去做某些事情(不为),在4B:8和7A:17中被强调,在7B:31中则被关联于"义"。7B:31还给出了不要穿墙或逾墙而得妻(参看3B:3),以及不接受轻贱的称呼方式(参看6A:10)的例子。这也与7B:37中的"不屑不洁之士"相关联;此处很可能与"耻"有关,即认为自己卑下的感觉,孟子认为这对于自我提高非常重要(7A:7,参看7A:6)。② 至于乡愿,则被界定为一种其生活方式完全契合于社会评价的人。他们的目标是别人的好评价,而既然他们顺应地调整其生活方式,就很难在他们身上发现任何明显可批评之处。他们的生活方式看起来是好的,人们赞成他们,他们也认为自己是在适当地生活。不过,尽管他们看起来很像有德的人,从而某种程度上让人们容易误解他们是有德的,并给予他们"德"之名;但是,他们并不真的有德,从这个意义上说,他们就是"德之贼"。

---

① 这里,我把"中道"里的"中"看作动词用法。
② 在7A:6,"无耻之耻无耻矣"已经被提供了多种不同解释:"从无耻到有耻的转变,使人能免于耻"(焦循);"耻于自己的无耻,能使人免于耻"(赵岐,被朱熹引用,MTCC,张栻也同意);"没有耻的那种耻,是真正的无耻"(刘殿爵、杨伯峻)。第一种解释是不可能的,因为联结"无耻"与"耻"的"之",经常被用作从一处到另一处的意思,但在早期文本中很少被用来说从品格的一状态到另一状态(参看杨伯峻)。对后两种解释则难以作一个判断,两者都对两次出现的"无耻"有不同读法:第一次出现的无耻是指对自己的卑微没有感觉;第二个是指免于耻(第二种解释)或者真的缺乏耻(第三种解释)。不过,无论我们采取那种解释,7A:6都清楚地强调了"耻"的重要性。

至于狂者与狷者的一致之处,就在于他们被推动着提高他们自己;前者被成贤的渴望所推动,后者被自感低微的感觉所推动。而乡愿与这两者的不同,主要在于:除了获得他人的赞成,他们没有真正地提高自己的担当感;而且他们满足于此,只要获得了赞成,他们就认为自己是在适当地生活。他们是典型的"为人"而不是"为己"来提高自己的例子;既然他们是为了他人的赞成而行善,就使得他们的行为更为表面而不是真正的"善"。①

孟子批判那些让生活方式契合于别人评价的人,看起来就会有些令人困惑。因为他自己有时候似乎也说,修身应该由别人的回应来引导。比如,4A:4 观察到,如果别人没有以亲、序、礼来回应自己的爱、治、礼,就应该去反省自己的仁、智、敬;而且,还观察到,如果人们与他人相处不顺畅,人总是应该反省自己。4B:28 段类似地描述了,无论何时与他人相处不顺畅,君子应该如何反省自己。而 2A:7(参看 LC 20/12a.5 - 7)把行仁比作射箭,当发而不中时,要去反求自身来看是否正确地端正了自己。对于这些看起来困惑的观察,可以根据孟子关于有教养的人会产生转化效果的观点,从而作出合理的解释。既然有教养的人能引发别人的特定回应,那么没有合适的回应就显示自己品性的不足。也就是说,虽然根据别人的回应而调整自己,但并不是把别人的回应当作修身的目标,而仅仅把它们当作一种评估自己进展的方式。

---

① 4B:28 段指出了不是真礼义的那种礼义,这被看作描述了一种可能类似乡愿的情况,即一个人看起来是、但并没有真的遵守礼义。但也可以被看作描述了那些做得过火的事情,即尽管尊敬是礼,但过分尊敬却不是礼,即使它看起来像礼(例如,张栻引用了程子)。

252　　　　　　　　　　　　　　　　　　　　　　　孟子与早期中国思想

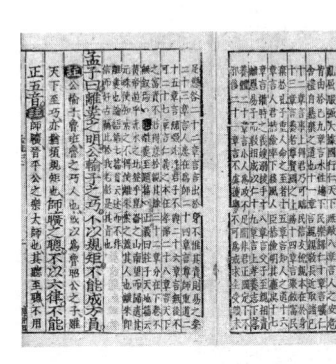

第六章

性

第一节 人　　性

一、性的用法

前面已经考察了孟子对修身的观点,让我们转向他对人性的看法。安乐哲最近质疑了把"人性"翻译为"human nature"的一般译法。他认为尽管孟子可能相信系属于人的某些东西是天然的,且是所有人普遍具有的;但孟子更多地把人性看作一种文化成就,而这需要以天然的、普遍具有的东西为背景来完成。[①] 这种提法已经引起了进一步的争论,其议题不仅涉及翻译的问题,还有更实质的问题,即孟子如何使用"性"这个术语以及他如何看待人性。[②] 这两个问题虽然是相关的,但并不相同。比如,尽管"性"这个字本身,没有天然的普遍具有的内涵,但孟子依然可能认为构成人性的是一些天然的、普遍具有的东西。我将依次考察这两个问题。

我们在本书第二章第三节看到,早期文献中的"性",被用来指在生命周期中一物的成长方向,或者指因生存而有的需要与欲望,或者指其特定趋向或倾向。孟子所使用的"性",至少在一些场合,是指一物的特定趋向。这可以从段落 7A:21、7A:30 与 7B:33 中"性"的动词用法,以及在 6A:6 与 6A:8 中"性"与"情"(实,真的)的平行使用来看到。

---

① 安乐哲,尤其 pp.143-145。
② 比如布卢姆;刘述先,"Some Reflections"。

"性"在 7A:21,7A:30 与 7B:33 是动词性用法：7A:21 有"君子所性",7A:30 有"尧舜性之也",7B:33 有"尧舜性者也"。在上述每一段,性都可能是关系到"仁"或者"仁义礼智"。7A:21 章比较了君子"欲之"的东西(即所乐的东西)与君子"所性"的东西,在此章"性"的对象就是仁义礼智。在 7A:30,比较的则是尧舜,这是性之者；与汤武,这是身之者；以及五霸,这是利用之或假之者。既然在 2A:3 中霸主被描述为利用或者假装仁的人,那么,在 7A:30 中,性的对象也可能是"仁"。在 7B:33,比较的是性者尧舜,与反之者汤武；参照 7A:30,显示了这个类比也可能是从"仁"的角度出发来考虑这些人的。

让我们先考察 7A:21。仁义礼智这些伦理品质为君子所"性"是什么意思呢？注释者至少提供了三种解释。第一种,认为是指君子生来就有这些伦理品质。比如,朱熹(MTCC, YL 1443-1444)把"君子所性"看作君子所得于天的东西；张栻也认为是君子生来就有的东西。这种解释还隐含在理雅各的翻译中,认为环境并不能增加或者毁损君子所性者；也就是说,这些伦理品质生来就系属于君子,且并不随环境改变。

在第二种解释中,"性"某物是修养自身以至于此物真正成为自己的一部分。安乐哲可能就以这种方式来翻译"君子所性",因为他翻译为"君子修养而成为(性)的东西"。① 这样,孟子所说的不被环境所影响,就是认为如果人们已经很坚定地培养了自己的

---

① 安乐哲,p.153。

道德品质,那么就不会被外在环境所动摇,不管环境是有利的还是不利的。

王夫之(pp.738-740)对此段的评论提供了第三种解释:君子"性"某物,是因为他把此物当作性,因此去顺从之、养育之。这种解释还被葛瑞汉和牟宗三所提出,在刘殿爵和魏楷的翻译中也有所反映。① 这种解释把7A:21章与7A:24章关联起来,在后一章中,孟子所关注的似乎也是那种可能被当作"性"的东西。按照这种解释,孟子所说的不被环境影响,可以被解释为:君子把伦理品质当作"性",是因为这些特征在自己掌控之下。也就是说,人们可以不管外在环境,只凭自己就能获得伦理品质;但"广土、众民、中天下而立、定四海之民"是依赖于环境的。比如说,颜回就获得了前者,而没有后者。

上述三种解释都能应用于7A:30和7B:33。第一种解释可以说:尧舜生来有"仁",不需要学习与修养,而汤武则需要学习与修养自身,才能获得"仁"。② 第二种解释可以说:尧舜性"仁",在于他们真正能体现"仁",且不需努力即可实践之。③ 第三种解释可以说:尧舜性"仁",在于他们把"仁"当作他们的性,而养育之、顺从之。④

第一种解释认为伦理品质是生来就系属于君子(7A:21)和

---

① 牟宗三:《圆善论》,p.161;葛瑞汉,"Background",pp.32,38。
② 比如朱熹(MTCC)和孙奭。在葛瑞汉的"Background",p.28,因为他把7A:30和7B:33中的"性"看作"生来就有的",可能也有类似的解释。
③ 安乐哲(p.160)以这种方式解释7A:30中的"性之"。
④ 王夫之(pp.738-740)以这种方式解释7A:30中的"性之"。

尧舜(7A:30,7B:33)的,从而使他们与那些跟他们对比的人区分开。但是,这种解释是不太可能的,因为在《孟子》中没有证据表明,孟子认为人们在生来的伦理品质方面有所不同。相反,在6A:7,孟子主张古之圣人与其他人是同类者;圣人之所以不同,是因为他们先发现、获得所有人的心之所同然者。在4B:32,孟子强调尧舜基本上是与其他人相同的;在4B:28,他说舜也是与别人一样的人。在4B:19,孟子观察到人类与别的动物只有"几希"的差别,而君子与普通人之差别,只是因为前者能够保持这些"几希";在4B:28也有相似的观点。而且,在4B:28,孟子描述君子是那些渴求仁义等品质的人,这样他就不可能认为君子是生来就有这些品质的。4B:14段也可以被读作类似的含义,即君子期望获得的以及所安身的东西,可能就是"仁";因为在4A:10(参看7A:33)中,"仁"已经被表述为人之安宅。①

至于第二、第三种解释,我们对第三种有一个重要的反驳。因为这种解释把动词用法的"性"看作"当作人们的性";如果我们接受这种解释,我们应该对7A:21中动词用法的"欲""乐",以及7A:30中的"身""假"也采取类似的读法。但是,这样的读法对于这些术语中的某几个,是不可能的。比如,王夫之(p.739)在7A:21中使用此种方式,把动词用法的"欲""乐"看作:把某物当作人欲望的东西或者人在其中感到快乐。但是,这样解读似乎更直接:欲之、乐之就是欲望它、从它得到快乐。在7A:30,"假"似乎

---

① 王夫之(pp.738-739)也反对7A:21中的这种解释。

是指利用某物或者假装去实践某物，而不是把某物当作"假"。因为在2A:3，也用"假仁"来描述霸主，而"假仁"是与"性仁"（把"仁"付诸实践）相对比的，那么霸主可能必须与利用"仁"、假装实践"仁"有关。

那么剩下给我们的就是第二种解释，它把动词用法的"性"看作包含某物或者使其成为自己的部分。在本书第二章第三节，我们看到"性"能被用作名词，指一物的趋向特征，而这种名词用法与刚才描述的动词用法相一致。因此，对"性"采取第二种解释的论证，就为以这种方式来解释"性"的名词用法提供了支持。

更直接的证据，来自《孟子》中"性"与"情"的关联。在6A:6，当被问到他关于"性"的立场时，孟子的回答却是讨论"情"。在6A:8，当用植物喻来表达即使堕落的人也有伦理才能时，孟子从讨论山之"性"转到讨论人之"情"。这些观察说明了，对孟子来说，"性"与"情"是密切相关的。而且，"性"与"情"在其他早期文献中也是相关的。比如，《商君书》描述普通人的"性"，说"民之性：饥而求食，劳而求佚，苦则索乐，辱则求荣"，接着说"此民之情也"（SCS 13/5 - 6）。在早期文献中，"性"与"情"还都用来描述感官与其喜好对象的关系。一方面，孟子描述感官与其喜好对象的关系为"性"（6A:7, 7B:24）；在《吕氏春秋》杨朱五章的子华子段，也用感性欲望来描述"生"，而在杨朱五章，"生"与"性"是可互换的。另一方面，感官与其喜好对象的关系又被用"情"来描述，这不仅在杨朱五章，在《吕氏春秋》别的章节中也出现过。

为了更好地理解这两个术语的关系，让我们首先考察"情"的用法。在早期文献中,"情"经常用来指关于某情形的事实。比如,审判某人时,应该根据事势之情(TC 85/5;KY 4/1b.3);在治理时,理解下民之情是很重要的(MT 13/2－7)。"情"是某种能够告知他人的东西(例如,KY 19/11b.8;TC 643/2)、隐瞒的东西(例如,TC 476/8,552/3)或者听说的东西(例如,TC 394/1)。"情"还常常关联于"实",即事物之真正所是者(例如,KY 3/37.4,3/40.13;LSCC 17/20a.1),从而它会与人们的名声(例如,TC 815/3)以及虚假表象(例如,TC 204/5;KT 1/78.8－9;LSCC 3/16b.1;MT 36/2)相对比。当用于"X之情"句式中去讨论X的"情"时,"情"一般指X的某些特性。比如,感官之情欲望其喜好对象(LSCC 5/9b.6－10a.1);而人之情则追求长生与荣誉,厌恶死亡与耻辱(LSCC 5/10a.7－8,8/4.b2－5)。有时候,X之情可能是指作为一个类的X's(复数的X们)的某些特性,但在每个个体的X中,并不包含这些特征。比如,庶民有不同的能力,被描述为庶民之"情"(ST,p.250,no.33);性别之不同,被描述为人类之"情"(MT 6/35)。但更经常地,X之情是指这样一些特性:由于每一个X具有某种情,所以作为一类的X's也具有了这种情。当"情"用来指感官追求其喜好对象的趋向,或者指人类欲望与厌恶的趋向时,便是如此。

当被用于指一类事物的特性时,"情"经常被用来指能够彰显此类事物之真正所是的那种深层特征。比如,在《国语》中,人之"情"被描述为人之实,或者在此人表象背后而彰显此人之真正所是者(KY 11/1b.4－1a.3)。在《吕氏春秋》中,教之情(LSCC 4/

12b.9－13a.1)、宝之情(LSCC 5/7b.1－9)、乐之情(LSCC 5/7b.9－8b.4)、葬之情(LSCC 10/5a.1－6a.1),都表现了这些事物之真正所是者,而与当时的惯例与意见不同。在《墨子》中,"情"则被看作某种甚至圣人也不能变更的东西(MT 6.33－40)。

因此,我倾向于同意葛瑞汉,用"一物之真正所是者"来解释"情"。但是否接受葛瑞汉把"情"译作"essence",并用亚里士多德式的本质来解释"情",我有所保留。这一方面是因为我不愿意把亚氏的架构置入早期中国思想家那里,另一方面是因为并不清楚早期中国思想家是否明确区分了本质属性与偶然属性。① 葛瑞汉通过引用《庄子》中惠施质疑没有"情"的人能否被称为人("人而无情,何以谓之人",T 5/54－60),来支持把"情"解释为"本质"。那么,假设我们聚焦于惠施的质疑,先不考虑惠施与庄子可能在对"情"的使用方式上存在分歧,以及惠施所质疑之"情"指的是情感这一可能;即使如此,"情"还是可能仅仅指人类的某些特别显著的、普遍的、难以改变的特性,但这并不必然具有那种与偶然性对立的本质性内涵。②

这些讨论显示了,在早期文献中,"情"可能被用来指一类事物的典型特征,即它能够彰显此类事物之真正所是者。在前面的讨论中,我们已经看到无论在《孟子》还是在别的早期文献中,"性"的使用都与"情"有关。在本书第二章第三节,我们还看到,

---

① 葛瑞汉,"Background",pp.33,59－65。参考同前作者,*Disputers*,pp.98－99。
② 我要感谢伊莱娜·布卢姆和万百安对我的分析的有益评论。葛瑞汉也引用了《孟子》6A:6(其中讲到"情")与 2A:6 中的主张,即人们普遍具有某些伦理禀赋,那些缺乏这些禀赋的人,不能真正算作人。我将在 6.1.2 中讨论这种主张中的性。

第六章 性

在早期文献中,"性"可以用来指一个对象的特性。这些观察意味着,"性"的用法和"情"的用法可能以如下的方式而联系起来。X's之情是关于X's的某些典型特征,这些特征彰显了X's之真正所是者。我们已看到,有时候,X's之情可能是作为一类的X's所具有的东西,而此类中的每个成员却并不一定具有;比如,当把庶民在能力上的不同,当作庶民之"情"时,就是如此。但更经常地,X's之情只是关于X's中个体所具有的特征,尤其是每个个体X都有的趋向。这样的例子包括:作为人之"情"追求长生、厌恶死亡,以及作为感官之"情"被引向其喜好对象。而当"情"指这样的趋向时,这些趋向也被当作X's的"性"。这样,就解释了"性"与"情"何以会平行地使用。

但是,这两者依然有不同的侧重。"情"强调的是X's有某些属性趋向这一事实,但"性"则强调属于X's构成部分的那些趋向的呈现。而且,"情"强调那些"很难改变的能够彰显X's之真正所是"的趋向,但"性"则强调这些趋向容易受到所有因素的影响,且能被培养与伤害。① 另外,两者的不同还表现在:"X之情"能指那种作为一类的X's的特性,但并不作为每个个体X的特征;但"X之性"则不能这么用。比如,孟子3A:4,就把物与物之不同,当作物之"情"。但是不能说此种不同是物之"性"。实际上,如果我们用"性"来作一个比较观察,我们只能说:物之"性"是不同的。这样,虽然"性"与"情"是紧密相关的,有时候还可以从一

---

① 对于这后一种观察,我要感激伊莱娜·布卢姆。

个字转到另一个字,但并不能说,这两个字是同义字,或者总是可以互换的。①

考虑到"性"与"情"在《孟子》中的关联,那么在《孟子》中"性"的名词性用法,就可能是指某物的属性倾向。这样,能够符合前面对《孟子》中"性"的动词用法的解释:使得某种东西成为自己的一部分。现在再回到这个问题:使用"性"时,是否会指向某种不学而能的东西? 我倾向于否定回答,但也有所保留。我们并没有明显的理由,说明一物的属性趋向必然是天生的;所以,在一定程度上,"性"所指的那些趋向不需要承载这种含义。看起来似乎会这样:如果 X 之性包含 X's 的特征趋向,它在成为 X 时就已经有这些趋向了,所以无须再去获得这些趋向。但考察《左传》所讲的小人之性好勇,这个结论并不能随之得出。因为,即使人们在成为小人时已经有好勇的趋向,这些趋向依然可能是在成为小人的过程中所获得的;也就是说,人们可能在成为小人的过程中,学习了这些趋向。② 不过,这种思路确实显示了"人性"中的某些有趣的东西。假设"不学"是指成为人的过程中不学,似乎随着此思路而来的就是:"人性"中包含了不学而能的趋向。但是,即使这是正确的,也并不影响这种观点,即认为"性"这个字本身,不需要有指向某种不学而能的东西的含义。

---

① 我感激墨子刻,他指出需要增加这种限定。
② 葛瑞汉("Background",pp.20 – 21)以文中提到的小人之性,来说明公都子所报告的第三种性论的后半部分,即"性"是恶的。不过,尽管这种考虑下的那些好斗趋向,是小人作为一个小人的品性,但他们不必然是作为一个人的品性,也就不必然能描述为"人性"。

第六章 性　　263

187　　至于"性"是否会指向某种普遍具有的东西,"性"的用法中并没有排除"认为一类物的性可以不同"这种可能性,所以也倾向于否定性回答。在《孟子》6A:6,公都子表达了人类之"性"各有不同的观点。① 在 6A:7 考虑到人在口味上的差异,孟子自己也仔细考虑了"性"在不同人中并不相同的可能性。虽然我们并不清楚 6A:7 中所讲的,是人之"性"还是口之"性"。② 但无论如何,既然孟子仔细考虑了(尽管实际否定了)同类物的"性"有不同的可能,由此事实就显示了"性"本身的用法并不含有这样的含义:对同类中所有物来说,"性"都是相同的。这个观察,也给出了不要把"性"当作一类物的本质的理由;因为如果是本质,那么理应对所有同类事物来说都是相同的。

二、孟子对人性的看法

根据前面几节的讨论,我倾向于把"性"这个字本身的用法,看作并不具有某种天生的、普遍具有的东西的含义;这个结论有一个局限,即继续思考下去将会得出"人性是某种天生的东西"的结论。那么,下面的问题在于,孟子在考虑"人性"的时候,是否将其看作某种天生的、所有人普遍具有的东西。为了解决这个问题,我们需要去看孟子到底是怎样讲"人性"的。

---

① 《论语》中所说的"性相近",也阐明了此种观点:使用"性"的时候,并没有像一类事物的"情"那样,要求所有个体的必须相同。
② 葛瑞汉("Background", p.39)把"性"的主体看作易牙。但是,主体也可能需要与味觉相关,像我们所看到的,"性"与"情"的用法是密切相关的,而感官指向喜好对象的这种倾向,有时候就被描述为感官之"情"(比如,LSCC 5/9b.6 - 10a.1)。

264　　　　　　　　　　　　　　　　　　　　　孟子与早期中国思想

在本书第五章第一节,我们看到孟子相信:心具备某些"包含会实现于伦理理想的发展方向"的伦理禀赋。孟子这种发展的特征,在多个方面与杨朱描述的"性/生"类似。杨朱宣扬与"性/生"相比,感官满足与外在财物是次要的,并认为让后者伤害到前者会导致失衡;孟子相似地认为感性满足(如 6A:15)与外在财物(如 6A:10)次要于"心"的发展,并将对此发展的伤害描述为失衡(6A:14-15)。还有,杨朱讲养性/生,认为性/生是归于天的;孟子说"养性以事天",而这是一种存心的事情(7A:1)。这些相似,以及 7A:1 中性与心的联系,与 7B:24 中性与伦理品质的联系,显示了孟子把"性"看作由心的伦理禀赋所隐含的发展方向所构成,或者至少以之为核心。①

问题是孟子是否把这些伦理禀赋当作天生的、普遍具有的东西。有一个考虑,可能被引用来显示孟子确实把伦理禀赋当作天生,即孟子用"良"来描述爱父母、敬兄长的"知"和"能"(7A:15),描述心(6A:8),描述仁义之真正的贵(6A:17)。朱熹(MTCC 6A:8,6A:17,7A:15)把"良"当作本然之善,张栻(7A:15)则认为既有"本"的意思,又有"善"的意思。但是,把"良"解释为"本"是有争议的。赵岐(C 7A:15)认为"良"是"甚",王夫之(p.735)认为是"善",裴学海(7A:15)认为是"真正所是的",焦循(6A:8,6A:17,7A:15)认为它兼有"善""美""甚"的意思。而解释"良"为"善",可以让我们讲通在《孟子》中(如 3B:1,6B:9)以及在别的

---

① 这是一种被唐君毅所强调的观点(《原性篇》,pp.28-31)。

第六章 性

早期文献中多处出现的"良",如良马、良医、良臣、良工、良农和良商等。有些场合,"良"可能有真正所是的意思,就像"义"被描述为"良宝"一样(MT 46/27-30)。但是,就我所知,早期文献中所出现的"良",没有一个有"本"的意思。因此,《孟子》中把"良"关联到心以及其伦理禀赋,并不能支持说孟子认为这些禀赋是天生的。

不过,还是有一些证据表明,孟子确实认为伦理禀赋至少涉及了某种天生的东西。尽管对 7A:15 中的"良"难有确解,但孟子确实在此段中把爱父母、敬兄长描述为人所不学而知,不学而能的事情。另外还有一个考虑,即这种伦理禀赋与"天"的联系。在 7A:1 中,"性"与"天"相关联;在 3A:5 中,如果我们在本书第四章第五节的解释正确的话,那么孟子则把看到父母尸体时的反应当作来自"天";正因为这样,埋葬父母是正确的。而且,因为在 5A:6 中,孟子还描述说"天"是不能归于人的,那么,把那些反应归于"天",就意味着这些反应并不是通过学习而获得的。

不过,即使孟子相信心中的伦理禀赋具备某种不是通过学习而获得的东西,但依然有可能,这些天生的东西必须加以精化以及培养才能发展为在《孟子》一些段落中所呈现的那种形态。比如,尽管可能有某些本能的同情反应,并非通过学习获得的,但还是需要通过教化来加以精化与培养,从而使它们发展成 1A:7 章所描述的那种同情反应。在这段中,讲到齐宣王看到一头牛,就觉得它好像是无罪之人而就死一样。但是,这个反应已经预设了一个无罪的概念,而这就是需要学习的。① 相似地,6A:10 中讲到的对侮辱对待的反应,预设了对"什么才是正确对待人"的理解,这也是需要学习的东西。

或者可以再来考察 7A:15,它把爱父母、敬兄长描述为培养仁义的出发点。尽管爱父母,开始就已经有"依恋那些从他们那里得到照顾、得到食物的人"这样的形式,但更具体化的形式的"爱",则需要个体获得相关的知识,比如爱慕对象的概念,即父母;并认识到什么构成了父母的福祉。相似地,敬长可能开始于"对其尊重,但并不以其为长者"这样的形式,但想要理解家族中年长者与年幼者的区别,以及认识到对待他们的不同行为标准则需要学习。这样,尽管孟子可能相信有不学而能的反应,这样能够对伦理理想怀有感情;但为自我反思提供基础的那种伦理禀赋,很可能是通过正确的养育,从而完善了此种反应。②

还有一个问题,孟子是否把这样的伦理禀赋,或者至少把不学而能的反应(禀赋是反应的一种精化)当作某种普遍具有的东西呢? 在 2A:6 和 6A:6,他说四端是所有人都有的;在 2A:6,他强调谁缺乏了这四端,就不能称之为人了。在 6A:6,他与认为不同人的性是不同的观点保持距离;在 6A:7,他强调圣人与普通人是同类的,而且,喜爱理义的倾向是所有人的心都普遍具有的。在 6A:10,他主张任何人都是欲义甚于欲生;在 7A:15,他描述了所有的孩童

---

① 尽管 2A:6 没有提到,人们同情反应中所指向的赤子是无罪的,但 3A:5 在引用这个例子时,确实指出这一点。
② 一种王大卫所强调的观点,"Reason and Emotion";参看同前作者,"Universalism Versus Love With Distinctions"。

第六章 性

都知道爱父母；及其长，则尊敬兄长。这些观察证明，他认为伦理禀赋，或者至少把不学而能的反应（禀赋是反应的一种精化）当作被所有人普遍具有。不过，尽管我支持把"人"译作"human beings"的观点，但还是有疑问：孟子认为所有人都具有这些反应时，人的范围为何？以及孟子在何种程度上认为人皆具有这些反应？

安乐哲提出了一种很有趣的可能，即人可能并不是那种生物学意义上的人，而是某种程度上已经被教化的人。① 这可能从早期文本中出现的某些"人"字来获得支持。比如，在《论语》(14.9)中孔子回答弟子一个如何评价管仲的问题时，说"人也"；这里，"人"似乎指某位有一定成就的人。② 另外，还频繁使用"成人"来指有成就的人（例如，TC 704/17），似乎暗示着，要完全成为"人"，需要取得一定的成就。

但是，某些早期的文本，像《墨子》（例如，MT 6/35，32/30），也用"人"来指这样的人，即作为与别的动物不同种类的"人"；而这样似乎就表明，成为"人"不取决于其取得的成就。上述两种用法可能是相关的：虽然"人"经常被用来指作为种类的人，但早期的思想家也正是从社会的角度上，把"人"看作特殊的物种。比如，尽管墨子用"人"来指作为与别的动物不同种类的"人"；但他也认为，如果缺乏了社会区分以及处理这些区分的规范，"人"会变得像别的动物一样（MT 12/4-5）。类似地，荀子用社会的不同（辨）和区别（分），描述了使人成其为人（HT 5/23-28，参看 9/69-73）。

---

① 安乐哲，p.163；郝大维、安乐哲，pp.138-146。
② 但是，刘殿爵（*Analects*）把这里出现的"人"当作堕落的人。

这样,"人"区别于别的动物,不是因为其生物构成,而是因为他们有能力取得一定的文化成就。不过,如果"人"是指那种"以有能力取得一定的文化成就"为特征的物种,那么以这样方式使用的"人",其自然的延伸就是:要(真正地)成为人或者成为一个完整的人,则需要有一定的成就。

回到《孟子》,由于把人当作一类来引用(6A:7)以及人与其他动物的对立(4B:19),"人"也被用来指这样的人类,即作为一个区别于其他动物的物种。而且,"人"也会被用来指一类中的那些还没有被教化的成员:"人"被用来同时指庶民与君子(4B:19),或者指赤子,因为对赤子的同情被描述为不忍"人"之心(2A:6)。另外,孩童爱父母,被用来证明"人"有不需要学习就有的"知"和"能"(7A:15)。同样地,这类人区别于别的动物,不在于其生物构成,而在于他们有能力取得一定的文化成就。比如,有些章节把否认他们的社会特性的人(3B:9),或者没能运用其能力的人(6A:8),描述为低级动物,或者接近于低级动物。

因此,《孟子》也像别的早期文本一样,把"人"看作因其社会能力而区别于低级动物的一个物种。我们已经看到,孟子相信某些伦理禀赋,或者至少相信某些不学而能的反应(上述禀赋就是此反应的精化)是所有人都具有的。在本书第六章第一节,我们也看到孟子认为这些禀赋或反应,是一种使人们能去实践伦理理想的东西。可能他的观点是:那种定义了人之所以为人的文化成就能力,正是因为人具有此种禀赋或反应。在一定程度上,如果某个人缺乏此种禀赋或反应,就是缺乏文化成就的能力。而既然作

191

第六章 性　　　　　　　　　　　　　　　　　　　　269

为物种的人类,是以文化成就的能力为特征的,那么由之而来的就是:如果有人缺乏了此种禀赋或反应,就不能称之为"人"了。

如此,上述的孟子最后一个观察,并不是术语学意义上的关于"人"用法的主张。反而,它有实质性的评论,涉及两个主张:第一,人类这个物种的成员,普遍具有某些伦理禀赋或反应;第二,那种使其成为人的文化成就的能力,依赖于此种禀赋或反应的呈现。另一方面,他的观察并不只是直接的经验概括。如果是这样,只要有某人没有此等禀赋或反应,就可以证伪其判断。实际上,允许人们可以缺乏这些禀赋或反应,将会引出对"使人有文化成就的那种东西是什么"的重新考虑。像我们将在本书第六章第四节看到的那样,荀子就否认孟子的观察,并认为那种使人成其为人的文化成就的能力,是一种"可以"(capability)的东西,它与"能"(ability)不同,并不依赖于伦理禀赋的呈现。

三、4B:26章

认为"性"是由心中某些伦理禀赋内含的发展导向所构成的,这可能是多种对杨朱观念的反应中的一种。杨朱的观念,是以生物学方式解释"性/生",并把"性/生"当作人们的正确发展方向。由《管子·戒》篇所代表的思想倾向(在告子对其立场的解释中也有),保留了第一种特征,而拒绝了第二种。它同样以生命力来解释"性/生",但认为要把义加到"性/生"之中。某种程度上,由《管子·内业》篇所代表的思想倾向同时保留了这两种倾向,但有所改变。它以"气"(vital energies)来解释性/生,并主张通过静心来养气。而如果能排除心的干涉，气的反应就会按照儒家的方向来引导人们。与之不同，孟子的反应却是保留了第二个特征，而反对第一个特征。对孟子来说，"性"依然是对人的正确发展导向，但不再被看作等同于"生"，后者是以生物学方式理解的（参看 M 6A:3）。也就是说，"性"是由心中伦理禀赋内含的发展导向所构成的，而理想情况是，"心"应该引导"气"（参看 M 2A:2）。

孟子对"性"的理解不同于其他人之处，在于他不再以生物学方式来理解"性"。从 4B:26 可以看到，孟子可能已经意识到他与其他人的不同。在此段中，他评论了关于"性"的主流看法。但是，对于这一段是着重在"性"上说，还是着重在"智"上说，有不同的看法。虽然此段开始引述了孟子时代人们讨论"性"的方式，但接着就是对"智"的讨论，所以有人认为这段主要是关于"智"，而不是"性"（例如，朱熹，MTCC，赞成引用程颐；胡炳文）。但是，也有人质疑，认为如果这段主要是关于"智"的，那么为什么开始会引述"性"，所以认为这段还是着重于讨论"性"（例如，王夫之，p.637）。不过，对我的目的来说，判断这段主要着重于"智"还是"性"，并不重要；因为我关心的只是这段话所显示出的东西，即孟子对当时的性论持什么样的态度。

这段话可以分成三部分。(a)部分，把"故"作为流行的性论的特征，并宣称："故者以利为本。"(b)部分，反对那种无趣的、穿凿的"智"，而观察到理想的"智"应该是无事（不导致事情发生），就像大禹引导水一样。(c)部分，观察到如果人们寻求关于天之高、星之远的"故"，就可以推算出千年之后的夏至日/冬至日。

(b)部分的解释,相对来说没有什么争议。尽管"性"这个字没有出现在(b)部分,但注释者一般都同意,这部分支持顺"性",而不是强加事情于其上(例如,朱熹,MTCC;张栻;孙奭)。在(c)部分,"故"的解释是不清楚的,在注释者中也难以取得一致;但很明显,这部分对"故"的评价是正面的。主要的分歧在于对(a)部分出现的"故"和"利"的解释。"利"已经有两种解释,当孟子贬斥地使用时,它被解释为利益;也曾被解释为"顺利"或"顺着事物之过程"的意思,就像 7B:37 中的复合词"利口"那样。对于(a)部分的"故",至少有四种不同的解释方式:路(迹)或者"性"的原始条件(本);事物的引发,像"事故"中的那样;前面的或者过去的(旧);习惯的或经常的。对应于这四种"故"的读法,就有四种不同的对(a)部分的解释。①

第一种解释,由朱熹提出(MTCC;YL 1351–54),把"故"看作性之"迹",把"利"看作顺着事物的过程。根据朱熹,"性"不是直接可见的;但它通过很容易被看到的方式显现出来,而且是顺着事物的自然过程。这样,在讲述"性"时,应该在其表现的路径寻求"性",这就是顺着事物的自然过程(利)。相似地,俞樾(MTPI)把"故"看作"性"的原始条件(本),把"利"看作遵循这个原始条件。张栻和黄宗羲(2/38a.8–40b.1)有相同的解释,而且在理雅各和杨伯峻的翻译中也暗含着此意。这种解释可以从两个方向

---

① 接下的讨论包含了主要注解中所提出的解释,但不意味着穷尽了。比如,多布森和魏鲁南把"故"看作"如果/为什么以及因此",它是这个字的一个可能意思。但因为从他们的翻译中看不清楚他们怎么理解此段的(a)部分,我没有考虑这种读法。

来看，一种是说通行的性论，在寻求"性之故"方面，确实成功了；另一种是说，虽然寻求"性之故"，但并没有做到，所以误解了"性"。如果采取以上提供的"故""利"的读法，第二种方向可能是更可信的。因为依照6A：1-3中孟子与告子的辩论，以及3B：9和7B：26中所说的杨朱思想的影响，我们可以认为孟子对流行的性论是不同意的。①

第二种解释把"故"看作"引致"，就像"事故"中的"故"一样；把"利"当作"利益"。依照这种解释，"故"涉及有之（引导事情发生），这对应于（b）部分中的无之（不导致事情发生）。也就是说，人们致力于引导事情发生，其目的在于利益，在此意义上就是"故以利为本"。依此解释，流行的性论是以引导事情发生来理解的；而这样就不能理解"性"，因为"性"必须是自发地去做，或者不去引起事情发生（无之）。这种解释由孙奭提出，黄彰健对此进行了充分辩护。②

第三种解释把"故"当作以前的东西（旧），这是葛瑞汉基于别的早期文本出现的这个字，尤其是《管子》和《庄子》中"故"和"智"成对出现，而得出的一种解释。③依照葛瑞汉，这些文本在反对投机取巧的意义上，去反对"智"；在反对擅长于引证先例的意义上，去反对"故"。但是，在4B：26的（a）部分语境下，葛瑞汉把"故"看作：关心与生俱来的身体欲望。也就是说，流行的性论把

---

① 王邦雄等编，pp.57-61，采取了这种导向。
② 参看黄彰健：《释孟子》。
③ 葛瑞汉，"Background"，pp.49-53。

"性"仅仅看作与生俱来的身体欲望,而不管别的。至于与"利"的关联,可能是由于这样的欲望满足能使人受益。① 这种读法的变体可以在刘殿爵的翻译中找到,他把"故"当作前面的理论。对于"利",刘先生可能理解为顺利,因为他认为(a)部分是说:世人遵循过去的理论,是因为它们能被轻易理解。

第四种解释把"故"看作习俗的或者惯常的,把"利"看作利益。基于《庄子》一段(19/51-54)中出现的"故",那里以人生来所安居的地方来解释"故",徐复观认为"故"意味着习惯,(a)部分是说,流行的性论只关注人们所惯于去做的事情,即追求利益。② 而在赖发洛的翻译中,也暗含着与此类似的对(a)部分的解释。

我发现这四种解释中,第一种比其他的更不可信。它表达了这种看法:在寻求"性"之迹或原始条件方面,即使尚未成功,流行的性论仍处于正确的方向上。但是,我们已经看到孟子不同意流行的看法,而既然(b)部分继续批评那种所谓的"智",那么这种批评很可能就是针对(a)部分所讲的流行的性论。因为(b)部分的批评,是说"性"的解释不应该是穿凿事物,而应该顺着事物的自然过程;那么在(a)部分,孟子就不可能会承认:在寻求性之迹或原始条件方面,流行的性论处于正确的方向上。而且,"利"在《孟子》中经常被贬义地理解,似乎也反对第一种解释,因为它认

---

① 葛瑞汉,"Background",p.52;我不确定葛瑞汉为什么像刘殿爵一样,不接受把"故"看作指关于"性"的以前理论,这像杨氏的看法,以"利"为目的。
② 徐复观:《中国人性论史》,pp.168-170。

为在此"利"是褒义的用法。不过,这种考察也不是完全不可违背的,就像在本书第五章第三节中看到的,"利"在孟子中有时候也是褒义的用法。① 一个更有说服力的考察是,葛瑞汉观察到在 4B:26 中"故"与"智"成对出现,意味着此段中的"故",很可能类似于在《管子》《庄子》中"故"与"智"也成对出现时的那种"故"的用法。考虑到那两个文本均以消极的方式看待"故",那么在 4B:26 的(a)部分中出现的"故"就不可能有积极的含义,亦即不可能像第一种解释所描述的那样。

但对《管子》中与"智"一起出现的"故"进行考察,却显示"故"可能是"引起事物"的意思,即第二种解释所讲的,而不是葛瑞汉所讲的那种意思。在《管子》中两处提到要反对"智"与"故"(KT 2/63.4 - 9,2/65.8 - 66.2)。一处是支持无为,并反对自用:"君子恬愉无为,去智与故……其应也非所设也,其动也非所取也。"这样就可能是说,所反对的"故",是一种致力于得到某种目标的事情。而在反对"智"和"故"之后,马上就讨论了"应"和"动",也意味着无选择的"动"就是反对"故"时所说的那种东西。

支持上面的观察是基于此事实:第二次讲到要"去智与故"的部分(KT 2/65.8 - 66.2),反对基于"故"的"动",而支持以一种无选择(取)的、顺理的方式来"动"。这显示了,基于"故"的"动"是选择目标,且由此目标来引导,而不是顺着事物的自然过程。

---

① 金谷治把"利"改作"智",尽管这种改动能更顺畅地解释从(a)部分到(b)部分的转折,但我认为没有基础支持这种修改。

同样,因为《庄子》中讲到的"去智与故"也是在类似语境下,文中也提到"应"与"动"的方式,以及要遵循天之理;那么《庄子》中的"故"也是同样的意思。这样,如果我们依照葛瑞汉,把 4B:26 的(a)段中出现的"故"看作与《管子》《庄子》讲到的"去智与故"中的"故"一样,那么第二种解释似乎是正确的,即把"故"当作引导事物发生,而不是顺着事物的自然过程来进行。

还有几种考虑可以支持这种对"故"的解释。[①] 第一,以"事"来解释"故",让我们能够理解 4B:26 的(a)(b)两部分的联系。在比较理想形态的"智"与其他形态的"智"时,(b)部分用"无事"来表征前者,用大禹顺着自然过程引导水来例证此观点;且这种观点与《管子》《庄子》所提到的顺理类似。这意味着,被反对的那种智的形态是"有事"。而如果我们用"事故"的方式来解释"故",(a)(b)两部分就能这样的联系起来:在(b)部分反对的那种"智",正是(a)部分提到的流行性论所说明的那种。

第二,这种解释能从《庄子》其他部分获得支持,即"无以人灭天,无以故灭命"。在这句话之前,对"天"的解释,是根据牛马有四足的例子来说明;对"人"的解释,是根据落马首与穿牛鼻的例子来说明(CT 17/51‑52)。考虑到"天"与"命"的紧密联系,"故"在此上下文中,可能是指归于违背自然过程的人为活动。

第三,在别的文本中出现的"故",意思也接近于这种解释。比如,《淮南子》讲到如果在上之人多行"故",在下之人就多行

[①] 在展开这些辩论时,我受益于黄彰健的论文。

"诈",从而把"故"联系到欺骗上去(HNT 9/2b.6,10/2b.11)。这意味着此处出现的"故"是指阴谋或者诡计,那么就接近于把"故"看作"致力于引导事情发生"的那种解释。

第四,"故"和"事"都关联到"利",这里"利"是指杨朱与墨子教导中的利益那种意思。比如,《吕氏春秋》的杨朱五章讲道:把人之全天(天是人所从来的地方)当作故(LSCC 1/6a.10-6b.2),或者把便利生活当作故(LSCC 2/11b.6);这里的"故"可能是指人们致力于其中的那个东西。另外还讲到了,作为可取导向的"利于性"的东西(例如,LSCC 1/8a.3-4)。《墨子》把促进世间人们的"利",当作仁人所应该致力去做的事情(MT 15/1,16/1);还说要从事于"利"他人之父母(MT 16/66-69)。按照孟子的讲法,杨朱与墨子的教导是他那个时代的两种主要潮流,而他以"故"和"利"来表征流行的性论;那么,4B:26段(a)部分就可能包含对流行观点的批评,即反对性论时,把"性"与致力于形成利益的行为关联起来。

基于这些理由,我倾向于接受第二种对4B:26(a)部分的解释。依这种解释,流行的性论,实际上并不是关于"性",而是致力于事物中以产生利益。(b)部分讲到的"智"的令人反感的形态,印证了这种观点。也就是说,(b)部分所讲的无趣穿凿可能就是关于:这种流行观点是如何鼓吹致力于事物中,而这是与"性"冲突的;对此可以推测,批评的目标包括杨朱和告子的观点。实际上,真正的智慧应该是遵循自己"性"的自然进程,就像大禹在引导水时顺着水的自然进程一样。

另外，葛瑞汉还提到支持他对"故"的理解的其他考虑，即第三种解释。他把《吕氏春秋》的"去巧故"（LSCC 3/13a.9－10）看作针对有技巧的"故"，其中"故"解释为"前面的"。可能在他看来，"故"是指这样的技巧，即引证先例从而把人限制在过去。但是，"巧故"出现的上下文，并没有明确地指出任何专门对"故"的说明，所以并无确解。比如，"故"也可以很好地被解释为阴谋或者诡计，即《淮南子》中所描述的可以导致欺骗。葛瑞汉也引用了《韩非子》所讲的"去旧去智"，他认为这里成对出现"旧"和"智"表明了：如果"故"与"智"也成对出现，意思应该就是"旧"（HFT 5.1.26）。尽管这是一个有意义的观察，但用它来支持第三种解释，其解释力度因《庄子》中对"事"与"知"的反对（CT 7/31）而抵消了。因为《庄子》也讲到"去知与故"，而既然"知"与"智"是紧密相关的，那么就应该可以为解释"故"提供支持，从而认为当与"智"成对出现时，"故"的意思是"事"。

虽然我更倾向于第二种解释，但有两个考虑可能更有利于第三种或第四种解释。一个考虑是，在《庄子》中，一定程度上是以安于生活在出生之地来解释"故"，这样，"故"可能指的就是前面的（葛瑞汉）或习惯的（徐复观）。另一个考虑是，第二种解释把(a)部分中的"故"看作不同于(c)部分的"故"，而第三种、第四种解释则认为两者是相似的，即认为(c)部分是说，基于星辰过去的或者通常的行为，人们能够推算出千年后的夏至日/冬至日。因为这两个考虑，尽管我基于论据的均衡而倾向于接受第二种解释，但我并不把论证过程中引用的论据看作决定性的。

第二节 心,性,天

一、性与心

在前面对 4B:26 的讨论中,显示了孟子是有意识地反对某些流行性论,并支持他自己的转变。很可能,他在引导人们远离以生物学术语来说明"性"的方式,后者是在杨朱和告子观点中显示的那种。但孟子并不是反对生物学倾向本身,比如,他强调食物的重要性(例如,1A:3,1A:7),以及男女之间关系的重要性(例如,5A:2;参看 1B:5);而"食色"是告子观点中包含在性里面的两种倾向。不过,他强调这样的生物倾向,应该服从准则的限制(例如,6B:1)。孟子论"性"观点的新颖之处,在于他把"性"当作主要由心中伦理禀赋的发展所构成。不过,既然人有别的倾向,比如食色或者感官对喜好对象感到愉悦,那么就产生一个问题:为什么在对"性"做规定时,孟子着重强调心的伦理禀赋。

对此问题的部分回答,可能与实用性考虑有关。既然"性"包含一物的特征倾向,违背人的"性"就意味着要激烈地改变自己,那么人们就可能感到不愿去做与其"性"相反的行为。相应地,把"性"看作包括那些与伦理追求相冲突的倾向,那么就可能导致人们缺乏道德动机(参看 6A:1)。但是,即使考虑这样的实用意义,问题依然存在,即什么是使得心的伦理禀赋与别的倾向区分开的独特性。对此问题,至少有三种可能的回答,这几种都已经被注释者提出来了,而且各有其文本根据。

第一种认为：孟子强调心的伦理禀赋，是因为它们使人类区别于其他动物；而生物学倾向则是其他动物也都具有的。这种对人的特殊性的关注，可以在 4B:19 中看到，它观察到人所特有的那种"几希"，就是君子所保存的东西。既然孟子在别的地方提到以"仁"作为存心之事，那么 4B:19 中的"几希"可能就与心的伦理禀赋有关。而从 6A:3 孟子与告子的辩论中可以看到，孟子把"性"当作人所区别于其他动物的那种东西，因为在那里他最后所用的反问，显示了人之性与犬牛之性是不同的。这种建议由陈大齐、冯友兰、劳思光和刘殿爵提出，唐君毅在其早期作品中也考虑过，同样还被葛瑞汉、徐复观涉及其他的建议时顺带提到。①

第二种认为：孟子强调心的伦理禀赋，是因为它们的发展是完全在人的掌控之下，而其他的人类倾向则不是。根据《孟子》，如果人们求之(6A:6)、思之(6A:15)，就可以获得伦理品质；而没有获得是因为舍之(6A:6,8)、不去思之(6A:6,13,15,17)。而且，没有获得也不是一种不能的问题，而是不去做的问题(例如，6A:2)。作为对比，别的追求则不是完全在人们掌控下的。比如，6A:16 区分了天爵和人爵后，在 6A:17 中，孟子将那种人人皆有的真正高贵的东西，与那种被人看重但并不真正高贵的东西进行对比。6A:16 的比较，意味着 6A:17 中的对比，就是天爵与

---

① 陈大齐：《孟子的名理思想及其辩说实况》，pp.129-132；冯友兰：《中国哲学史》，pp.155-159；葛瑞汉，"Background"，p.35；徐复观：《中国人性论史》，pp.165-168；劳思光，pp.97-100,104,279；刘殿爵，"Introduction"，pp.15-16；唐君毅：《哲学论集》，p.128。

人爵之间的对比;也就是说,伦理品质与官爵的对比。所谓官爵,就是"赵孟之所贵,赵孟能贱之"的那种,这是说,获得这样的爵位要依赖于他者,而为善则不需要。① 另外,说伦理发展在自己掌控中,别的追求则不在自己掌控中,这样的对比在7A:3中也隐含着(参看本书第三章第五节)。这第二种解释,即认为孟子论性时,重在强调"性"完全在人掌控下的看法,在唐君毅早期的作品中有所论及,徐复观在讲第一种建议时也顺带提到过。②

第三种认为:孟子强调心的伦理禀赋,是因为它们的发展优先于别的追求,比如生命(6A:10)或感性欲望的满足(6A:15)。很可能地,孟子就是在这个层面反对告子对"性"的解释。在6A:10,我们看到"义"比获得食物更重要,在3B:3,看到"义"比娶妻更重要。相同的观点在7B:31也隐含着,6B:1则有类似的主张:一般来说"礼"比食色更重要,除非有特别危急的情况。这些观察可能在一定程度上是针对告子的立场,即认为"性"包括食色。

这种讲法,即认为孟子强调心的伦理禀赋是因为它们的发展优先于别的追求,已经被唐君毅先生提出。唐先生在早期作品中也考察了前面两种讲法,但认为它们都有问题。因为,即使伦理禀赋是人所特有的,它们的发展也完全在人掌控内,也并不能推出来,人应该追求它或者为了它们的发展而轻视其他的诉求。另一方面,孟子把性看作某种需要发展的东西,而别的追求则应该被限制。所以,在唐先生看来,伦理追求与其他追求(比如满足感

---

① 这是大多数注解者给出的对6A:17的解释,包括朱熹(MTCC)、张栻和孙奭。
② 徐复观:《中国人性论史》,pp.165-168;唐君毅:《哲学论集》,pp.7-9,133-134。

官欲望)的真正本质不同,在于后者是服从于规范限制的,而前者不是,因为它们恰是别的追求应该服从的那种追求。①

类似的看法也体现在葛瑞汉的著作中。葛瑞汉注意到孟子相信心中有某些伦理禀赋,进而提出一个问题:既然人还有别的倾向,为什么孟子能够仅根据伦理禀赋的呈现就认为"性"是善的。引用了6A:10与6A:15等段落,葛瑞汉提出:这是因为孟子相信人给予发展伦理禀赋以更高的优先性,超过其他的追求。②但是,葛瑞汉与唐君毅的立场,有一个重要的不同:一方面,葛瑞汉观察到在早期中国思想中,一物之"性"被当作一个可观察的事实;而我们能够类似于确定水之"性"那样来确定人之"性",即通过发现在没有干扰时人会怎样发展。③ 另一方面,唐先生则观察到,早期中国思想家并不把"人性"当作一个可以通过外在观察而确定的事实,而是每个人通过自我反思而发现的某种东西。④ 对"性"这样使用广泛的术语来说,不能明确说唐先生的观察就是正确的;比如,杨朱(不考虑子华子那一段)或告子未明确表示把"性"当作由自我反思所发现的东西。但是,作为针对孟子的一种观察,它具有一定的合理性,而且符合本书第五章第一节以及第二节中的讨论,即人经过自我反思,从而发现了自己心的发展方向。⑤

---

① 唐君毅:《原道篇》,pp.20-24。
② 葛瑞汉, *Disputers*, pp.125-132;同前作者,"Background", pp.35-36。
③ 葛瑞汉,"Background", pp.14-15。
④ 唐君毅:《原性篇》,pp.3-4。
⑤ 除了唐君毅,其他人也有类似的观察,比如陈特:《由孟子与阳明》,pp.41-42;徐复观:《中国人性论史》,p.174。

这三种讲法并不相同，因为对某些倾向，可能有这一种讲法所强调的"性"之特征，但没有另一种讲法所强调的"性"之特征。比如说，某些倾向可能是人所特有的，而不被别的动物共享，比如倾向于喜爱某些种类的音乐；但是，完成此种倾向，并不是完全由人掌控的。一定程度上，在这三种讲法之间，我们需要作出选择。其中，唐先生的可能是正确的，因为第三种解释能让我们更好地讲通孟子对"性"的看法，即它是应该发展的，而其他追求则应该是服从的。但是，三种讲法的每一种都有文本支持，这意味着它们一定程度上是相关的。

从唐先生认为的更根本的第三种讲法出发，有一个思考线索联系着这些讲法所理解的、"性"的关键特征。按照第三种讲法，"性"的关键特征在于：它是人的正确发展方向，而别的追求应该服从于它。而为了发现哪些有优先性，哪些是次要的，仅从外在来观察人的发展是不够的。相反，每个人必须认真地反思什么是更重要的、什么是不太重要的。这样，在自我反思的过程中，人们会发现一定的发展方向；这也正是他们相信自己能够实现的某些东西。如果不是这样，将会很难看到如何能得出其结论，即人们就应该按照这个方向来发展。

比如，不考虑社会秩序，设想人们开始就认为自己有责任去承担某种政治行为，从而把"道"实行下去。但此种尝试不断失败，可能让其认识到，引发变革并不在自己的力量掌控之下，对此很难做更多努力去推动目标。有了这样的认识，其反思就会提供更多的引导，去考虑应做什么：不应该怨天或责人，不应该尝试以不正确的方式达到目的,或者应该如颜回那样以归隐的方式生活。通过这样的反思,所发现的指导就是要关心在自己力量范围内的事情,因为在反思中已经考虑了那些不在自己力量范围内的事情。可以说,发现规范性的方向,是基于拒斥那种因果链条的限制而得来的。① 因此,通过自我反思发现的那种改变,是某种在自己力量内就能实现的东西,这就是第二种讲法所强调的"性"的特征。

在自我反思的过程,还在自身中发现在其他动物中看不到的东西。② 比如,在 6A:10 中描述的对嗟来之食的反应方式,是无法在动物身上看到的;如果它们饿了,会毫不犹豫地接受食物,无论是以哪种方式给予的。而且,这个回应不是特殊的,因为在别人那里也可以看到相似的反应。这样,就会认识到那种发展方向,它们构成了"性";也把人与其他动物区别出来,这就是第一种讲法所强调的"性"之特征。

在勾画这个思想脉络时,我并不是暗示这三种讲法是相等的,或者孟子明确地以上述的脉络而展开思想。我认为这个脉络显示了,三种讲法所强调的三种特征并非不相关的,从而说明它们怎样能够依照孟子理解性的方式而关联在一起。因为有可能,孟子思考性的时候,对这三种特征并没有明确的区分。也可能因为此原因,有些注释者,比如葛瑞汉、徐复观、唐君毅,在他们的讨

---

① 这可以比较于本书第二章第二节和第三章第五节中,对唐君毅如何理解"命"的讨论。
② 参看唐君毅:《原道篇》,pp.217-220,235。

论中都不仅考虑了这三种特征中的某一种。

二、7B:24章

以前一节的讨论为基础,我们现在来考察7B:24段,在这一段孟子对比了伦理品质与感性。这一段说到口、眼、耳、鼻、四肢分别与味、色、声、嗅、安佚之间的关系,这些是"性",但也有"命"在其中,而君子并不把它们称为(不谓)"性"。与之对比,还说到仁、义、礼、智、圣分别与父子关系、君臣关系、宾主关系、智者、天道之间的关系,这些是"命",但也有"性"在其中,而君子并不把它们称为(不谓)"命"。

对"有"的解释,存在着不确定性,在这一章前半部分,"有"把所讲到的感官、四肢与感觉对象、安佚联系起来。与之相应,这一章后半部分中的"有",也没有确定解释。① "有"可以被解释为"系属于"或"被吸引到"。第二种解释,可能很符合四肢关联于安佚的方式,也符合圣人关联于天道的方式。但是,它要求把前半部分提到的感官对象,当作指喜好的感官对象;把后半部分提到的仁义礼智,当作指有仁义礼智的人。② 我将参考对"有"的各种不同解释,并将它们关联起来。

还有另一个有争议的问题,"圣人(sages)"是否应该被修改为"圣(sageness)"。朱熹(MTCC)引用某氏,提出了这种修改,但

---

① 在6A:7中,"欲"也联结了所讲到的感官与它们的对象。
② 王安国在谈话中警醒我其中可能的复杂性。按照这种读法,一个有智慧的人是被吸引到贤者的,因为智慧有能力去看到贤者,且基于此而任命他们。

别的地方(MTHW 14/4a.9‐10)处理此章时,他没有采纳修改意见。俞樾(MTPI)支持修改,他的根据是:在5B:1以及别的早期文本中,比如《老子》,"圣"与"智"是成对出现的。庞朴也支持修改,其根据是:在马王堆帛书的《五行》篇,"圣"是与仁义礼智一组的。① 我在下面的讨论中,也会同时考虑这两种可能。

204　　对此段的解释,有两个主要问题。第一个问题考虑的是:孟子将感官与伦理品质进行对比的目的是什么? 对此问题,至少有三种可能的、但并非不相容的解释。第一,因为提到了君子,所以这段可能是在描述君子。这样,这段话可能是在说:君子认为感官对其对象的关系,不是"性"而是"命";认为伦理品质对人伦关系的关联,不是"命"而是"性"。戴震提出了一种相关的建议,这也被焦循认同,即"不谓"并不是字面上的意思"不描述为",而应该是"不用做借口"。在这种建议下,这段依然是在描述君子:君子不会用感官追求是"性"的因素作为借口,而放纵感官追求;也不会用伦理追求是"命"的因素作为借口,而放弃伦理追求。别的注释者,比如赵岐(C)、阮元,也把这段当作至少是部分地描述了与常人相对的君子。

　　第二,可以把这段看作劝诫人们把感官追求看作"命"、把伦理追求看作"性",从而投身于后者而不是前者。这种解释由葛瑞汉、倪德卫提出。② 相似的解释被朱熹所引用,说是他老师(李

---

① 庞朴:《帛书五行篇研究》,pp.19‐21。
② 葛瑞汉以为孟子是说:这是一种思维的好习惯,去把道德倾向当作"性"("Background",pp.38‐39)。倪德卫认为孟子是说:正是"智",实现了对道德的确定态度。("Two Roots or One", p.745)。

延平)的解释,而王夫之也认同之。这种解释与第一种是相容的,因为孟子很可能也描述君子,以作为一种劝诫人们投身于伦理追求的方式。实际上,第一种建议自然地导向第二种,因为当说到君子是什么样的人,提到的经常就是指在某些方向上引导人们的人。

第三,可以把这段看作关于:"性"真正意味着什么,或者说应该怎样看待"性",从而反对其他的性论。比如,唐君毅认为,孟子在 7B:24 是为了提供论证,从而能够以心的伦理禀赋来看待"性"。① 依这种建议,7B:24 符合于其他段落,比如 4B:26,6A:1-3,6A:6,在这些段落,孟子试图反对与之竞争的性论而提倡自己的替代观点。这种建议也与前两种相容,因为这一章可以同时涉及上述解读所描述的这三种事情。而且,在提倡替代的性论时,孟子并不需要否认别的东西(比如感性欲望)也可以在一般意义上被描述为"性"。② 相反,似乎孟子会同意,感性欲望在某种意义上也可以被描述为"性";因为 6A:7 中说到口之于味时,他自己也使用了"性"。即使是 7B:24,在描述君子观点之前,孟子开始也是用"性"与感性欲望相联系。当然,他确实倾向于优先用伦理禀赋来看待"性",而这使他的解释与其他流行的观点区别开来。

---

① 唐君毅:《原道篇》,pp.20-28。
② 戴震(第 28 条)说 7B:24 只是宣称君子不用"性"来作为沉迷感觉的借口,而不是说君子不把感官欲望当作"性",从而提出了这一点。朱熹(MTCC)在引用其老师李延平的话时,说尽管感官和伦理诉求都能以"性""命"来说,但孟子想反驳有这种倾向的观点,即把前者当作"性",把后者当作"命"。同样,葛瑞汉("Background",pp.38-39)认为孟子自己同时以"性""命"来看感官和伦理诉求,尽管他认为把前者看作"命",把后者看作"性",是一个好的心灵习惯。

考虑7B:24的解释时,还存在第二个问题,这与"性命"对立的本质有关,无论我们把7B:24看作劝诫人们要有伦理追求,还是看作宣扬一种新的性论,这个问题都会提出。对此问题的回答,要取决于哪种层面的"命"被强调。

第一,假设我们认为"命"主要是描述性的,强调它不在自己掌控之下。这样,此段前半部分就被解释为:虽然感官对感官对象的关系,或者它们倾向于其喜好对象的方式,能够在一般意义上被称为"性";但感官欲望的满足并不是完全在人的掌控中,在此意义上则是"命"的问题。君子并不把感官欲望当作"性"而沉溺于其中,或者并不因其与"性"相关而沉溺于其中。[①] 这种关于君子的观察,能够被看作一种劝诫,让人们有伦理追求,或者看作描述为好的心灵习惯,让人们把感性追求当作"命"而不是"性"。[②] 另外,如果认为孟子也知道,感性欲望能系属于一般意义上的术语"性";我们就能把7B:24的前半部分理解为更具限制性更严格的对"性"的理解,即只有那些完全在人掌控下的东西,才能真正系属于"性"。[③]

作为对比,伦理追求也属于"命"之事。因为在人伦中实现仁义礼,在有意义的职位中实现其智慧,以及圣人用能力使得天道

[①] 前一种读法出现在赵岐(C)和阮元那里;后一种出现在戴震(第28条),它也被焦循引用,以及牟宗三的《圆善论》中。
[②] 前一种读法出现在朱熹(MTCC)和王夫之(p.748)那里,后一种出现在葛瑞汉,"Background", pp.38－39,以及倪德卫,"Two Roots or One", p.745。
[③] 比如,徐复观:《中国人性论史》,pp.165－168;牟宗三:《心体与性体》第三卷,pp.426－430;唐君毅:《哲学论集》,pp.8－9, 133－135;同前作者,《原道篇》,pp.20－28。

流行，都需要依赖外部环境，比如人伦要实际存在，要有机会遇到贤者，或者要有政治机遇去实现道。① 但是，对于已经有伦理方向下的禀赋的人类来说，其伦理追求中是有"性"的，因为这是在自己的力量掌控之下。虽然在人伦活动和在政治领域中，他们的成就可能依赖于不在自己掌控下的外部环境，但伦理品质的培养完全在自己掌控内。比如，虽然由于政治环境不好，颜回选择了归隐式的生活，但他与禹、稷被称为有"道"者，只是后者有机缘把"道"实现出来（参看 4B:29）。这样，君子并没有把伦理追求当作"命"，从而放弃努力；也不用"命"为借口，从而不去从事于伦理追求。这种关于君子的观察，可能被认为是对一种常见倾向的反对，即把伦理追求看作"命"，因而放弃努力；或者是为了推动人们形成好的心灵习惯，即将伦理追求看作"性"而不是"命"。另外，也可以认为孟子是在宣扬对"性"更严格的理解，即只有那种完全在自己掌控下即可实现的伦理倾向，才能够被当作"性"。

第二，让我们假设"命"主要是规范性的。这样，7B:24 章前半部分就能够被解释为：尽管感官欲望在一般意义上能被描述为"性"，但因为欲望的满足有规范限制，即在寻求此种欲望的满足时，有正确方式与错误方式的不同；就此而言，这就是有"命"。②

---

① 这种对 7B:24 后半部分出现的"命"的解释，能在赵岐（C）、阮元和牟宗三：《心体与性体》第三卷，pp.426-430 那里看到。朱熹（MTCC）和张栻以气禀不同来解释"命"，我认为这种观点与孟子思想并不相同。而且，在父子的关系，看起来这似乎是所有人或大多数人都会参与的一种关系。但即使这样，依照牟宗三（《圆善论》，p.152），在这种关系中，"仁"还是依赖于其父亲或儿子如何对待他，而这有时是不在他掌控下的。

② 对于这个语境下的"命"，傅斯年（pp.355-356）、刘殿爵（"Introduction", pp.28-29）和唐君毅（《原性篇》，pp.22-24)强调了其规范维度。

第六章　性　　289

这种对君子不把感官追求当作"性"的观察,能够以前面所描述的不同方式来解释。也就是说,它可以被看作劝诫人们不以"性正是要追求感官满足"为借口,而去做不符合伦理的行为;或者看作宣扬对"性"更严格的理解,即认为"性"只含有"其实现不受制于更高的规范限制"的那些倾向。① 至于伦理追求,从伦理品质把某些规则限制强加到人生之中来说,这里有"命";从在我们中"已经有禀赋来指示方向,从而使我们可能甚至欣悦地培养这些品质"来说,这里有"性"。相应地,君子并不描述它们为"命",这既是因为不能把伦理品质看作是从人心之外而来的规则限制,也是因为普遍具有的伦理禀赋的发展本身不屈从于更高的规范限制。再一次说明,关于君子的观察,能够被看作劝诫人们去做伦理追求;或者当作宣扬对"性"的更严格理解,即只有那些其发展不屈从更高的规范限制的伦理倾向,才属于"性"的范围。

对"命"的这两种解释,不同之处在于一种把"命"看作主要是描述性的,指人类行为中的偶然限制;而另一种认为主要是规范性的,指规范的限制。对这两种解释,我们难以去裁决,因为每一种都强调了孟子思想的观念,且均可在文中找到依据。一些注释者,比如朱熹(MTCC),实际上从一种解释转向另一种解释。比如,朱熹最初将"命"理解为因外部环境而被设限,后来,则认为是指义礼的限制。② 像在本书第二章第一节提到的那样,很可能孟

---

① 前一种读法能在刘殿爵"Introduction",pp.28 - 29 中看到,后一种读法在唐君毅:《原性篇》,pp.22 - 24 中看到。
② 一种被牟宗三注意到的观点,《心体与性体》第三卷,pp.428 - 429。

子自己也没有对这两个层面的"命"作明确的区分,因此,对于这两种解释所勾画出的不同思考脉络,也没有明确的区分。

三、性与天

我们在本书第六章第一节中看到,孟子把心的伦理禀赋归因于"天"。既然他主要用这种禀赋的发展来描述"性",那么"性"就与"天"相关联(7A:1)。关于孟子对"天"的看法,学界持有不同意见。对于《论语》中的"天"是以什么方式来看待的,也有不同意见。这种不同至少围绕着两个问题而展开,即"天"是否被理解为一种人格神？是否有超越的层面？

很多著作者都认为,在这些文本中的"天"是一种人格神。比如,侯外庐和任继愈相信孔子把"天"看作有意志的人格神,两人都把《论语》17.19 章:"天何言哉！四时行焉,百物生焉；天何言哉？"看作"天"能说、但选择不去说的证据。[1] 冯友兰和傅佩荣观察到,在孔孟思想中的"天"保留了部分的人格性；而在更早的传统中,人格性一直是归于天的。[2]

别的作者,则较少关注天的人格性,而更关注其超越的层面。牟宗三认为,《论语》中的"天"依然带有传统的人格神的含义,但他认为超越层面已经是主导的,而且这个层面在《孟子》中表现得更明显。[3] 这种超越层面被解释为一种创造性,而且,

---

[1] 侯外庐等编,pp.153-154；任继愈:《中国哲学发展史：先秦》,pp.194-195。
[2] 冯友兰:《中国哲学史》,pp.82-83,163-164；傅佩荣:《儒家哲学新论》,pp.122-135。
[3] 牟宗三:《中国哲学的特质》,pp.20-24,32-39,65-66；同前作者,《心体与性体》第一卷,pp.21-22,26-29。

内在的层面同样被呈现出来。别的几位著作者也强调了这样的观点,即《论语》《孟子》中的"天",同时兼有超越的层面和内在的层面。①

作为对比,有些解释者则否认天有人格神或超越层面的含义。徐复观和劳思光论证说,孔子和孟子都不认为"天"具有形而上的意涵。徐先生认为在《孟子》中,"天"主要与人心与人性有关,劳先生则认为,主要与自然秩序有关。② 其他作者也隐含地反对"天"有超越层面的观点,质疑超越与内在的观点是否能够连贯地结合起来。③ 这已经导致了进一步的辩论,特别是关于"超越"这个概念。④

为了回避术语问题,我将避免使用"超越""人格神"这样的词,而致力于一些关于"天"的实际主张,即文本中使用这个观念时所得出的东西。⑤ 概观《论语》《孟子》中"天"的用法,可以看到"天"有时候似乎有人格性的一面,而这种关于"天"的讲法在《论语》中比在《孟子》中更普遍。《论语》讲到了:获罪于天(LY 3.13)、天将以夫子为木铎(LY 3.24)、天厌之(LY 6.28)、天之将丧斯文

---

① 刘述先:《超越与内在》;同前作者,"对孟子人性论的一些反思";汤一介:《儒道释与内在超越问题》,pp.2-6;杜维明:《儒家传统的现代转化》,pp.199-211;杨祖汉,pp.76-78;余英时:《内在超越之路》,pp.9-13,22-23;袁保新,pp.86-92。汤一介注意到尽管"天"的超越维度在《论语》和《孟子》中都能探查出,但内在的维度更多是在《孟子》中强调的。
② 徐复观:《中国人性论史》,pp.86-89,99,181;劳思光,pp.131-133,139-140。
③ 比如,冯耀明:《当代新儒家的"超越内在"说》;郝大维、安乐哲,pp.204-208。
④ 比如,李明辉:《当代儒学的自我转化》,pp.129-148。
⑤ 对此问题的相关讨论,参看史华慈,pp.122-123;唐君毅:《原道篇》,pp.131-134,242-245。

(LY 9.5)、天丧予(LY 11.9)，以及对天的抱怨(LY 14.35)。《孟子》中则讲到了：天未欲平治天下(2B：13)。另外，天有时候被呈现为人所不能掌控的东西的源头，比如财富和荣贵(LY 12.5)、政治行为的成功(M 1B：14，1B：16)以及更普遍的莫之为而为之的东西(M 5A：6)。

在《孟子》中，"天"还有一个伦理层面。比如，伦理式的生活方式被当作天道(7B：24)、仁义被描述为天的爵位(2A：7，6A：16)、天被描述为心的根源(6A：15)，以及心中伦理倾向的根源(3A：5)。在《论语》中，"天"的伦理层面则不太明显，尽管有两处出现的"天"(LY 5.13，7.23)能够被解释为有伦理含义。最后，在两个文本中，修身都被认为与"天"存在某种关联。比如知天命、畏天命(LY 2.4，16.8)，或者知天、事天(M 7A：1)。

纵览"天"这个字的用法，显示了人格性依然被归于"天"上面（尤其在《论语》中如此），而"天"也被看作有了伦理层面（尤其在《孟子》），并且被看作某种应该"敬"或者"事"的东西。因此，"天"不可能仅仅被当作一种非人格的自然秩序。另一方面，"天"不被看作一种独立于人类而存在的事物；依照孟子，心的伦理禀赋在"天"那里有其根源，它也为人类提供了一个达至"天"的方式。不过，鉴于对这两个文本中使用"天"时的种种观察，我将限制我的评论，也不试图判定我们是否应该把"天"描述为人格神，因为这很大程度上取决于我们赋予这个名词何种含义。

至于是否"天"有超越的层面或内在的层面，超越概念有时候被用来强调：《论语》《孟子》中的伦理理想，有一种超出仅仅表现

第六章 性

为引导人们生活的层面；内在的概念则强调了，伦理理想与人类有内在联系。而提到"天"，会引导我们注意伦理经验的至少两种特色：第一，在判断某些事物为正确时，人们感觉到这种正当性并不依赖于自己正在想做的事情，也不依赖于自己生命应该趋向它们，即使做此事会牺牲自己的生命。可以说，这时有一种从自己之外而来的需要感；第二，人们意识到生命的外部条件不在自己掌控内，而且，这些条件在修身实现理想的过程中应该被接受。

通过把伦理理想和外部限制归于"天"，我们伦理经验的这两个方面均得以强调。由此，"天"被看作一个"敬""畏"的对象，也是某种应该通过修身而服事的东西。另一方面，实践理想生活而服事"天"，并不意味着放弃世俗社会，反而要求人伦以及所有的社会责任的完成。进一步，在《孟子》中，人心被认为是与"天"相连接的纽带，即伦理理想由心的特定伦理禀赋所显现出来，而后者是由"天"所发源的。

在《论语》《孟子》中，伦理理想的这些方面说明了：伦理理想与作为其源头的"天"，都有不限于仅作为引导功能的那种层面，也都有强调密切联系于人类领域的层面。某种程度上，对孟子来说，"性"在"天"那里有其根源，且有伦理导向，那么"性"也就有上述两个层面。再一次，我将限制我的讨论去关注于"天"与"性"的这两种层面，不会试图判定我们是否应该以超越或内在来界定它们，因为这也极大依赖于这些语词的含义。

第三节 性　　善

一、如何理解性善

孟子主张的性善，在 3A:1 和 6A:6 中讲到，而在 6A:2 和 6A:6 中作了解释与辩护。如果我们同意，孟子把"性"看作由蕴含在心中的某些伦理禀赋的发展方向所构成，那么这个主张就意味着这样的判断：此发展方向是指向"善"的。但是，很多注释者已经提出了别的解释，我将考察其中的一些建议。

根据顾立雅的观点，性善的主张是同语反复，因为"善"就意味着无论如何都与"性"一致。① 顾立雅并没有具体解释他为什么认为"善"有这样的意思；但可能是因为性被孟子（可能也被别的早期思想家）用来指对人来说的正确发展方向，那么，无论如何，"善"都与"性"的方向一致。依这种观点，"善"是个形式用语，因为它可以有任何内容，只是取决于"性"的内容。

鉴于 6A:6 中讲到的对于"性"是否善的数种不同意见，在早期中国思想中，"善"不可能以这样的方式来使用。对此有人可能反驳：尽管"善"在早期文本中没有被普遍用作一个形式用语，但它可以被孟子这样用。也就是说，孟子正是在性善的陈述是同语反复这个意义上，来使用"善"这个字。不过，即使这样的建议是正确的，我们依然可以相信：孟子并不会同意，他对其他性论的

---

① 顾立雅，*Chinese Thought*，pp.88－89。

反对主要是语词的用法；而且他也不会同意，对自己立场的解释也会集中于"善"这个字的用法上。实际上，在6A:6他并不是从此方式来解释其立场的；他的解释反而是强调：仁义礼智这些伦理品质，某种意义上已经在人类中了。

更可能地，孟子是通过仁义礼智的品质来理解"善"。他的观点是："善"相当于这样的主张，即心有指向这些品质的禀赋。如果人们相信"性"与这些属性相反，随之而来的，并不是应该修正自己所认为的"善"的概念，而是这样观点的"性"可能造成困难，即令人把伦理生活看作对自己的激烈改变。像在本书第四章第二节看到的那样，这正是在6A:1中孟子对告子以杞柳喻性的回应。

另一种对孟子性善观点的解释，是刘殿爵在一些评论中提出的，尽管这些评论可能并不是刘先生立场的完全呈现。① 依这种解释，孟子性善的主张，相当于说人是道德行动者；坚持性善，就是认为人有能力区分对与错，会认同做正确的事，如果做错事会感到羞愧；坚持性恶，就是认为人同意做错事，对做正确的事则会感到羞愧；这是两种不对应的立场。这样，在刘殿爵看来，性善观点的反面不是性恶，而是认为"性"是非道德的，即人类不能区分对与错。

很难看出刘殿爵这种解释如何能够讲通孟子与告子关于性的争论。要说明为什么孟子反对告子在6A:3中以"生"来解释

---

① 刘殿爵，"Theories of Human Nature"，pp.548-550。

"性",以及如何可能讲通他们在6A:1-2中关于类比的不同看法是有困难的。① 而且,依照这种解释,很难讲通6A:6中所说的几种性论的不同之处;也无法讲通以据说历史上确实发生的事实来说明的那两种性论。另外,依照这种解释,"善"又被当作形式用语,即性善就是认为人能区分对与错,并相应地去活动;但是,对错的区分需要被描述出来。不过,在早期中国思想中,"善"不可能被如此使用;相反,"善"似乎已经有了实质性含义,涉及哪种行为被看作善的专门判断。

虽然认为人类普遍具有区分对与错的能力,但我们并不能完全把握住孟子关于性善的观点。但是,这确实是一个关于人类的实质性主张,可以进行讨论,也可能抓住孟子的部分观点。而且,公正地说,刚才描述的刘先生的解释,可能并不是其立场的完整呈现,因为他有时候认为孟子性善的观点包括更强的主张:人类已经倾向于善。② 根据这种对孟子性善观的进一步解释,让我们能够讲通:孟子为什么不同意告子在6A:1-2中的类比,也不同意在6A:6中讲到的几种性论。③

为了更好地理解孟子性善的主张,让我们简单考察最近关于此问题的一次论战。傅佩荣最近提出:这个主张相当于说人类的性是"向善",而不能说性是"本善"。④ 在回应中,很多学者都

---

① 像我们在本书第四章第二节中看到的那样,刘殿爵以这种方式来解释6A:3:孟子并不真正反对告子以生来解释"性"。
② 参看刘殿爵对尊敬心和同情心的讨论,以及他在"Theories of Human Nature"中对7A:15的讨论,pp.548-549,558-560。
③ 在讨论刘殿爵的立场时,我受助于陈倩仪。
④ 傅佩荣,pp.78-81,101-103,173-181,186-194。

辩护道：孟子的观点确实有性是"本善"的主张。① 此议题的解决取决于判定所谓的"本善"是什么意思。孟子似乎不认为人已经是完全善的，因为孟子认为人只有善的端绪，还需要加以存养。② 另一方面，如果"本善"是说人心中已经有伦理方向，从而人们不需要从心之外寻找伦理指导，那么此主张似乎确实是孟子观点的一部分。③ 像我在前两节所论证的那样，孟子认为心中有伦理方向，从而让人们能通过自我反思而获得伦理指导。不过，作了这些观察，我并不试图判定是否应该把孟子描述为相信"性本善"，因为这很大程度上依然是一个术语学问题。

二、6A:6‐8章

对于孟子性善主张的解释，我认为他持这样的观点：性指向了伦理方向。但 6A:6 似乎对此解释提出疑问，现在我就转向 6A:6 以及相关的 6A:7‐8。

在 6A:6，公都子报告了三种性论：

> （a）（告子）性无善无不善也；

---

① 比如，刘述先，"对孟子人性论的一些反思"；杨祖汉，pp.58‐60,67；袁保新，pp.32‐37,93。
② 傅佩荣，pp.78‐81,有时候以这种方式来理解"本善"的主张；而如果我们接受的是这种理解，傅佩荣在拒斥这种主张上是合理的。
③ 傅佩荣有时候似乎以这种方式理解"本善"的主张，从而否认孟子同意这样的主张（pp.173‐181）。如果这是傅佩荣的解释，那么袁保新反对这种对孟子的解释（p.93），就是正确的了。但是傅佩荣的立场是模糊的，因为他有时候看起来知道孟子确实把心当作有伦理方向的，这避免了从外在来寻求伦理指导（pp.101‐103, 189,193‐194）。

(b) 性可以为善,可以为不善;

(c) 有性善,有性不善。

他提到孟子的观点是性善,然后接着问是否孟子认为别的观点都错了呢?孟子回答说:

乃若其情,则可以为善矣,乃所谓善也。若夫为不善,非才之罪也。

(刘殿爵译为:"As far as what is genuinely in him is concerned, a man is capable of becoming good. That is what I mean by good. As for his becoming bad, that is not the fault of his native endowment.")

这段会产生的问题是:孟子以人们"可以为善"来解释其观点。但是,"可以为善"似乎不能显著地要求人们指向善,这似乎与我的解释相冲突,即认为孟子观点包含"心有指向善的禀赋"这样的主张。实际上,这个疑问不仅在我提议的解释中会有,它也内在于《孟子》文本本身。因为,人明显地"可以为恶",就像"可以为善"一样。为善的能力似乎并不能显示,何以能够说性是"善"的,而不是"恶"的。也就是说,就能力而言,似乎"善"与"恶"并不是不对等的。但是别的文本显示孟子确实相信两者有某种不对等,比如,他在 6A:2 中所阐明的水喻,显示了他认为性以某种方式而关联到"善",但不关联到"恶"。我们可以换一种方式来看此问题：如果性善相当于说人"可以为善"，这种观点似乎就与告子的观点完全兼容，即尽管性无善也无恶，但依然可以认为人们能够被使之为善。相应地，这样就不清楚为什么孟子会反对告子的立场。

为了解决此问题，我们需要考察这些表达的用法："乃若……""若夫""其""情""可以""才"。赵岐以及孙奭、张栻、裴学海把"乃若"中的"若"当作"顺"。"若"确实有这样的意思，这样来读"若"，再把"情"看作可以与"性"互换，就提供了一种解决此问题的方式。① 按照这样的步骤，让我们如此解释孟子对性善的说明：人们如果"顺性"，就可以为善。另外，这种解释也意味着性已经指向了"善"。② 但是，"乃若"也可能被用来引出主题，意思是"就……而言"（例如，MT 15/16, 26, 29）。朱熹（MTCC）以及因循朱熹观点的赵顺孙，就这样解释"乃若"；包括刘殿爵和杨伯峻在内的译者也如此解释。这种解释很可能是因为"乃若……若夫"的结构在 4B:28 的重视，在那里有"就……而言……，至于"这样的意思。

"其"可能指"人"，也可能指"性"。如果"可以为善"的主语是"其"，那么后一个解释更可能被接受，因为通过与（b）立场的表述来对照，显示"可以为善"的主语可能是"性"。但是，就像我将展示的，"其"后面的"情"很可能与"性"的使用方式密切相关，这样，

---

① 参看岑溢成：《孟子告子篇之"情"与"才"论释》，pt.I, 5，因为有例子证明"若"可以有这样的意思；但岑溢成自己没有同意这种读法。
② 在处理这一问题上，裴学海采用了这种策略。

"可以为善"的主语就是"其情"而不是"其";这就有利于把"其"看作指人。这种解释还由此得到支持:"人之情"是一个习惯表达,在6A:8以及别的早期文本都出现过。①

对于"情",至少有三种解释。第一,朱熹(MTCC;YL 1380-1381;MTHW)、张栻、胡炳文认为"情"是指性之动,它有情感的形式,且从它可以知道"性"。内野熊一郎也把情看作性之动,翟理斯、理雅各、赖发洛、魏鲁男翻译为"情感(feelings)"。第二,戴震(第30条)把"情"看作"实",即一物所实是者。这种解释被陈大齐和牟宗三所支持,在刘殿爵的翻译"真正的东西(what is genuine)"中,也反映出此种意思(6A:6,6A:8)。② 第三,俞樾(MTPI)把"情"看作可以与"性"互换使用。这种解释在裴学海和胡毓寰的论述中也可以找到。岑溢成论证说:把"情"当作"性",比当作"实"要更可信。③

在《孟子》中,除了6A:6和6A:8,别的地方出现的"情",没有一个能够被可信地解释为"情感"。注释者,包括朱熹和赵岐,大都同意4B:18中出现的与"声"(名望)对比的"情",是关于人们真正所是的(实)。3A:4段把物之不齐当作他们的"情",此处的"情"也不可能指向情感。因为这种用法在《孟子》中没有任何明显的例证,所以我不倾向于把6A:6中出现的"情"

---

① 在《心体与性体》(第三卷,pp.416-418),牟宗三认为"其"是指"性";但是在《圆善论》,他认为是指"人"。
② 陈大齐:《孟子待解录》,pp.8-10;牟宗三:《心体与性体》第三卷,pp.416-418;同前作者,《圆善论》,pp.22-24。
③ 岑溢成:《孟子告子篇之"情"与"才"论释》,pt.I,pp.6-7。

读作情感。

在6A:6和6A:8中,"情"的用法看起来与"性"密切相关,有些注释者和翻译者甚至把3A:4中出现的"情"也解作"性"。① 比如,赵岐(C 3A:4)就联系了这两者,刘殿爵翻译3A:4中的"情"为"性质(nature)"。但是,在本书第六章第一节中提到过,"性"可能不同于"情",即"性"在早期文本中不会用来指:一类事物的"不是本类中每个个体成员自身的特色"的那种特色(例如,他们的不齐)。如果这是正确的,3A:4中的"情"就不能与"性"互换着用。但是,既然6A:6和6A:8中出现的"情"与3A:4中的不同,因为前者既是一类事物的整体特色,又是类中个体成员的特色,那么6A:6和6A:8中"情"与"性"之间的互换,还是有可能的。上面提到的第三种解释,就保留了这种可能。

第二种和第三种解释之间的区别并不大。在本书第六章第一节我论证了"情"经常以"实"的意义来用,即事物之真正所是者。而且,"情"经常指向一类事物的本类中所有个体都具有的那些特征倾向,并显示了这类事物之真正所是者。当"情"被如此使用时,所涉及的倾向也可以指向此物之性,因为"性"也能指一物所具有的特征倾向。但这两个字依然有不同的强调。"情"强调这些倾向是事物的属性特征,它们很难被改变,并显示了这些事物所是的样态。"性"则强调把作为这些事物的组成部分的那些倾向展现出来,而且这些倾向会受制于种种影响,且能被养育或

---

① 岑溢成:《孟子告子篇之"情"与"才"论释》,p.6,也把3A:4中的"情"看作与"性"有同样的意涵。

伤害。由此原因，我倾向同意牟宗三的观点，他尽管用"实"来解释"情"，但认为在 6A:6 上下文中，"情"与"性"是不可互换的。①在 6A:6，孟子从说"性"转到说"情"，很可能是强调：尽管"性"会受制于种种影响，即公都子在提问时所描述的那些影响，但是所有人都有些共同的、能够指向善的东西，并能够显露出他们的真正所是——虽然只有一些人能够发展这种东西。②

至于"可以"，正是因为孟子用"可以为善"来解释性善，造成了一个困难。③总览早期文本中"可以"的用法，比如《论语》和《孟子》中，经常是只有某些条件被满足时，才会说"可以"做某事。比如，在《论语》中说到，人们可以长久承受逆境，需要有仁(LY 4.2)；可以跟人们讨论重要事情，需要他是中人以上(LY 6.21)；可以无大过，需要有时间学习《易》(LY 7.17)；可以成为完整的人，需要有某些素质(LY 14.12)。在《孟子》中，"可以"成为真正的王，被说成需要有一定大小的土地(1A:5)且有特定的德(1A:7)。而只有当人们有某种地位，他才可以进行征伐甚至杀掉一个堕落的统治者(2B:8)。只有前一次已经拒绝过夷之，孟子才可以通过中间人而跟他对话(3A:5)。这些条件可能是那些必须被满足之后，某物才真正有可能的东西(就像需要某些属性，人们才可以成

---

① 牟宗三：《心体与性体》第三卷，pp.416-418。
② 我把这最后一点，归功于伊莱娜·布卢姆。
③ 有些翻译者，比如翟楚、翟文伯、翟理斯和魏鲁男，认为"可以为善"意思是"能被看作善"，可能是把"为"解作"考虑"或"当作"。这种读法能避免困难，因为这样孟子是说："情"可以被看作善，而不是它能够成为善。但这种读法是不可能的，因为《孟子》别处类似出现的"可以为"，都能可信地读作"能够成为"，比如 6A:6 中立场(b)的表述："可以为善可以为不善"，或者 6B:2 的表述：任何人"可以为尧舜"。

第六章 性 303

为完整的人或真正的王);或者是那些必须被满足之后,才被合理地去做的东西(就像孟子先拒绝夷之,才可以通过中间人而跟他对话)。① 但是,这种对"可以"用法的观察,还不能解决问题。因为要求可以为善的条件,可能只是一种"可以"的能力,其自身并不能指向"善"的方向。

我认为,解决此问题的关键在于"可以(capacity)"与"能(ability)"的关系。《墨子》中,有一段墨子和巫马子的对话,巫马子说他缺乏"能"去实践兼爱每个人,因为他关心自己多于父母,关心近于己的人多于远于己的人(MT 46/52-53)。这个观察表明,怀疑人们能否去实践所提议的伦理理想,可能是基于他们缺乏在此理想方向上的伦理倾向。相似地,那么坚持差等的人,会怀疑他们是否有"能"去把朋友之身或朋友之父母,当作自己之身、自己之父母(MT 16/24);那些坚持差等的统治者,会怀疑他们是否有"能"去把民众之身当作自己的身(MT 16/36)。这样的怀疑,在"可"这个字上也出现。反对者会怀疑:是否人们可为(MT 16/46,16/72)或者可用(MT 16/22)"兼";而有时候,从说"可"到说"能",有一个跳转(MT 16/22-24)。

这样,在《墨子》中,对"兼爱"主张的一个主要的反对就是它难以实践;这同时用"能""可"来表达:人们"能"去实行兼爱,被认为需要在正确方向上有情感倾向。墨子在回应中,尽力强调"兼爱"的可行性,有时候还用"挈泰山以超江河"来例证什么是真

---

① 有时候,"可以 V"在上下文中表达了:已经有一个假定偏向 V-ing,在这种情况下,说"可以 V"(因而能断定合适的条件已经满足),可能产生一种预期:他将 V。

的不可能的(MT 15/29-31,16/46-48)。可能他试图显示：实行"兼爱"会有利于自己或者那些与自己有特别关系的人,从而部分地回应了此种反对。因为它显示了,尽管人们可能没有相应于"兼爱"的情感倾向,但"兼爱"确实能够与人们已经有的某些动机关联起来。

类似地,孟子也关注儒家理想的可行性,并基于人们已经有正确的情感倾向,从而为之辩护。在 1A:7 提起齐宣王对牛的同情时,他指出齐宣王有"能"去实行仁政；至于没有做,只是因为不去做,而不是缺乏"能"；孟子接下来还用"挟太山以超北海"来说明什么是真的不能。① 在 2A:6 中,他引用四端的呈现,来显示任何人都能实行儒家的道,在 7A:15 中,他引用爱父母、敬兄长,作为人们不学而能的例子。这种对"能"的关注在别的段落,比如4A:1 和 4A:10 中也出现过,在那里孟子说：认为统治者或自己缺乏"能"去实行儒家的道,是戕贼统治者或自弃。

但是,很有趣的是,在伦理语境中,孟子有时候从讨论"可以"转到讨论"能"。一个例子是在 1A:7 中与齐宣王的对话：齐宣王先问自己是否"可以"成为真正的王,或"可以"保民,接下来孟子讨论齐宣王不能保民,是因为他"不为"而不是"不能"。另一个例子是 6B:2,开始孟子先认同"人人皆可为尧舜"的观点,而接下来的观察,则说并不是人们"不能"。这样,似乎孟子在伦理语境下,并不区分"能"和"可以"。而某种程度上,"能"依赖于有正确的情

---

① 在《墨子》和《孟子》中都用到此相似的例子,这已经被倪德卫注意到("Philosophical Voluntarism", p.21)。

第六章 性

感倾向,那么"可以"也有相似的依赖。

下面我们来看荀子《荀子·性恶》章中,在伦理语境下强调的"可以"与"能"的区分,并反对把"可以与不可以的区分"和"能与不能的区分"这两种区分混在一起(HT 23/63 - 75)。既然孟子明显是《荀子·性恶》章的批判目标,这提供了进一步证据支持此观察:孟子并没有区分"能"与"可以"。这一观察能够有助于解决孟子用"可以为善"来解释其性善观点所引发的困难。既然孟子在伦理语境下使用"可以",与"能"是可互换的,而"能"在伦理语境下,要求具有已经指向善的那些情感倾向,那么,孟子对其性善观点的解释就等同说:人已经具有了"以指向善的方式来形成"的那些情感倾向。所以,他在 6A:6 中使用"可以",与"能"是可互换的,且"可以"要求适当构成的情感倾向。这两点基于此事实能得到进一步的支持:在 6A:6 中,孟子用"可以为善"说明其观点后,接着就讲到了四端,而它们是已经指向善的情感倾向;另外,在 2A:6 中,它们则是被用来表明任何人都能实行儒家的道。

最后,让我们转向"才"。朱熹(MTCC)、张栻、胡炳文用"能"来解释"才"。① 牟宗三、唐君毅都把"才"当作有"能"的意思,并特别指出这个"能"根植于心的情感禀赋,因为从四端中就会看到。② "才"密切关联于"能",能够从这两个字在《孟子》与其他早期文本中的并用而知晓。比如,讲到任用那些有贤德、有治理之才的人

---

① 孙奭的读法与朱熹的稍微不同——孙奭以气之能解释"才",而朱熹以人之能解释"才"。
② 牟宗三:《心体与性体》第三卷,pp.416 - 423,参看同前作者,《圆善论》,pp.22 - 24;唐君毅:《原性篇》,pp.29 - 30。

(LY 13.2;M 6B:7),也讲到任用那些有贤德、有治理之能的人(M 2A:5)。另外,"才"与"能"两者都是可以被消耗的(M 6A:6;HFT28.2.27),而不善在 6A:6 被描述为"非才之罪",在 1A:7 中也被说成并不是因为缺乏"能"。这种类似显示了"才"与"能"是密切相关。很可能,人们的"才"正是根据其具有的"能"来说的。也就是说,"才"是一种资质,即使得人们去获得某些成就的东西。

对于牟先生和唐先生的观察,也有证据支持。在 6A:6 的语境中,因为人们有"能"去获得伦理理想,所以"才"是关于心中情感禀赋的东西,这可以由四端来例证。6A:6 中观察到不善非"才"之罪,然后立即接着说四端;且此段讲尽其"才",正像 7A:1 所讲的尽其心。6A:7 段观察到人们品质的多样并不是因为人之"才"有不同,然后接着就讨论什么是所有人的心中普遍具有的东西。6A:8 段暗示,任何人都有仁义之心;如果认为从伦理上属于禽兽的那些人没有"才",这是不对的。而且,在 6A:7 和 6A:8 中,"才"被比作植物的种子,而孟子也用这个类比来说明心中的情感禀赋。这些观察共同表明:"才"必定与心中的情感禀赋有关。

前面已经考察了关键的字,让我们转向孟子对性善的整体考察。根据前面所分析的,我把"乃若"解作"就……而言",把"其"看作指"人",把"情"看作指"实",或者一物的真正所是。① 对孟子来说,在伦理语境下,"可以"并不仅仅是可能,而且是在正确方向

---

① 岑溢成(《孟子告子篇之"情"与"才"论释》,pt.I,7)辩论道:如果"情"是指"实",那么"其"应该指"性";如果"情"是指"性",那么"其"应该指"人"。在我看来,即使"情"意思是"实","其"依然可以指"人";实际上,在早期文本中,"人之情"经常被用来指"人之实"。

下的情感倾向。而"才"在伦理语境下,指向心的情感禀赋。"情"和"才"是相关的,因为人的真正所是(情)就是他们有某种类型的"才"。比如,在6A:8中,孟子观察到人之"情",正是那种并非"未尝有才"的东西。至于"才"与"可以"的相关性,则是这样:正是由于构成了人之"才"的情感禀赋呈现出来,人们就"可以"为善。

这样,说人们"可以为善",孟子是说人们含有某些资质,即含有已经指向善的情感禀赋,人们根据它们就能够为善。在孟子看来,这就是他所说的性善。人之为不善,并不是资质缺陷,只是因为伤害了或者没有在正确方向充分发展其资质。这种资质不对称地关联到善、恶,可以由葛瑞汉的一个类比来解释:人们有其生物资质,由此可以在正常环境下生活到70岁,如果人们死于20岁,这并不是其生物资质的缺陷,而是发展过程受到某种方式的伤害。① 另一个类比是孟子自己的植物生长喻:一个新芽有其资质,在正常环境且有足够养分的情况下,它会发展为一个成熟的植物;如果它没有如此,并不是资质的缺陷,而是它的生长受到了损害。

为了完成6A:6中的讨论,让我们考察这段讲到的另外三种性论,以及这段如何关联于6A:7和6A:8。立场(a)是告子的观点:"性"无善无不善。而立场(c)认为人们的"性"是不同的。现在,6A:6宣称人们有一种资质,即具有指向善的情感禀赋,这就把孟子的立场与(a)立场区分开。为了与立场(c)区分,孟子否认了"性"是因人而异的。这种否认可以在6A:7中发现。在此章

---

① 葛瑞汉,"Background",pp.34-35。

孟子观察到，即使人们有所不同，也是因为环境，而不是因为他们的天资（才）有不同。所以，6A:7其他部分就讨论了在所有人心中都相同的因素。相似的观察在6A:8中也有，孟子强调即使人们最后成为恶人，也不是因为缺乏那些指向善的资质。既然立场（c）是通过说在美好环境中有人是恶的、在恶劣环境中有人是善的，从而阐明的，有些注释者已经把（c）当作说一些人是不可变的。① 某种程度上，立场（c）确实有这样的意涵，而孟子在6A:6中，通过强调任何人只要去"求"就会变好，从而回应之。

至于立场（b），是通过说人们性格可能随环境而变化，从而阐明的。它至少有三种不同的方式：第一，刘殿爵认为它是说："性"是这样的，人们既可能成为善的，也可能成为恶的；这是一种既能与告子又能与孟子立场兼容的观点，实际上，任何关于"性"的立场，都不会反对这样的事实：确实有些人成为善的，而有些人成为恶的。② 第二，赵岐（C）把它与告子的立场比较，可能认为它是说："性"是中性的，而人们可以成为善的或者恶的。第二种解释不像第一种，因为它明确表达了"性"是中性的。③ 第三，黄宗羲（2/60a.5 - b.3）认为它是说："性"有其构成内容，既可以为善，也可以为不善。进一步讲，"可以"被认为描述的不仅是可能，而且是一个方向；也就是说，有一个指向善的内容，也有一个指向

---

① 比如，唐君毅：《原性篇》，pp.16 - 17。像宋翔凤和杨伯峻等人，则把立场（c）与《论语》17.3中的观点相比较，即认为最高的人和最低的人是不能改变的。
② 刘殿爵，"Method of Analogy"，p.239。
③ 唐君毅：《原性篇》，pp.16 - 17，也认为立场（b）与告子的立场相关，尽管唐先生实际上并没有区分这两者。

恶的内容。与此对应,黄宗羲认为它与扬雄的观点相似:在"性"中既有善,又有恶。杨伯峻(引用了孔广森)与葛瑞汉,则都认为它与王充所讲的世氏的立场相同:在"性"中既有善,又有恶。①所有这些解释,都能兼容于强调人性是可变的,这一点在阐明(b)时所举的例子中隐含。

在这些解释中,第二种是不可能的,因为它把立场(b)等同于立场(a),从而使得(b)成为多余的。第一种解释是可能的;尽管它也不像真的,因为它使得(b)与别的立场相兼容,包括立场(c);但公都子所引用的例子似乎强调了(b)与(c)的对立。当然,这些解释都不是决定性的,在没有更多详尽阐述情况下,很难说明(b)的确切内容是什么。②

但是,就孟子来说,他可能以第三种解释所描述的那种方式来理解立场(b)。一种考虑是他认为伦理语境下的"可以"等同于"能",并依赖于正确的情感禀赋。如果以这种方式来理解,立场(b)的表述就意味着:在"性"中,有指向善的情感禀赋,也有指向恶的情感禀赋;这是第三种对(b)的解释。

另一个考虑是:如果第一种解释是对的话,孟子将不会反对(b);而因为第二种解释把(b)等同于(a),他也不必再对(b)作更多解释,以使得他的立场远离于(b)。但是,如果第三种解释是对的,他需要显示在"性"中并没有指向恶的内容,以使得他的立场

---

① 葛瑞汉,"Background",pp.20 - 22;参看,p.33。
② 立场(b)的表述与荀子观点——任何人可以成为尧舜,任何人也可以成为桀跖——的类似性,说明了(b)立场的支持者可能持与荀子相似的人性论。

远离于(b)。而在6A:6中,他确实显示了此点,这就意味着他可能以第三种解释所描述的那种方式来理解立场(b)。在6A:6,他同意(b)前半部分的"可以为善",但反对后半部分;他宣称恶并不是由于人之"才"的缺陷,只是因为没有"尽其才"这种过错。在6A:7,孟子先是同意了人们的性格随环境而变化,这是由与(b)有关的例子所阐明的;接着,用人们发展了或者没能发展那些指向善的普遍资质,来解释这种变化,而不是用善恶品性混杂的资质来解释。这补充了6A:6,从而使孟子的立场远离于第三种解释下的(b)。

第四节 孟子和荀子论性

一、荀子论性

众所周知,孟子主张性善,而荀子主张性恶;那么,去考虑他们的观点在什么意义上不同——如果有的话,这将加深我们对孟子的理解。在《孟子》中,孟子性善的观点在三处被提到:在6A:2与告子辩论性时,孟子自己提到过;在6A:6把孟子论性的立场与告子和其他人的立场对比时,公都子提到过;在3A:1中,编者将性善视作教义之一,孟子试图将其传授给一个世子。荀子的观点,则除了《荀子·性恶》章之外,别处再未提到;而在此章,孟子明显是主要的批评对象。[①] 这些观察意味着,明确相反的性论,

---

[①] 有人已经质疑《荀子·性恶》章的可信性,比如孟旦(pp.77-78),他引用了金谷治的文本研究。就我所知,并没有决定性的证据来证明这一章的不可信,而且这章的观点看起来与别章相符,所以我在重构荀子思想时,还是与其他章一样采用了这一章。

经常被口号式地提出，以作为将自己立场与别人立场区别开的一种方式。这些宣称可能只是一种方便的方式，用来指代在伦理生活中以及与人们关系中更复杂的图景；而要想理解这些明显相反的性论的不同，就需要理解这些潜在图景中隐含的实质性差异。

荀子认为："性"就是那种由生带来的东西（生之所以然者 HT 22/2），它归因于天（HT 22/63，23/11），它不可学、不可事（HT 23/11‐12），而它的活动是自发的、不需要努力（HT 23/25‐27）。与之相反，"伪"被认为需要心的思虑（HT 22/3‐4），可以通过学习获得、通过努力而完成（HT 23/11‐13），但并不能自发地做到，需要人类的努力（HT 23/27）。荀子把感官能力、心的能力以及欲望与情感，看作不能求得，而归因于天（HT 17/10‐12），并认为是君子和小人生而共有多种欲望和能力，比如感官能力（HT 4/32‐47）。但是，当具体说到"性"的内容时，尽管有时候荀子把"性"关联到能力，比如感性能力（HT 23/13‐14），但他还是更倾向于强调欲望和情感（HT 22/63），包括多种利己的欲望，比如想要利益和感官欲望（HT 23/13，23/25‐26）。这可能是因为，"性"依然具有动力的含义，因而更适用于情感和欲望，也就是让人们趋向于某些方向。而且，根据荀子，"性"在所有人中都是相同的，不管是尧舜还是桀纣、是君子还是小人（HT 23/53‐54）。

为了理解孟子和荀子的不同，我们需要知道荀子认为属于人生而有的那些东西是什么。就欲望而言，部分文本显示，荀子相信人生而有的只是利己的欲望，而没有利他的关切。在一处，他说：

人生来就是小人，只关心利益，而不知礼仪或辞让（HT 4/49‐51）。在别的地方，他同样观察到：人好利，在自然状态下，甚至会与兄弟争夺（HT 23/29‐32）。另外，他用欲求食物、温暖、休息来讲"性"，而把代替父亲和兄长而服其劳，看作违反"性"的（HT 23/17‐21）。

但是，在《礼运》章有一些证据证明，荀子也相信人普遍具有某些并不是完全利己主义的情感。① 在解释三年之丧的基础时，他指出，就像别的有知觉的动物一样，人对自己的同类有爱（HT 19/96‐103）。而在解释祭祀礼仪的基础时，他认为这是对死者致以思慕之情（HT 19/117）。尽管他没有明确说这些情感属于人生来就有的，但他援引它们来解释这些礼仪活动的基础，显示了他把这些看作人们在被"礼"塑造之前就拥有的情感。如果是这样，似乎荀子也认识到，人类在自然状态也拥有某些情感，即对别人的爱慕，尤其是那些以前与自己有密切关系的人。

荀子思想的这个方面，似乎与前面引用的其他文本冲突，即观察到人们对于甚至像父兄这样的亲人都不会让步，而且，兄弟之间在自然状态下还会相互争夺。这样至少有两种可能，而似乎并没有足够的文本证据能够判定这两者。第一种认为，荀子思想中确实存在内部张力。可以观察到各部分文本之间有明显冲突，尤其是《荀子·性恶》章与《礼运》章，这呈现了荀子思想发展的不

---

① 参看王大卫，"Hsün Tzu on Moral Motivation"。我在讨论这一段和下一段时，受益于王大卫的论文。

第六章　性

同阶段,表达了不同的关注。与《荀子·性恶》章是为了反对孟子不同,《礼运》章则可能试图辩护礼仪活动,从而反对墨家的挑战。① 第二种则认为,各部分文本之间并没有实质性的冲突,尽管强调的重点有不同。荀子观点很可能是:即使人们拥有某种对家族成员的关切,在自然状态下,他们还是把自己的利益看作高于家族成员的利益。也就是说,在自然状态下,即使有伴随着利己欲望出现的对他人的关切,这种关切可能也并不是恰当程度出现的,也没有按照正确方式来构成;如果没有心的规范,他们依然是冲突的、无序的,甚至在家族中也是如此。② 这种解释与此事实相符:尽管荀子把某些礼仪活动,描述为在利他情感中有其基础,但他也相信,"礼"是用来管理这些情感:当它们过度时限制之,当它们不足时扩展之(HT 19/63 - 64, 19/96 - 103)。而且,尽管可能出现一些利他关切,但它们只是被用来塑造礼义的原始材料。③

除了欲望与情感,让我们考察别的心理因素,即荀子可能将其归属于与生俱来的那些因素。有时候,他先提到多种利己欲望、爱好利益,继而言人之可以为尧禹、可以为桀跖,也是某种他们生而有的东西(HT 4/42 - 47)。另外,他观察了平常人怎样可以成为禹,并区分了"可以"与"能",宣称"可以与不可以"的分别,

---

① 我受益于与王志民关于这一问题的讨论。
② 柯雄文,"Quasi-Empricical Aspect", p.9,观察到荀子能允许人们普遍具有某种对他人的关切;尽管荀子认为这种关切是围绕在自我上的一种部分倾向,并认为除非被反思引导,否则会有问题的。
③ 这种理解荀子的方式,使得他的立场接近于一种对告子"仁内"立场的解释。

跟"能与不能"的区别是不同的（HT 23/60‑75）。虽然任何人"可以"成为圣人，但不是任何人"能"成为圣人，尽管他们"可以知""可以能"。这被认为类似于此事实：尽管任何人都"可以"成为一个木匠，但不是任何人都"能"成为木匠。

根据上一节的观点，孟子倾向于互换地使用"可以"与"能"，再加上在此章孟子明显是批判的对象，那么荀子在此可能就是批评他认为孟子所犯的错误，即没有区分"可以"与"能"。如我们所见，在早期的伦理文本中，"能"要求拥有以符合伦理理想的方式而构成的那些情感倾向；而认为不是任何人都"能"成为圣人，荀子的意思可能就是说不是任何人都拥有正确的情感倾向。另一方面，宣称任何人都"可以"成为尧禹，任何人都"可以"成为桀跖，意味着"可以"被理解为仅仅是一种能力。也就是说，任何人"可以"成为圣人是从这个意义说的：任何人有能力去获得正确构成的情感倾向，从而"能"成为圣人。这种解释与木匠的类比相似：虽然任何人有能力（可以）去学习技能，从而"能"成为木匠，但实际上并不是任何人都有这种技能。

如果这种解释是正确的，那么荀子的观点就是："能"成圣所要求的正确构造的情感倾向，并不是人类已经具有的某种东西，而是需要去学习的东西。这符合前面的观察：即使荀子可能认为人们已经有对其他同类成员的爱，这种爱也没有正确的结构。[①] 为了获取正确构造的情感倾向，心必须练习两种能力：可以知、可以

---

① 可以与巫马子的说法相比较：虽然他有一些对他人的关心，但这种关心没有以一种有益于兼爱的方式来构成，所以缺乏"能"去实现兼爱。

第六章 性

能。由于荀子有时候说"知"是先于"能"而来的(HT 22/5－6),他的观点就可能是:心要先练习知道什么是正确的能力,然后练习培养那些正确构造的情感倾向的能力,使得实现伦理理想成为可能。

在另一段,当谈论到人类如何与动物、植物、火、水区别开,荀子观察到只有人有"义"(HT 9/69－73)。尽管这看起来接近于孟子的立场,但这段话的上下文显示了:荀子认为"义"指的是某些能力,而不是一种倾向;而孟子则把后者看作培养"义"的品质的出发点。荀子认为"性"就是进行社会划分、形成群体的能力。另外,使人成为人的特征,也是由于社会地位的不同(辨)以及名分(分;HT 5/23－28)。这样,在这段文字中,"义"可能是指一种能进行社会分工、遵守处理这些分工的规范的能力,以及接受这些规范转化的能力;而这并没有涉及孟子所强调的那种优先的倾向。① 荀子认为这种能力使人别于其他动物,尽管后者有"知",甚至可能不仅有知觉,还有智慧活动(例如,为冬天储存食物),但它们不能以人类所特有的方式创造与遵守规范,且能让自己被规范转化。

这种对于人的独特处或者对使人成为人的那种东西的理解,不同于人性的观念;对于后者,荀子认为是属于人生而有的那种东西。这不仅仅是因为使 X 成为 X(X 之所以为 X)的那种东西,不必然是属于 X 生而有的那种东西。比如,使得大禹成为大禹的东西(HT 23/61),是大禹别于其他人的东西,但不等同于生

---

① 参看倪德卫,"Hsün Tzu on 'Human Nature'";以及同前作者,"Critique of David B. Wong"。

来就属于大禹的东西;后者是被所有人共享的(HT 5/24－25)。而且,即便那些使人成为人的东西,确实是属于人生而有的东西;但并不是所有属于人生而有的东西,都是使人成为人的东西。因为属于人生而有的东西,可能包括那些别的动物也有的东西。在荀子看来,能进行社会分工、遵守社会分工以及被社会分工改变的能力,就是人的独特性;这支持了在本章第一节的观察:"人"被看作以社会术语而不是生物术语来定义的一个物种。

二、孟子和荀子论性

考察了荀子的立场,我们现在可以转而对比孟子与荀子。前面已经注意到:宣称性善、性恶,经常是以口号式的方式来表现的,而理解两者的不同,需要理解两种观点所隐含的实质性差别。因此,处理这些主张时,着重于讨论思想家如何表述"性"的构成范围,可能是一种误导。这种方法会导致这样的结论:思想家论"性"的主张,主要功能只是以某种方式表述"性"的构成范围而已;这样,不同主张的差异就主要是语词上的不同。这样的结论可能对此事实有所掩盖:思想家论"性"的主张,可能反映了他们对于伦理生活以及其与人类关系的实质性观点;那么,不同主张的差异,可能就反映了这些观点的实质性差异。

比如,考虑徐复观的观察:尽管荀子认为"性"就是属于生而有的那些东西,从而应该让"性"包含感官能力与除了欲望以外的其他能力;但是,荀子把"性"的构成范围限定于欲望,而排除了多种能力。根据徐先生的观点,荀子宣称"性"是恶的,就是因为这种限定;但这一限定与荀子对"性"的正式定义并不一致。① 类似地,大量的著作者已经反对:既然荀子认识到人有能力为善,如果他允许把这种能力当作"性"的部分(依其对"性"的正式定义,他应该如此),那么他将无法去宣称性恶。比如,傅斯年认为,说人拥有"伪"的能力,这就与性恶的主张冲突。劳思光认为荀子相信圣人能创造礼义,人能够根据礼义改变自己,这也与性恶的主张相冲突。②

似乎确实如此,即使荀子对"性"的规定允许包含别的能力,他也依然倾向于把"性"的范围限制于情感,尤其是欲望。但并不能明显得出:如果荀子允许"性"包含这些其他的能力,他将无法宣称性恶。上面所描述的反对意见,是假定荀子主张等同于:断言有某种东西,它构成了"性",而且是恶的;所以,这个主张就依赖于以某种方式所表述的"性"的范围。但是,这种方法似乎没有公正地处理荀子观点的实质。因为,即使他倾向于把"性"的范围限制于情感与欲望,但他在说性恶时,并没有说这些情感与欲望是恶的。也就是说,情感与欲望本身不是坏的,修身的目标不是排除或减少人生而有的欲望,而是让心去管理、引导这些欲望(HT 22/55-62)。确实,这种宣称会关联到冲突和无序,所以,如果心没有管理那些欲望满足、情感表现的追求,就会导致这种情况(HT 23/1-13)。但是,这种观察并不需要把性的范围限制于情感、欲望。实际上,即使荀子允许"性"包含心的能力,"性"

---

① 徐复观:《中国人性论史》,pp.229-238,255。
② 傅斯年,p.362;劳思光,pp.280-283。

依然可以在同样意义上是恶的;除非心去练习掌控情感与欲望,否则冲突、无序都会出现。

我们前面看到,荀子可能也相信人生来就拥有某些利他关切,比如对同类成员的爱。不过,即使如此,这些关切并不是以正确方式而建构的,如果缺乏心的管理,冲突和无序依然会出现。通过把圣人比作匠人,他强调了人之中没有什么东西能够指向伦理方向(HT 23/22 - 29,23/50 - 53)。① 这样,在荀子主张性恶的背后,有一个关于人类心理的图景,所以其主张并不依赖于以某种方式所表述的"性"的范围。

还有另一个例子,说明过分看重思想家表述"性"的范围的方式,会有所误导。我们可以考察陈大齐的论证:孟子与荀子并无实质的不同,因为他们只是把不同的东西包含于"性"之中而已。陈先生提出,理解这些性论的方式,首先应该判定"性"的范围,然后评价进入其范围的东西是善的还是恶的。② 在他看来,荀子认为性包含欲望与情感,但并不包含别的能力与趋向,而后者可能被描述为善的。这样,荀子所做的工作,是通过从"性"的范围中排除任何能威胁其观点的东西,从而使得性恶的陈述成为真的。③ 另一方面,孟子认为"性"包含伦理趋向,而没有感官欲望,从而使得性善的陈述成为真的。④ 而且,孟子当作善的东西,荀子也当作善;荀子当作恶的东西,孟子也当作恶;这恰恰说明孟子把荀子排

---

① 参看唐君毅:《原性篇》,pp.53 - 55;同前作者,《导论篇》,pp.119 - 120。
② 陈大齐:《浅见续集》,pp.138 - 140。
③ 陈大齐:《荀子学说》,pp.47 - 53;同前作者,《浅见集》,pp.244 - 250。
④ 陈大齐:《浅见集》,pp.244 - 250。

除的东西包含于"性",荀子把孟子排除的东西也包含于"性"。因此,在陈先生看来,两者之间根本没有实质性的不同,尽管他们关于性的主张看起来是相反的。①

这种看待孟子与荀子不同的方式,并不罕见。比如,徐复观也提出:孟子与荀子关于"性"的观点并没有实质性不同;两人只是以不同的方式限制了"性"的范围。② 确实,孟子和荀子在论性时,看起来只是侧重不同。当荀子坚持"性"与"伪"的真正不同在于"不学而能"与"学而能"的对立时(HT 23/10‐13),荀子可能反对孟子对"性"的理解。像我们在本章第一节看到的,孟子以与"情"密切相关的方式来使用"性"。而"情"在早期文本与"伪"是对立的,即真正属于一物的东西与只是表面现象之间的对立。与之对应,孟子用"性"去强调一物的倾向特征,这显示了此物之真正所是;而且他讨论人之"性"时,也集中于人的殊特处。另一方面,荀子认为"性"是生来就属于一物的东西,不是学来的或可获得的东西,这与"伪"相反,后者被看作可归因于人的努力的东西。这种观点强调的是不学而能,而不在于人的殊特之处。如果为了后一个目的,荀子将会说到那种使人成为人的东西(人之所以为人)。③ 因此,孟子与荀子对"性"的理解,确实在侧重上有所不同。

就像多位著作者已经注意到,即使如此,也不能就说两人对

---

① 陈大齐:《浅见集》,pp.251‐254。
② 徐复观:《中国人性论史》,p.238。
③ 论"性"时,孟子强调人所独特的东西,而荀子则强调人不学而能的东西,这种不同已经被多位学者指出,比如劳思光,pp.279‐283。

"性"的不同主张,并没有反应实质的不同。① 即使荀子反对某些孟子的论证,但可能并没有直接对应上孟子真正的观点,比如反对任何人已经是完全伦理化了(例如,HT 23/29-36,23/36-50)。但是,荀子确实表达一些直接不同于孟子立场的东西。比如,在《荀子·性恶》章的开始(HT 23/1-3),他说顺性将导致争夺、戕贼、淫乱,可能就是直接针对孟子的观察(M 2A:6),即认为人拥有辞让、恻隐、羞恶的端绪。② 荀子接下来(HT 23/17-22)解释子不让父、弟不让兄的现象,可能直接针对孟子的主张(M 7A:15):爱父母、敬兄长是某种人类拥有的、不学而能的能力。

另外,正如我们所见,荀子强调"可以"与"能"的不同(HT 23/74-75),可能直接针对孟子交替使用"可以"与"能"的倾向(M 1A:7, 6B:2)。而且,荀子说所有人生而有的东西都是可以知、可以能(HT 23/60-68),可能直接针对孟子的主张:人有不必去学就知、就能的某些东西(M 7A:15)。荀子观察到任何人"可以"成为禹,但不"能"成为禹(HT 23/72-73),可能直接针对孟子此种转变:从任何人都"可以"成为尧舜,转到人们不实行尧舜之道不是由于缺乏"能"(M 6B:2)。最后,荀子这种观察,即一个小人"可以"成为君子、一个君子"可以"成为小人(HT 23/70-71),对应他所说

---

① 比如,葛瑞汉认为他们的不同在于:道德教育是一种培养自发向善的问题,还是规范那些趋向于混乱的自发倾向。刘殿爵认为他们的不同在于:道德性是人为的还是自然的,以及人们是否普遍具有自然的道德倾向。柯雄文认为他们强调了伦理生活的不同维度:荀子强调人的基本动机结构,在稀缺环境下这将引向混乱;而孟子则强调人是一个道德主体,以及人有道德理想这一事实。
② 一个被唐君毅所注意的观点,《导论篇》,p.119。

的任何人"可以"成为尧禹,也"可以"成为桀跖(HT 4/45-47);这种类似很可能有助于强调此观点:在人的构造中,并没有什么东西能指向善而远离恶。这一点不同于孟子在 6A:6 中用"可以为善"来表述人的构造;对孟子来说,这不仅仅意味着人有能力去为善,而且有指向善而远离恶的情感禀赋。

很有可能,在孟子与荀子之间的哪种程度的伦理趋向的主要不同已为人类所共享。[1] 尽管荀子可能认为人类有某种对他人的关切,但他并没有把这些关切看作以正确的方式被构造。所以,自然状态下的人们会把自己的利益看得高于家族成员的利益,导致了《荀子·性恶》章所描述的那种家族内部的冲突。相应地,在自然状态,人类缺乏"能"去获得伦理理想,这样的"能"依赖于具有正确构造的情感倾向。在自然状态下,人类有的只是"可以能",也就是说,有能力使其情感和欲望被正确地重塑,从而能够获得"能"去实行儒家的道。这个过程涉及这些情感和欲望的激烈改变,而荀子把这种激烈改变比作矫直一根弯曲的木头(HT 23/5,23/48-49)。在这种观点下,人类生而有的东西,包括在自然状态下可能有的对他人的关切,只是作为能够被学习而重塑的原材料而已。

与之不同,孟子可能认为人类拥有了已经以正确的方式构造的情感倾向,所以即使在自然状态下,人们也尊敬家里的父母和

---

[1] 关于此问题的这两种不同观点已经被多位学者注意到,包括冯友兰:《中国哲学史》,pp.358-359;刘殿爵,"Theories of Human Nature",pp.559-565;同前作者,"Introduction",pp.20-22;牟宗三:《名家与荀子》,pp.224-226;史华慈,pp.291-294,299-230;杜维明,*Humanity and Self-Cultivation*,pp.58-59。

兄长。而且,因为这样情感倾向的呈现,人类已经"能"去实现伦理理想。这样的情感倾向依然需要通过正确的培养来加以精化,但它们不仅仅是需要通过学习而重塑的原材料。实际上,伦理方向已经包含在这些禀赋中了,修身正是一个更为恒久的过程,关涉到对这些禀赋的培育与发展。

参考文献

文献第一部分列出了在正文和注释中索引的早期中国文本的版本;第二部分列出了《孟子》和其他前现代中文文本;第三部分是《孟子》的英文翻译;第四部分是二手资料。下面的缩略语用于文献部分:

CTCC	Chu-tzu chi-ch'eng 诸子集成
HY	Harvard-Yenching Institute Sinological Index Series 哈佛燕京学社引得
KHCPTS	Kuo-hsüeh chi-pen ts'ung-shu 国学基本丛书
SKCS	Ssu-k'u ch'üan-shu 四库全书
SPPY	Ssu-pu pei-yao 四部备要
SPTK	Ssu-pu ts'ung-kan 四部丛刊

一、早期中国文本

Chuang-tzu 庄子。所有引文的章节和行数都参照 HY 版本。

Han-fei-tzu 韩非子。所有引文的章节、段落和句子都参照周钟灵、施孝适和许惟贤汇编的《韩非子索引》,北京:中华书局,1982。

Hsün-tzu 荀子。所有引文的章节和行数都参照 HY 版本。

Huai-nan-tzu。所有引文的卷数、页码和行数都参照 SPPY 版本。也请参阅:中法汉学研究所汇编的《淮南子通检》，上海：上海古籍出版社，1986。

Kuan-tzu。所有引文的卷数、页码和行数都参照 KHCPTS 版。也请参阅：Wallace Stephen Johnson 主编的《管子引得》（英文标题为 *A Concordance to the Kuan Tzu*）。台北：成文出版社，1970。

Kuo-yü。所有引文的卷数、页码和行数都参照天圣明道本。也请参阅张以仁主编的《国语引得》。台北："中央研究院"，历史语言研究所，1976。

Lao-tzu 老子。所有章节数都参照任继愈的《老子新译》。上海：上海古籍出版社，1978。

Li-chi 礼记。所有卷数、页码和行数都参照 SPPY 版。也请参阅 HY 版。

Lieh-tzu 列子。所有卷数、页码和行数都参照 SPTK。

Lü-shih ch'un-ch'iu 吕氏春秋。所有的卷数、页码和行数都参照许维遹主编的《吕氏春秋集释》。北京：商务印书馆，1955。也请参阅 Michael Carson 主编的 *A Concordance to the Lü-shih ch'un-ch'iu*。旧金山：中国资料中心（Chinese Materials Center），1985。

Lun-yü 论语。所有篇目和章节数都参考杨伯峻的《论语译注》。北京：中华书局，1980。也请参阅 HY。

Meng-tzu 孟子。所有篇目和章节数（篇目数用 1A—7B 代替了原书的 1—14 篇）都参照杨伯峻的《孟子译注》。北京：中华书局，1984。也请参阅 HY。

Mo-tzu 墨子。所有章节和行数都参照 HY 版。

Shang-chün-shu 商君书。所有文段和行数都参照 CTCC 版。

Shang-shu 尚书。所有页码和行数都参照理雅各的英译本 *The Shoo King*。香港：伦敦传道会（London Missionary Society），1865。也请参阅顾颉刚主编的《尚书通检》。上海：上海古籍出版社，1990。

Shen-pu-hai 申不害。所有页码和残篇数都来自顾立雅的 *Shen-pu-hai: A Chinese Political Philosopher of the Fourth Century B.C.*。芝加哥：芝加哥大学出版社，1974。

Shen-tzu 慎子。所有页码和残篇数都来自 P.M.Thompson 主编的 *The Shen Tzu Fragments*。牛津：牛津大学出版社，1979。

Shih-ching 诗经。所有的诗和节号都参照杨任之的《诗经今译今注》。天津：天津古籍出版社，1986。也请参阅 HY 版。

Tso-chuan 左传。所有页码和行数都参照理雅各的英译本 *The Ch'un Tsew with The Tso Chuen*（修订本）。台北：文史哲出版社，1972。也请参考 HY 版。

参考文献　　　　　　　　　　　　　　　　　　　　　　　　　　　　　　　　　　*325*

二、《孟子》注释和其他 20 世纪之前的中文文本

除非另外注明,所有《孟子》篇目和文段数(篇目数用 1A—7B 代替了原书的第 1—14 篇)都来自杨伯峻的《孟子译注》。

Chang Shih 张栻《孟子说》。

Chao Ch'i 赵岐《孟子章指》。

Chao Shun-sun 赵顺孙《孟子纂疏》。

Chiao Hsün 焦循《孟子正义》。较长的文段参照 SPPY 版文本的卷数、文段和行数。

Chu His 朱熹《朱子语类》。所有的页码都参照《朱子语类》,北京:中华书局,1986。

——《孟子集注》。

——《孟子或问》。较长的文段参照《朱子遗书》版文本的卷数、段落和行数。

Hsü Ch'ien 许谦《读孟子丛说》。

Hu Ping-wen 胡炳文《孟子通》。

Hu Yü-huan 胡毓寰《孟子本义》。台北:正中书局,1958。

Huang Tsung-his 黄宗羲《孟子师说》。所有卷数、页码和行数参照 SKCS 版。

Juan Yüan 阮元《性命古训》。

P'ei Hsüeh-hai 裴学海《孟子正义补正》。台北:学海出版社,1978。

Shuo-wen chieh-tzu 说文解字。

Su Che 苏辙《孟子解》。

Sun Shih 孙奭《孟子注疏》。

Sung Hsiang-feng 宋翔凤《孟子赵注补正》。

Tai Chen 戴震《孟子字义疏证》。所有节号都参照《孟子字义疏证》第二版。北京:中华书局,1982。

Ts'ai Mu 蔡模《孟子集疏》。

Wang Ch'ung 王充《论衡》。所有页码和行数都参照 CTCC 版。

Wang En-yang 王恩洋《孟子疏义》。台北:新文峰出版公司,1975。

Wang Fu-chih 王夫之《读四书大全说》。所有的页码都参照《读四书大全说》第二卷。北京:中华书局,1975。

Wang Pang-hsiung 王邦雄、Tseng Chao-hsü 曾昭旭和 Yang Tsu-han 杨祖汉《孟子义理疏解》。新北:鹅湖月刊杂志社,1983。

Yü Yüeh 俞樾《孟子古注择从》。

——孟子平议。

——孟子缵义内外篇。

Yü Yün-wen 余允文《尊孟续辨》。所有的卷数、页码和行数都参照 SKCS 版。

——《尊孟辨》。所有的卷数、页码和行数都参照 SKCS 版。

三、《孟子》译本

除非另外标注,所有《孟子》的篇目和文段数(篇目数用 1A—7B 代替了原书的 1—14 篇)都来自杨伯峻《孟子译注》(见上面《孟子》栏)。

(一) 英文译本

Chai, Ch'u and Winberg Chai, eds. and trans. *The Sacred Books of Confucius and Other Confucian Classics*. New York: Bantam Books, 1965.

Chan, Wing-tsit, comp. and trans. *A Source book in Chinese Philosophy*. Princeton: Princeton University Press, 1963, chap.3.

Dobson, W. A. C. H., trans. *Mencius: A New Translation Arranged and Annotated for the General Reader*. Toronto: University of Toronto Press, 1963.

Giles, Lionel, trans. *The Book of Mencius (Abridged)*. New York: Dutton, 1942.

Lau, D. C., trans. *Mencius*. London: Penguin, 1970.

Legge, James, trans. *The Works of Mencius*. 2d ed., Oxford: Clarendon Press, 1895.

Lyall, Leonard A., trans. *Mencius*. London: Longmans, Green, 1932.

Ware, James R., trans. *The Sayings of Mencius*. New York: New American Library of World Literature, 1960.

(二) 现代中文译本

Yang Po-chün 杨伯峻《孟子译注》。北京:中华书局,1984。

(三) 日文译本

Hattori Unokichi 服部宇之吉翻译《国译孟子》,《国译汉文大成》第一卷。东京:国民文库刊行会,1922。

Kanaya Osamu 金谷治翻译《孟子》,两卷本。东京:朝日新闻社,1955,1956。

Uchino Kumaichiro 内野熊一郎翻译《孟子》,新释汉文大系,第四卷。东京：明治书院,1962。

四、二手资源

Ames, Roger T. "The Mencian Conception of *ren xing*: Does it Mean 'Human Nature'?" In Henry Rosemont, Jr., ed., *Chinese Texts and Philosophical Contexts: Essays Dedicated to Angus C. Graham*, pp.143 - 175. La Salle, ILL: Open Court, 1991.

Bloom Irene. "Mencian Arguments on Human Nature(*jen-hsing*)." *Philosophy East and West* 44(1994): 19 - 53.

Boodberg, Peter A. "The Semasiology of Some Primary Confucian Concepts." *Philosophy East and West* 2(1952): 317 - 332.

Chan, Wing-tsit. "The Evolution of the Confucian Concept *jen*." In Charles K. H. Chen, comp., *Neo-Confucianism, Etc.: Essay by Wing-tsit Chan*, pp.1 - 44. Hong Kong: Oriental Society, 1969.

Chan, Wing-tsit. trans & comp. *A Source Book in Chinese Philosophy*. Princeton: Princeton University Press, 1963.

赵纪彬《论语新探》,三卷本。北京：人民出版社,1976。

陈大齐《浅见集》。台北：台湾中华书局,1968。

——《浅见续集》。台北：台湾中华书局,1973。

——《荀子学说》修订版。台北：华岗出版社,1971。

——《孔子学说》第四版。台北：正中书局,1969。

——《孟子待解录》第二版。台北：台湾商务印书馆,1981d。

——《孟子的名理思想及其辩说实况》第四版。台北：台湾商务印书馆,1974。

陈特《由孟子与阳明看中国道德主体哲学的方法特性与发展》,《新亚学术集刊》,3(1982): 37 - 51。

Cheng, Chung-ying. *New Dimensions of Confucian and Neo-Confucian Philosophy*. Albany: State University of New York Press, 1991.

郑力为《儒学方向与人的尊严》。台北：文津出版社,1987。

朱贻庭《评杨朱和杨朱学派的人生哲学》,《中国哲学史》,冬季卷,1988,40 - 44。

Creel, Herrlee G. *Chinese Thought from Confucius to Mao Tse-tung*. Chicago: University of Chicago Press, 1953.

Cua, Antonio S. "The Conceptual Aspect of Hsün Tzu's Philosophy of Human

Nature." *Philosophy East and West* 27 (1977): 373-389.

——. "Confucian Vision and Human Community." *Journal of Chinese Philosophy* 11(1984): 227-238.

——. *Ethical Argumentation: A Study in Hsün Tzu's Moral Epistemology*. Honolulu: University of Hawaii Press, 1985.

——. "Morality and Human Nature." *Philosophy East and West* 32 (1982): 279-294.

——. "The Quasi-Empirical Aspect of Hsün Tzu's Philosophy of Human Narure." *Philosophy East and West* 28(1978): 3-19.

Eno, Robert. *The Confucian Creation of Heaven: Philosophy and the Defense of Ritual Mastery*. Albany: State University of New York Press, 1990.

Fingarette, Herbert. *Confucius: The Secular as Sacred*. New York: Harper & Row, 1972.

——. "The Problem of the Self in the Analects." *Philosophy East and West* 29 (1979): 129-140.

——. "Response to Roger T. Ames." In Mary I. Bockover, ed., Rules, Rituals and Responsibilities: Essays Dedicated to Herbert Fingarette, pp.194-200. La Salle, Ill.: Open Court, 1991.

Fu, Charles Wi-hsun. "Fingarette and Munro on Esrly Confucianism: A Methodological Examination." *Philosophy East and West* 28(1978): 181-198.

傅佩荣《儒家哲学新论》。台北：业强出版社，1993。

傅斯年《性命古训辨证》。台北：联经出版公司，1980[1938]。

冯耀明《当代新儒家的"超越内在"说》，《当代月刊》，第84期(1993年4月号)：92-105。

——.《当代新儒学的"哲学"概念》，收于《当代新儒学论文集：总论篇》，pp.349-396。台北：文津出版社，1991。

冯友兰《中国哲学史》修订版。香港：太平洋图书，1970。

——.《中国哲学史：补篇》修订版。香港：太平洋图书，1970。

——.《新原道》。香港：中国哲学研究会，1977[1944]。

Graham, A.C. "The Background of the Mencian Theory of Human Nature." *Ch'ing-hua hsüeh-pao* (*Tsing Hua Journal of Chinese Studies*) 6(1967): 215-271. Reprinted in idem, *Studies in Chinese Philosophy and Philosophical Literature*, pp.7-66.

Albany: State University of New York Press, 1990.

——. Chuang Tzu: *The Inner Chapters*. London: George Allen & Unwin, 1981.

——. "The Dialogue Between Yang Ju and Chyntzyy." *Bulletin of the School of Oriental and African Studies* 22(1959): 291-299.

——. *Disputers of the Tao: Philosophical Argument in Ancient China*. La Salle, Ill: Open Court, 1989.

——. *Later Mohist Logic, Ethicas and Science*. Hong Kong: Chinese University Press, 1978.

——. "Relating Categories to Question Forms in Pre-Han Chinese Thought." In idem, *Studies in Chinese Philosophy and Philosophical Literature*, pp.360-411. Albany: State University of New York Press, 1990.

——. "The Right to Selfishness: Yangism, Later Mohism, Chuang Tzu." In Donald Munro, ed., *Individualisim and Holism: Studies in Confucian and Taoist Values*, pp.73-84, Ann Arbor: University of Michigan, Center for Chinese Studies, 1985.

Hall, David L., and Roger T. Ames. *Thinking Through Confucius*. Albany: State University of New York Press, 1987.

Hansen, Chad. *Language and logic in Ancient China*. Ann Arbor: University of Michigan Press, 1983.

Harwood, Paul. "Concerning the Evolution and Use of the Concept of t'ien in Pre-Imperial China." *Tung-hai hsüeh-pao* (Tunghai Journal) 31(1990): 135-188.

侯外庐、赵纪彬和杜国庠《中国思想通史》第一卷。北京：人民出版社，1957。

徐复观《中国人性论史：先秦篇》第二版。台北：台湾商务印书馆，1975。

——.《中国思想史论集》第四版。台北：台湾学生书局，1975。

——.《中国思想史论集续篇》。台北：时报文化出版社，1982。

胡适《说儒》。台北：远流出版公司，1986[1935]。

黄彰健《释孟子"天下之言性也则故而已矣"章》，收于中华丛书编审委员会《孟子研究集》，pp.111-124。台北：中华丛书编审委员会，1963。根据杨化之原编修订。

黄俊杰《孟学思想史论》第一卷。台北：东大图书公司，1991。

——.《孟子》。台北：东大图书公司，1993。

——."古代中国的义和利：孟子、杨朱、墨子和荀子的辩论术"。

Isenberg, Arnold. "Some Problems of Interpretation."In Arthur F.Wright, ed., *Studies in Chinese Thought*, pp.232–246. Chicago: University of Chicago Press, 1953.

Ivanhoe, P.J. *Ethics in the Confucian Tradition: The Thought of Mencius and Wang Yang-ming*. Atlanta: Scholars Press, 1990.

——. "Human Nature and Moral Understanding in Xunsi." *International Philosophical Quarterly* 34(1994): 167–175.

任继愈《中国哲学发展史：先秦》。北京：人民出版社,1983。

Knoblock, John. "Review of A.C. Graham Disputers of the Tao: Philosophical Argument in Ancient China." *Journal of Asian Studies* 50(1991): 385–387.

Knoblock, John, tans., *Xunzi: A Translation and Study of the Complete Works*, vol.1,Books 1–6. California: Stanford University Press, 1988.

Kupperman, J.J. "Confucius, Mencius, Hume and Kant on Reason and Choice." In Shlomo Biderman and Ben-Ami Scharfstein, eds., *Rationality in Question: Eastern and Western Views of Rationality*, pp.119–139. Leiden: Brill, 1989.

Lai, Whalen. "Kao Tzu and Mencius on Mind: Analyzing a Paradigm Shift in Classical China." *Philosophy East and West* 34(1984): 147–160.

——. "The Public Good That Does the Public Good: A New Reading of Mohism." *Asian Philosophy* 3(1993): 125–141.

——. "Yung and the Tradition of the shih: The Confucian Restructing of Heroic Courage." *Religious Studies* 21(1985): 181–203.

Lau,D.C. "On Mencius' Use of the Method of Analogy in Argument." *Asia Major* 10(1963). Reprinted in D.C. Lau, trans., M*encius*, pp.235–263. London: Penguin, 1970.

——."Some Notes on the *Mencius*." *Asia Major* 15 (1969): 62–81.Theories of Human Nature in Mencius and Shyuntzyy. *Bulletin of the School of Oriental and African Studies* 15 (1953): 541–565.

Lau, D. C. trans. *Confucius: The Analects*. London: Penguin, 1979.

——. *Mencius*. London: Penguin, 1970.

劳思光《中国哲学史》,第一卷,第二版。香港：香港中文大学,崇基书院,1974。

李明辉《儒家与康德》。台北：联经出版公司,1990。

——.《康德伦理学与孟子道德思考之重建》。台北："中央研究院",中国文哲研究所,1994。

——.《孟子"知言养气"章的义理结构》,同前书,《孟子思想的哲学探讨》,pp.115-158。台北:"中央研究院",中国文哲研究所,1995。

——《当代儒学之自我转化》。台北:"中央研究院",中国文哲研究所,1994。

里西《释"仁、体爱也"》,《中国哲学史》,1989年4月,49-51。

李杜《中西哲学思想中的天道与上帝》。台北:联经出版公司,1978。

林义正《孔子学说探微》。台北:东大图书公司,1987。

Lin, Yu-sheng. "The Evolution of the Pre-Confucian Meaning of *jen* and the Confucian Concept of Moral Autonomy." *Monumenta Serica* (*Journal of Oriental Studies*) 31 (1974-75): 172-204.

Liu Shu-hsien 刘述先. "The Confucian Approach to the Problem of Transcendence and Immanence." *Philosophy East and West* 22 (1972): 45-52.

——.《儒家思想与现代化》。北京:中国广播电视出版社,1992。

——. "Some Reflections on Mencius's Views of Mind-Heart and Human Nature." *Philosophy East and West* 46 (1996): 143-164.

——.《研究中国史学与哲学的方法与态度》,韦政通主编《中国思想史方法论文》pp.217-228。台北:大林出版社,1981。

Metzger, Thomas A. "The Definition of the Self, the Group, the Cosmos, and Knowledge in Chou Thought: Some Comments on Professor Schwartz's Study." *American Asian Review* 4 (1986): 68-116.

——. "Some Ancient Roots of Modem Chinese Thought: This-Worldliness, Epistemological Optimism, Doctrinality, and the Emergence of Reflexivity in the Eastern Chou." *Early China* 11-12 (1985-87): 61-117.

牟宗三《中西哲学之会通十四讲》。台北:台湾学生书局,1990。

——.《中国哲学十九讲》。台北:台湾学生书局,1983。

——.《中国哲学的特质》第5版。台北:台湾学生书局,1978。

——.《心体与性体》三卷本,修订本。台北:正中书局,1970。

——.《名家与荀子》。台北:台湾学生书局,1979。

——.《圆善论》。台北:台湾学生书局,1985。

Munro, Donald J. *The Concept of Man in Early China*. Stanford: Stanford University Press, 1969.

Nivison, David S. "Critique of David B. Wong. 'Hsün Tzu on Moral Motivation.'" In P. J. Ivanhoe, ed. *Chinese Language, Thought and Culture: Essays Dedicated to David S. Nivison*. La Salle, I11.: Open Court Press, 1996.

——. "Hsiin Tzu on 'Human Nature.'" Unpublished paper, 1975.
——. "Investigations in Chinese Philosophy." Unpublished paper, 1980.
——. "Mencius and Motivation." *Journal of the American Academy of Religion*, Thematic Issues 47 (1980): 417-432.
——. "Motivation and Moral Action in Mencius." Unpublished paper,1975.
——. "On Translating *Mencius*." *Philosophy East and West* 30 (1980): 93-121.
——. "Philosophical Voluntarism in Fourth-Century China." Unpublished paper, 1973.
——. "Problems in Mencius, Part I." Unpublished paper, 1975.
——. "Problems in Mencius, Part II." Unpublished paper, 1975.
——. "Two Roots or One?" *Proceedings and Addresses of the American Philosophical Association* 53 (1980): 739-761.
——. "Weakness of Will in Ancient Chinese Philosophy." Unpublished paper, 1973.
庞朴《帛书五行篇研究》第2版。济南：齐鲁书社，1988。
Richards, I. A. *Mencius on the Mind: Experiments in Multiple Definition*. London: Routledge & Kegan Paul, 1932.
Rickett, W. Allyn, trans. *Guanzi: A Study and Translation*, vol. 1. Princeton: Princeton University Press, 1985.
——. trans. *Kuan-tzu*, vol. 1. Hong Kong: Hong Kong University Press.
Riegel, Jeffrey. "Reflections on an Unmoved Mind." *Journal of the American Academy of Religion*, Thematic Issues 47 (1980): 433-457.
Roetz, Heiner. *Confucian Ethics of the Axial Age: A Reconstruction Under the Aspect of the Breakthrough Toward Postconventional Thinking*. Albany: State University of New York Press, 1993.
Rosemont, Henry, Jr. "Review of Herbert Fingarette, *Confucius: The Secular as Sacred*." *Philosophy East and West* 26 (1976): 463-477.
Schwartz, Benjamin I. *The World of Thought in Ancient China*. Cambridge, Mass.: Harvard University Press, 1985.
Shun, Kwong-loi. "*Jen* and *li* in the *Analects*." *Philosophy East and West* 43 (1993): 457-79.
——."Review of Robert Eno, *The Confucian Creation of Heaven: Philosophy and the defence of Ritual Mastery*." *Harvard Journal of Asiatic Studies* 52 (1992): 739-56.

唐君毅《哲学论集》修订版。台北：台湾学生书局，1990。
——.《中西哲学思想之比较论文集》修订版。台北：台湾学生书局，1988。
——.《中国哲学研究之一新方向》，收于韦政通编《中国思想史方法论文选集》，pp. 123‐39。台北：大林出版社，1981。
——.《中国哲学原论：导论篇》第三版。香港：新亚书院研究所，1978。
——.《中国哲学原论：原性篇》修订版。香港：新亚书院研究所，1974。
——.《中国哲学原论：原道篇》第一卷，修订版。香港：新亚书院研究所，1976。
汤一介《儒道释与内在超越问题》。南昌：江西人民出版社，1991。
蔡信安《道德抉择理论》。台北：时英出版社，1993。
——.《从当代西方伦理学观点论孟子伦理学》收于《东西哲学比较论文集》，第二辑，pp. 403‐414。台北：中国文化大学，哲学研究所，1993。
蔡尚思《孔子思想体系》。上海：上海人民出版社，1982。
蔡世骥《论孔子的无为思想》收于罗祖基编《孔子思想研究论集》，pp. 289‐294。济南：齐鲁书社，1987。
岑溢成《孟子"知言"初探》，《鹅湖月刊》4，no. 4 (Oct. 1978)：39‐41。
——.《孟子告子篇之"情"与"才"论释》2 pts.《鹅湖月刊》，no. 10 (1980)：2‐8；5，no. 11 (1980)：7‐13。
——.《"生之谓性"释论》，鹅湖学志 1(1988)：55‐79。
Tu Wei-ming 杜维明. *Confucian Thought: Selfhood as Creative Transformation*. Albany: State University of New York Press, 1985.
——. *Humanity and Self-Cultivation: Essays in Confucian Thought*. Berkeley, Calif.: Asian Humanities Press, 1979.
——.《儒家传统的现代转化》。北京：中国广播电视出版社，1992。
——. *Way, Learning, and Politics: Essays on the Confucian Intellectual*. Albany: State University of New York Press, 1993.
Van Norden, Bryan W. "Mencian Philosophic Psychology." Ph. D. diss., Stanford University, 1991.
——. "Mengzi and Xunzi: Two Views of Human Agency." *International Philosophical Quarterly* 32 (1992): 161‐84.
Waley, Arthur, trans. *The Analects of Confucius*. London: George Allen & Unwin, 1938.
——. "Notes on *Mencius*." *Asia Major* 1 (1949‐50): 99‐108.
王礼卿《仁内义外说斠铨》收于《孔孟学报》5 (1963)：79‐91。冲印于《论孟研究论集》,pp. 353 - 369。台北:黎明文化事业,1981。

韦政通《中国思想史方法论的检讨》,见韦政通本人编《中国思想史方法论文选集》,pp.1 - 32。台北:大林出版社,1981。

——.《荀子与古代哲学》第 4 版。台北:台湾商务印书馆,1969。

——.《我对中国思想史的几点认识》,韦政通本人编《中国思想史方法论文选集》,pp.199 - 216。台北:大林出版社,1981。

Wong, David. "Hsün Tzu on Moral Motivation." In P. J. Ivanhoe, ed. *Chinese Language, Thought and Culture: Essays Dedicated to David S. Nivison*. La Salle, 111.: Open Court Press, 1996.

——. "Is There a Distinction Between Reason and Emotion in Mencius?" *Philosophy East and West* 41 (1991): 31 - 44.

——. "Universalism Versus Love With Distinctions: An Ancient Debate Revived." *Journal of Chinese Philosophy* 16 (1989): 251 - 72.

邬昆如《先秦儒家哲学的方法演变》,《台大哲学论评》14(Jan. 1991): 55 - 71。

杨儒宾《支离与践形:论先秦思想里的两种身体观》,杨儒宾编《中国古代思想中的气论及身体观》,pp.415 - 449。台北:巨流图书公司,1993。

——.《知言、践形与圣人》,《清华学报》23, no. 4 (1993): 401 - 428。

——.《论孟子的践形观:以持志养气为中心展开的工夫论面相》,《清华学报》20, no. 1 (1990): 83 - 123。

杨祖汉《儒家的心学传统》。台北:文津出版社,1992。

Yearley, Lee H. *Mencius and Aquinas: Theories of Virtue and Conceptions of Courage*. Albany: State University of New York Press, 1990.

余英时《内在超越之路》。北京:中国广播电视出版社,1992。

袁保新《孟子三辨之学的历史省察与现代诠释》。台北:文津出版社,1992。

主题索引

在本索引中,在数字后面的"f"表示所对应的主题在下一页有专门讨论,"ff"表示所对应的主题在下两页有专门讨论。在两页或两页以上的连续讨论中用页码范围来加以表示,例如"75-79"。"Passim"则用于表示一串密切却并非连贯的引用。

Ability,能力 35,176,188,192,254,260;品格与能力 19,22,62,120,237;转变的能力 40,214;辨别何为恰当的能力 52,71,84,148,211;正确行动的能力 65;调整目标的能力 65,68-69,243;符合道德的能力 138-139,144,174,219,230f;施行仁政的能力 139,141,219;能与可以 191,216-221;passim,225,230

Acceptance,命,见 Ming[a]

Affairs,事,见 Shih[a]

Ai,爱 49-51,64,99-102,145f,165,178,239,242f;仁爱对民众 23,132,146;墨家爱的看法 31,100;爱物对事 50;亲爱对父母 50,63,129-132 passim,138,145f,156,188-191,217,230;爱己 100;对兄弟之爱 106,125,145;儒家爱的看法 132-133,240;对同类成员的爱 223,225,228

Ames, Roger T.,安乐哲 180f,190。同见 Hall, David L.

Analects,《论语》,见 Lun-yü

Analogy,类比 91,99,217,219;关于军事的类比 68;关于射箭的类比 68,70,122,243;关于水的类比;89f,108,213,246;关于杞柳的比喻 88-90,123,211,246;关于味觉的类比 136-137;关于植物的类比 137-

138,160,183,220；关于木匠的类比 225
Ancestor，扮作祖先之尸 84,96,107
Appropriateness，义，见词条 Yi[a]
Archery，射箭 59,66,178,255。同见词条 Analogy
Aristotelian essence，亚里士多德意义上的本质 185

Bloom，Irene，华蔼仁 241,256,260
Body，体，见 T'i
Boodberg，Peter A.，卜弼德 238f
Brother，兄弟 26,101,123,125,223；兄 24,57,223f,230,243；弟 24,84,95-96,106-108,230；对兄长的服从 63,71,120,156-157,243；对兄长的尊敬 63,84,95f,107,138,145f,156,188,190,217；兄长之子 127-128,133,145
Brotherhood，兄弟之情 106

Capability，才能，见 K'o yi
Ceremonial behavior，仪式行为 24-25
Chai，Ch'u，and Chai，Winberg，翟楚与翟文伯 92,144,149,154,161,248,253,260
Chan，Wing-tsit，陈荣捷 161,239f,244,259
Chang Erh-ch'i，张尔岐 79
Chang Shih，张栻 50,68f,79ff,98,114,128,129,140,150,154,159,161,163,168-170,177,181,188,193,214,218,244-258 passim
Chang 长，长 Elderliness
Chao Ch'i，赵岐 1,49f,64,67,73,154-166 passim,177,188,243-258 passim
Chao Meng，赵孟 200
Chao Shun-sun，赵顺孙 214
Ch'en T'e，陈特 258
Ch'en Ta-ch'i，陈大齐 239,242-261 passim；陈大齐论天 77；陈大齐论命 78；陈大齐论告子 123-124；陈大齐论无敌 164；陈大齐论性 199,214,228
Ch'en Tai 陈代，171
Cheng，Chung-ying，成中英 239
Cheng，Li-wei，郑力为 238
Cheng[a]，政 Government
Cheng[b]，正：纠正，改正 26,81,154f,163,172,245,253
Ch'eng，诚：完整，真实 163,235
Ch'eng I，程颐 161,163,192
Ch'eng Ming-tao，程明道 154
Chi(启)，圣王，见 Yü 禹
Chi[a](己)，我 22,178,238
Chi[b]疾，疾病，无序的欲望 174-175
Ch'i[a]，气，生命力 67-68,73f,112-114,121,123,154,159f,163,192,250,254,258；六气 39,67,120-121；志与气 66,68,75-76,112,115；养气 75-76,84,122,158,192,244；浩然之气 75,82,137,154,157,163,254；心与气 115-126 passim,158,192

主题索引 337

Ch'i willow,杞柳 87。也见词条 Analogy

Chiao Hsün,焦循 56,72,98‐99,113,156,166,170,188,204,244‐258 passim

Ch'iao,巧,见 Skil

Chieh,《戒》,《管子》中的一篇 99,119‐126 passim,192

Chieh,桀,暴君 58;桀、跖 233 ff,230,261

Chieh[a] ai,兼爱,见 Indiscriminate concern for each

Chieh[b],践、践履、践形 160‐162

Chih,跖,暴君,见 Chieh 桀

Chih[a],知 48,188,198,225f,230,237,244

Chih[a] jen[b],知人 27,120,162,254

Chih[a] ming,知命,见 Ming 命

Chih[a],智 66‐71 passim,243,258

Chih[b],志、目标、心之所向 66‐68,75‐76,84,112,115,122,243‐245,255

Ch'ih,耻,有损于己 58‐62,75,255‐256

Child,子 160,191,253;邻人之子 127f;兄长之子 127f,133,145

Ch'in,亲,见 Parents

Ch'in Tzu,禽子 47

Ching,敬、敬畏、严肃 28,121,178,242f。同见 Kung 恭

Ch'ing,情、事实、真实 10,58,183,185,213‐214,219,256,260;情与性 180,183‐186,214‐216,229,256;人类之情 184,219

Ch'iu,求 112,116‐117,150‐151,153,199,250

Chou,周朝 15‐17

Chu Hsi,朱熹论仁 49,155,168f;朱熹论物 50;朱熹论恭与敬 53‐54;朱熹论礼 55‐56;朱熹论义 63,98,109‐110,137,169‐170,243f;朱熹论志 67‐68;朱熹论不动心 75‐76;朱熹论命 81‐82,207,245,258;朱熹论告子 114‐118 passim;朱熹论本 129‐130;朱熹论身体形态 159‐161;朱熹论性 193,256,258;朱熹论情;214‐215

Ch'üan[a],全 41‐43

Ch'üan[b],权 55‐56,64,69‐70,172

Chuang Tzu,庄子 185

Chuang-tzu,《庄子》41,61,117‐124 passim,185,194‐198 passim,241,249;《庄子》之《人间世》122

Chün tzu,君子,见 Superior person

Ch'un-yü K'un,淳于髡 171‐172

Chung[a],忠 21,23,120

Chung[b],中 66,69f

Chung-yung,中庸 235

Ch'ung,充 145,157,161

Common people,民,见 Min

Confucian thought,儒家思想 2‐15 passim,22,236,254;儒家理想 7‐8,120,132f,138f,177,217,240

Confucius,孔子,见 Lun-yü《论语》

Conscientiousness,尽责,见 Chung[a] 忠

338　　孟子与早期中国思想

Courage,勇,见 Yung
Creel, Herrlee G.,顾立雅 27,177, 210,237,239,255,259
Cua, Antonio S.,柯雄文 239,261f
Cultivation,培养,对德的培养 15,21; 对智的培养 76,84,163;培养对人的影响 129-135 passim;对义的培养 145,148,189,243
Custom,习俗,见 Su

Disaster,灾祸,见 Huo
Disciple,弟子 20,123f
Discrimination,区别,见 Pieh 别
Dobson, W. A. C. H.,多布森 91-92,144,149,161,237f,245-248, 257
Doctrines,学说,见 Yen 言
Duke Huan,齐桓公 141
Duke Wen,晋文公 141
Dying silk,染丝 34

Eating and having sex,食色 56,69, 90-100 passim,108f,198,200
Education,教育 164,262
Elderliness,长 94-106 passim,110-112,247f
Elders,长者 54,95,106f,111,146-149 passim,189,231,248
Eno, Robert,伊若泊 123,125,235ff, 239,243,250f
"Essay on the Five Processes",《五行篇》204;

Ethical attributes,伦理品质 48,51-52,56-66 passim,159-161,181-182;仁义礼智 48,136,150,159, 181,203ff,211;伦理理想 48-49, 136-139 passim,150,173-176, 209-210;伦理标准 62f,148,243; 伦理学说 116,118-119;伦理失败 149,173-177
Evil,恶 16,151,222,226f,250
External possessions,外在获取 36, 41-47 passim,141,187

Family,家庭 27,30f,36,106,111, 164,167;家庭关切 30-31,224;家庭成员 34,131-134 passim,140, 145-149,189,230f
Farmer from Sung,宋国农夫 154ff
Fatalistic attitude,宿命论态度 19,238
Favor,惠 21,51,64
Fei,非 71
Fingarette, Herbert,赫伯特·芬格莱特 238ff
Flood-like ch'i,浩然之气 75,82,137, 154,157,163,254
Fortune,幸运 16,30,80f
Four limbs,四肢 159,203
Friends,朋友 33,35,148,217
Fu P'ei-jung,傅佩荣 207,212,259
Fu Ssu-nien,傅斯年 37,42,78,80, 227,237f,245,259,261
Funerals,丧礼 29,129;简葬 128,132
Fung Yiu-ming,冯耀明 237,259

Fung Yu-lan,冯友兰 36,41,199,207,235-236,241f,254-262 passim

Giles,Lionel,翟理斯 91,149,154,214,248,253,260
Good character,良好品格 27,120
Goodness,善,见 shan
Government,政 45-49 passim;64,163-166 paasim,239;政治基础 21-27 passim,163f。同见 Jen[a]
Graham,A. C.,葛瑞汉 31,67,78,92,119,121,239f,245f,262;论杨朱思想 36,41,43,45,241;论性 36-40,120,181,194,199-204 passim,219,221,241f,256;论故 194-198,257

Hall. David L. & Roger T. Ames.,郝大维与安乐哲 238f,243,256-259
Han-fei-tzu,韩非子 40,45,197,242
Hansen,Chad,陈汉生 235,237,239,246
Harwood,Paul,保罗·哈伍德 237
Hattori Unokichi,服部宇之吉 114,248
He Yen,何晏 27
Heart/mind,心 48,78,85,112-114,129,133-135,175-177,248,251;心与性 36,87,99,124,198-213 passim,225,228;心和志 66-68,75-76,115,122,160;心、气、身 112-126 passim,157-160,192;心、言、气 114-115,155,256;心与伦理禀赋 133-149 passim;199-200,204-213 passim,219,222,251;心与思 150-153,175-176;心与伦理失败 173-177。同见 Pu tung hsin[a] 不动心,Yi[a] 义
Heaven and Earth,天地 39,67,121,163,254。同见 T'ien 天
Honor,荣见 Jung
Hou Wai-lu,侯外庐 41,207,241
Hsin[a],心见 Heart/mind
Hsin[b],信 21,23,120
Hsing[a],性,自然、禀赋 36,247;对性的培养 36,41,44,181,187;早期对性的使用 37-40,183f,241;杨朱对性的观点 41-44,187,242;孟告对性的争辩 87-94,99,194,199,211,246f;告子对性的观点 100,108-109,123-126,201,221;孟子对性的观点 180-229 passim,256-257;对性的普遍观点 192-198;荀子对性的观点 222-229;对性的规范 241。同见 Ching[a] 情,Hsing[a]/sheng[a] 性/生
Hsing[a]/sheng[a],性/生 42-47 passim,120-122,187,192,197
Hsing[b],形 160-162
Hsiu,羞 57-60,137,140,229
Hsü Ch'ien,许谦 49f,64,154,163,168-170,252,256f
Hsü Fu-kuan,徐复观 236-244 passim,250,254;论性 38,199-200,203,

340 　　　　　　　　　　　　　　　　　孟子与早期中国思想

227，229，241，247，257 – 261 passim；论告子 114 – 115，123，126，251；论故 194，257；论命 78，237，245；论天 208；论义 99，154，249，253

Hsün Tzu，荀子 2 – 5，30，61 – 62，92，191，218 – 230 passim，261f

Hsün-tzu，《荀子》24，33，58，61 – 62，65，75，190，222，236，261f；《性恶》章 218，222，224，229 – 230，261；《礼论》章 223 – 224

Hu Ping-wen，胡炳文 145，192，214，218

Hu Shih，胡适 235

Hu Yü-huan，胡毓寰 73，92，167，214

Huai-nan-tzu，《淮南子》36，40，43，168，196 – 197

Huan，患 22

Huang Chang-chien，黄彰健 194，257

Huang Chün-chieh，黄俊杰 243，254

Huang Tsung-his，黄宗羲 74，77，80，118，128，155f，193，249 – 254 passim；论仁 155，170，249；论义 79，99，154，170，249，253；论性 221

Hui Shih，惠施 185

Humanism, growth of，人文主义的成长 28，240

Human psychology，人类心理，墨子论人类心理 29，31，40；孟子论人类心理 147；荀子论人类心理 224，228

Human relations，人际关系，夫妻 24；君臣 24，56，203；父子 24，203，258 – 259；主客 203

Huo[a]，惑 76，244

Huo[b]，祸，带来灾祸、视为灾祸 87 – 90，116

Ideal objects of the senses，感官对象 150，153，183 – 185，203 – 205，257f

Illness，疾 19f，174

Immanent dimension（内在），内在维度 19，208 – 209，259

Improper conduct，不适当的行为 18，20，64 – 65，81，83，158，246

Improper means，非正当手段 20，58，63，202，206

Indiscriminate concern for each，兼爱 30 – 35，123 – 138 passim，216 – 217，240，254，261

Inherent moral tendencies，内在道德倾向 39，89，262

Injustice，不公 15 – 16

Isenberg, Arnold L.，阿诺德·艾森伯格 237

Jang，让 21，54。同见 Tz'u jang 辞让

Jen[a]，仁，仁慈、慈悲 49 – 51，64 – 65，155 – 159，164 – 173 passim，178 – 183 passim，197，238f；《论语》中的仁 23 – 25，28，49；《孟子》中的仁 48 – 49，242；仁政 64f，139，141，164 – 176 passim，217；仁内 94，100，103，117，120，126，249，261；仁和差等之爱 145。同见 Yi[a] 义

主题索引 *341*

Jen[b],人 22 – 23,186,189 – 191,226,
248,260;爱人 23,51 礼人 29;知人
29,120,162,254;人之情 58,214,
260;人性 88,180,186f,226,257;人
之所以为人 190,226,229
Jen Chi-yü,任继愈 207,259
Ju[a] chia,儒家,见 Confucian thought
Ju[b],辱 43 – 44,58 – 62,165
Juan Yüan,阮元 204,258
Jung,荣 58,60 – 62,165

Kanaya Osamu,金谷治 91,248,251,
257,261
Kao Tzu,告子 85,123;告子有关性的
观点 44,87 – 93,94,100,120,199 –
201,220 – 222,259;告子达到不动
心 75,112,119 – 120;告子一派 85 –
86,112,119 – 126 passim;告子的类
比 88 – 90,211 – 212,246;告子关于
义的观点 94,99 – 112 passim,123,
153;告子格言 109 – 126 passim,151,
153,250;作为道家的告子 123 –
124,126;作为墨家的告子 123 –
126;作为儒家的告子 123 – 126
King Hsüan of Ch'i,齐宣王 65,69,
117,139,141,174 – 177;惜牛 50,
51,64,138 – 139,152,189,217
King Hui of Liang,梁惠王 165 – 167,
173,176 – 177
King of Ch'i,齐王 72
King of Ch'in,秦王 165 – 166,174
King of Ch'u,楚王 165 – 166,174

King Wen,文王 74
King Wu,武王 74,181 – 182
Knoblock,John,约翰·诺布洛克
236,261
K'o yi,可以 162,174,191,213 – 225
passim,230,260f。同见 Ability
K'o yi wei[a] pu shan,可以为善/不善
213 – 222 passim,230,260
Ku,故,从前、原因、理由、导致某事
127,193 – 198,257
Kuan Chung,管仲 190
Kuan-tzu,《管子》38,68,99f,119,
121f,192 – 196 passim;《心术下》篇
119,121 – 124,126;《内业》篇 119 –
126 passim,192
K'uei,亏 42 – 44
Kung,恭 21,243;恭敬 52 – 57,243
Kung-sun Ch'ou,公孙丑 72,112,244
Kung-tu Tzu,公都子 94ff,102 – 103,
107 – 110,187,213,216,221f,256
K'ung Kuang-shen,孔广森 221,248
Kuo-yü,过欲 14 – 24 passim,28,37ff,
67,93,151,166,175,184
K'uo ch'ung,扩充 145

Lao Ssu-kuang,劳思光 78,114,199,
208,227,236f,239,245 – 249 passim,
257 – 261 passim
Lao-tzu,《老子》77,167,203
Lau,D. C.,刘殿爵 45,249f,255,
261;《论语》237ff,257;论孟子 89,
92,154,156,199,211 – 215,220,

235,242‑262 passim
Le,乐 156‑157,183,253
Lee Ming-huei,李明辉 244,249‑250,255,259
Legalist writings,法家著述 64
Legge, James,理雅各 72,89,137,144,244,248；论天 77；论之 80；论生 91；论思 150；论义 154；论践形 161；论性 181,193,214；论壹 245
Li[a],礼 16,21‑29,52‑61 passim,69f,171ff,200,223‑224,243；礼与仁 25,84,239,251；礼与义 25‑26,29,56‑58,65,84,256；《论语》中的礼 28,239f；《左传》中的礼 39,53,59
Li[b],利 166‑167,171,193‑197 passim,254,257；利与义 25,29,62,85,99,138,166‑174 passim；利与故 193‑195,197
Li[c],理 75,137,150,161,196,207
Li-chi,《礼记》53,55,73,140
Li Tu,李杜 237
Li Yen-ping,李延平 204
Liang,良好、真实、最大限度 188
Liang hsin,良心 251,254
Lieh-tzu,《列子》41,47,168
Litigation,诉讼 27
Liu Hsia Hui,柳下惠 66,69,171,243
Liu Shu-hsien,刘述先 236f,239,242,256,259
Liu Tsung-chou,刘宗周 80
Long life,长寿 42,44,79‑80

Love,爱,见 Ai
Love with distinction,爱有差等 49‑52,127‑135,145‑148,240
Lü-shih ch'un-ch'iu,《吕氏春秋》44,58,197,240；论性 35；论杨朱学说的章节 36,40‑41,45,58,183‑184,197；《当染》章 58；论葬礼活动 134；论利 167；论情 184；论慊 244
Lun-yü,《论语》14；论政 18‑21,45,120,162‑166 passim,172；论天命 18‑21,78,207‑210,238,259；论仁 23‑24,49；论义 25‑29 passim,57,62,74,78
Lyall, Leonard A.,赖发洛 244‑248 passim,253

Marriage,婚姻 2,52,56
Ma-wang-tui silk manuscripts,马王堆帛书 204
Men and women,男女 52,55,198
Meng Chi-tzu,孟季子 94ff,102f,107‑112
Meng Pin,孟施舍 73f
Metzger, Thomas A.,墨子刻 235,239f,254,256
Min,民 29,37,51
Ming[a],命 13‑22 passim,32,48,76‑84 passim,196,203‑207,237f,245f,259f；规范性和描述性维度的命 12‑13,17‑21,79‑80,205,207,238,246,259；天命 15‑21 passim,28,209,245；知命 20,81

主题索引   343

Misfortune,不幸 18,30,80 - 81
Mohist thought,墨子思想见 Mo Tzu
Moral example,道德榜样 27f
Mo Tzu,墨子 2,4,29 - 33；论人 19 - 35,40,131,241；反对差等 30,240；兼爱 30 - 35 passim,131,138,217,254；反对巫马子 32 - 33,35,216；对墨子的批评 69,124,216；墨子教义 116,124,166,174
Mo-tzu,《墨子》74,99f,138,175,240,260；论父母之丧 29,134；《兼爱》篇 30,52,240；《尚同》篇 31ff,240；墨子学说 32,116；《经上》篇 100；《经说上》篇 100；论告子 123 - 124；论情 184；论仁 190；论利 197；论能 216f,论命 238；论《所染》篇 240
Mou Tsung-san,牟宗三 236f,262 论性 38,181,241,246f,256,258ff；论义 99,249；论天 207,259；论情 214 - 215,260；论才 218,260
Mourning,哀 29,32,52,223
Munro, Donald J.,孟旦 71,237,239,244,261
Music,音乐 27,121,184,255

Natural course of things,自然规律 193 - 197 passim
Nei,内 94,102 - 103。同见 Immanent dimension 内在
Neng,能,见 Ability 能
Nivison, David S.,倪德卫 98,131,134,237,247f,252,258；论墨子思想 34 - 35,240 - 241,251；论告子 116,118,123,247,250；论自我修养 150 - 151,253f
Non-action,无为 27,77,120,144,195
North Sea,北海 217

O,恶见 Evil 恶
Obligations,义务 16 - 20,235 - 240 passim
Office,官职为官之责 53f；官阶 61,169,200；获得官职 78 - 79
Old person,长者 95,101 - 106,110f
Original goodness,原善 188,212,259
Others,他人见 Jen[b] 人
Overlord,霸见 Pa 霸
Ox,牛 49,196；惜牛 50,64,138 - 144 passim,152,189,217；以羊易牛 51,64,117；牛之性 91；牛的性 93,99
Ox Mountain,牛山 137

Pa,霸 72,169f,181,183
Pai,白 91 - 97 passim,102,104,241,247f
P'ang P'u,庞朴 203,258
Parents,父母 30f,50 - 52,147f,253；亲亲 50 - 51,146 关于父母 51 - 52,57,147；父母之丧 52,127 - 135 passim；139f,188；供养 63,71,156f；父母之尸 127,129,133f,139 - 140,145,180；爱亲 129f,146,188 - 191,230
P'ei Hsüeh-hai,裴学海 188,214,253,

260

Pen,本,基础、根源、起源 127,129,193

Perplexity,惑,见 Huo[a]

Persistence,固执 137,155f,174

Personal deity,人格神 19,78,207ff

Petty person,小人 167,186;小人之性 38,90,186,256 - 257。同见 Superior person 君子

Physical form,形,见 Hsing[b]

Pieh,别 30,32,35,100,127,216f,240

Po Yi,伯夷 57,62,66 - 71 passim,171

Po-kung Yu,北宫黝 72 - 75

P'o,迫 42 - 44

Political participation,政治参与 5,45 - 46,68f

Political thought,政治思想,在早期文本中的政治思想 15 - 18;在《论语》中的政治思想 18 - 28 passim,46,162;在《墨子》中的政治思想 29;杨朱的政治思想 45 - 47;《孟子》中的政治思想 163,178 passim

Pre-Confucian thought,前儒家思想 14 - 28 passim

Predispositions,倾向,情感倾向 218 - 221,230;分享的倾向 132f,139,147,256;伦理倾向 138f,145,149,187 - 192,198 - 210 passim

Pre-Han texts,汉代以前的文本 37,42,67

Prince Sou,王子搜 46

Proper balance,适当平衡 39,67,163;失去适当平衡 36,41f,68,173,187

Pu hsieh,不屑 62,140,178

Pu jen,不忍 49,63,164

Pu neng,不能 138

Pu shan,不善 87,213,221

Pu te[b],不得 112 - 117 passim,121

Pu tung hsin,不动心 48,72 - 76 passim,81,84,112,114,119f

Pu wei[a],不为 62 - 63,77,144,178

Pu wei[b],不谓 203f

Pu yü,不欲 63,144

Punishment,惩罚 26 - 27,34

Pursuits,追求,伦理追求 82 - 83,175,199f,204 - 207,258;感官追求 82,199 - 206 passim,258

Ranks,等级,天的等级 61,82,169,199 - 200,208;人的等级 61,82 - 83,169,200

Rectifying,正,见 Cheng[b]

Religion,宗教 28f,240

Respect,尊重 95,102 - 110 passim,146,174,248,259;对叔叔的尊重 84,96,107f;对哥哥的尊重 95,107,138,145 - 146,156,188;对弟弟的尊重 96,107 - 108;对长者的尊重 106 - 107,146 - 149 passim,189 - 190,217,230;对祖先的尊重 107;对父母的尊重 146

Respectfulness,恭 21,52

Reverential or serious attitude,恭敬或严肃的态度 23

主题索引　　　　　　　　　　　　　　　　345

Richards, I. A, 艾弗·阿姆斯壮·理查兹 237
Rickett, W. Allyn, 李克 119, 121, 250
Riegel, Jeffrey, 王安国 72, 258
Rites, 礼, 见 Li^a
Roast example, 炙肉的例子 95, 102 - 103, 106, 108
Roetz, Heiner, 罗哲海 239, 242f
Root, 本, 见 Pen 本

Sageness, 圣, 见 Sheng^b
Schwartz, Benjamin I., 史华慈 40, 123, 125, 239
Self-cultivation, 修身 154 - 164 passim, 173, 208f, 228, 231, 238, 254; 孟子论修身 4, 80, 82, 112, 114, 118, 153 - 159 passim, 178ff;《论语》中的修身 22f, 208; 修身的过程 35, 149, 153 - 158 passim, 253
Self-reflection, 自省 149, 153, 189, 201f, 212
Sensory satisfaction, 感官满足 41 - 44, 176, 187, 200, 206, 242
Shan, 善 87, 120, 188, 210 - 222 passim, 260
Shang-chün-shu,《商君书》183
Shang-shu,《尚书》14, 37, 53;《周书》14;《召诰》15, 37, 53
Shao jen^b, 小人, 见 Petty person
Shen^a, 身 22, 181, 183
Shen^b, 慎 53
Sheng^a, 生、生命、生长、产生 43 - 46, 91 - 93, 120, 247; 生和性 37 - 42 passim, 91, 93, 120, 183。同见 hsing^a/sheng^a 性/生
Sheng^b, 圣 203
Shih^a, 事 15, 27f, 53f
Shih^b, 实 145, 156f, 184, 214 - 215, 219, 260
Shih^c, 是 71, 98
Shih min, 使民 23
Shih-ching,《诗经》14 - 24 passim, 37, 53, 150, 238;《大雅》15;《小雅》15, 18
Shih shih, 事实 221
Shu^a, 恕 32, 144, 146, 252
Shu^b, 术 51, 64f
Shun, 舜 27, 158; 舜的婚姻 55 - 56; 尧舜 162, 181 - 182, 218, 223, 230, 260
Shuo-wen,《说文》64, 67, 161
Skill, 巧 64 - 71 passim, 164, 197, 225, 243, 250
So, 缩、正直、直接 73
Spirits, 精神 15, 28, 53
Ssu^b, 思 149 - 153 passim, 175f, 199, 253
Su, 俗 29, 134
Su Che, 苏辙 168, 249
Su Tung-p'o, 苏东坡 55
Sun Shih, 孙奭 77, 113, 128f, 154, 177, 194, 214, 244 - 252 passim, 260
Sun Yi-jang, 孙诒让 240
Sung Hsiang-feng, 宋翔凤 260
Sung K'eng, 宋牼 165 - 166, 174

346　　　　　　　　　　　　　　　　　孟子与早期中国思想

Superior person, 君子 61–65 passim, 70, 79, 136, 163, 203–206, 251, 258; 君子和小人 21, 58, 223, 230; 君子的伦理特性 181–182

Ta, 大, 扩大 145–146
Tai Chen, 戴震 137, 204, 214, 258
T'ai, Mount, 泰山 217
Tan-fu, the Great King, 太王亶父 46, 242
T'ang, 汤 168, 181f
T'ang Chün-i, 唐君毅 118, 249; 论性 38, 123, 199–204 passim, 257, 261f; 论命 78–81 passim, 238, 249; 论生 92; 论义 99, 123, 249, 259; 论仁 116, 239f; 论才 218f
T'ang Yi-chieh, 汤一介 259
Tao, 道, 见 Way
Taoist text, 道家文本 167–168, 242f
Te[a], 德, 政治语境中的德 151–21, 26–28, 37–38, 169, 254f; 伦理语境中的德 28, 48, 53, 70
Te[b], 得 112–117 passim, 121, 126, 246, 250
T'i, 体 100, 159
T'ien, 天 15–20, 38f, 187–189, 207–210, 259; 向天申诉 18, 20, 202, 208; 天的等级 61, 82, 169, 199–200, 208
T'ien li[c], 天理 150, 196
T'ien ming[a], 天命 209, 245
T'ien tao, 天道 78, 203, 205, 208
Transcendent dimension, 超越 19, 78,

207–209, 259
Translation of Chinese terms, 对中国术语的翻译 10–14
Trustworthiness, 信, 见 Hsin[b]
Ts'ai, 才 213–214, 218–222 passim
Ts'ai Hsin-an, 蔡信安 255
Ts'ai Shang-ssu, 蔡尚思 237ff
Ts'en I-ch'eng, 岑溢成 214, 247, 260
Tseng Tzu, 曾子 73–74
Tso-chuan, 《左传》14–24 passim, 28, 37–40 passim, 53, 59, 67–68, 90, 93, 116, 166, 186, 249
Tu Wei-ming, 杜维明 239, 262
Tuan, 端 138–140, 189, 217ff
T'ui, 推, 推广 143
Tzu, 自 21–22
Tzu-chou Chih-fu, 子州支父 46
Tzu-hsia, 子夏 73–74
Tzu-hua Tzu, 子华子 42–44, 58, 183, 201, 252
Tzu Mo, 子莫 69–70
Tz'u, 辞 54, 116, 243
Tz'u jang, 辞让 52, 54–56, 223, 229

Uchino Kumaichiro, 内野熊一郎 114, 214, 244, 248
Unable, 不能, 见 Pu neng
Unlearned responses, 非习得的反应 189–191
Unmoved heart/mind, 不动心 见 Pu tung hsin[a]

主题索引   347

Van Norden, Bryan W., 范班安 252

Wai, 外; 94, 96, 102-104

Waley, Arthur, 阿瑟·韦利 150, 248

Wang[a], 王 72, 141, 164-169 passim, 216f

Wang Ch'ung, 王充 167, 221

Wang En-yang, 王恩洋 161, 251

Wang Fu-chih, 王夫之 55, 64, 114-115, 123, 126, 143, 150-156 passim, 175-176, 181, 188, 192, 204, 242, 256, 258

Wang Yang-ming, 王阳明 99, 255

Ware, James R. 魏鲁男, 77, 91, 144, 161, 170, 214, 244-248 passim, 257, 260

Way, 道 121-122, 127, 172f, 255; 传道者 18; 普遍之道 19, 61, 78, 238; 乐于道 22; 作为关注对象的道 22-23; 行道 59, 61, 161, 202, 206; 从道 60, 66, 69, 75, 81, 119, 173, 177; 背道 69, 76, 173, 245, 255; 儒家之道 217f, 230

Wei[a], 为 62, 260; 为己 22, 178; 为人 22, 178

Wei[b], 谓 91-93, 247

Wei[c], 伪 184, 222, 227, 229

Whirling water, 湍水 87-88

Whiteness, 白 Pai

Wisdom, 智, 见 Chih[b]

Wo, 我 21, 25

Wong, David B., 王大为 147, 240, 252f, 257

Wu[a], 物 50-51, 151-153, 242, 253

Wu[b], 恶 58-60, 62, 137, 140, 229

Wu K'un-ju, 邬昆如 236

Wu-ma Tzu, 巫马子 32-35, 125, 138, 216, 261

Wu shih[a], 无始 193f, 196

Wu ti, 无敌 164-165, 168

Wu wei[a], 无为 27, 120, 144, 195

Yang Chu, 杨朱 4, 35-47, 69-70, 116, 166, 174。也见 Yangism

Yang Hsiung, 扬雄 221

Yang Po-chün, 杨伯峻 214, 221, 248, 260

Yang Rur-bin, 杨儒宾 160, 250, 254

Yangism, 杨朱之学 2, 4, 36, 42, 45, 69-70, 241f

Yangist chapters 杨朱篇, 36-46 passim, 58, 183, 197; 杨朱学派运动, 36, 40-41, 44, 241; 杨朱之性 hsing[a]/生 sheng[a] 的概念, 36-47 passim, 93, 120-23, 187, 192, 201, 242, 257; 杨朱思想, 36-47, 194, 197f, 242

Yao, 尧, 见 舜、禹

Yen, 言, 言语、教导、信条 29-35 passim, 87ff, 112-26 passim, 174

Yen Hui, 颜回 24, 69f, 122, 182, 202

Yen Yüan, 颜渊 206

Yi[a], 义 43, 58, 60-63, 84-118 passim, 123-26, 137-38, 148-58 passim, 250; 义与心, 4, 48, 57, 60, 85, 87,

348 孟子与早期中国思想

106 – 19 passim, 154; 义与命, 19, 78 – 82, 84, 238; li[a] 义与礼, 25, 29, 62, 89, 166 – 68;《论语》中的义, 25 – 29 passim, 74, 239;《孟子》中的义, 26, 29, 57 – 58, 62;《墨子》中的义, 29, 32 – 33; 义与言, 32 – 33, 88 – 89, 112, 116 – 19, 240; 义与仁, 63 – 64, 89 – 91, 100 – 103, 116 – 17, 144 – 45, 165 – 70 passim, 176 – 77, 188 – 90; 义与不动心, 73, 75 – 76, 119f

Yi[b], 仪 24, 53

Yi[c], 异 72; 异于, 97, 248

Yi[d], 一 75 – 76, 245

Yi[e], 益 82, 246

Yi Chih, 夷之 85, 127 – 35, 216

Yi Yin, 伊尹 57, 66, 68, 71, 171

Yielding to others 礼让他人, 见词条 Jang

Yu, 忧 22f

Yü[b], 欲 144, 183。同见词条 Pu yü

Yü, 禹, 53, 193, 196f, 226, 230; Chieh, 58; Chi, 69 – 70, 206; 尧, 224f, 230, 261

Yü Yüeh, 俞樾, 64, 91, 154, 159, 193, 203, 214

Yü Yün-wen, 余允文, 55, 170

Yüan Pao-hsin, 袁保新, 254, 259

Yüeh[a], 约 73 – 74

Yüeh[b], 乐 98, 166, 248f, 254

Yung, 勇 23, 26, 48, 72 – 75, 244ff